GIGANTEN DER LÜFTE

Wer das Luftschiff zum ersten Male sieht, in seiner weiten, leeren Halle, der erschrickt. Denn die Unwirklichkeit dieses Eindruckes ist zu stark. Es ist ein Modell, muß der Fremde denken. Ein Phantom, wie die Mediziner sagen, aus Leinwand und Holz, nur zu Schauzwecken... Das echte Luftschiff muß anderswo sein... Da aber lädt man Koffer und Menschen in diesen unwirklichen Bau, die täuschende Attrappe rückt einen Schritt in das Wirkliche vor. Und auf einmal sieht der Beschauer schwere Steinsäcke am Bauch des weißen, silbernen Wesens hängen und ahnt den Ernst und fühlt die Bedeutung: dies – und kein anderer! – ist der Körper, der willige, große, eigenbewegte, der eine ganze Schar von Menschen nach Südamerika tragen soll!

Heinrich E. Jacob

Giganten der Lüfte

Geschichte und Technik der Zeppeline in ausgewählten Berichten und zahlreichen Fotos

Mit einem aktuellen Beitrag über die Entwicklung des neuen Zeppelins

Herausgegeben und eingeleitet von
Wolfgang Meighörner

KARL MÜLLER VERLAG

Der Verlag dankt dem Zeppelin Museum in Friedrichshafen
und der Luftschiffbau Zeppelin GmbH
für tatkräftige Unterstützung – insbesondere für die Bereitstellung
des historischen Bildmaterials.
Die Farbfotos über den Zeppelin Neuer Technologie
stellte die Zeppelin Luftschifftechnik GmbH, Herr Klaus Hagenlocher,
freundlicherweise zur Verfügung.
Verwendet wurde außerdem Bildmaterial des Verlages
sowie der nachfolgenden Bildarchive:
S. 9, 103 und 129: Deutsches Museum, München
S. 30: Suhrkamp Verlag, Frankfurt / M.
S. 37 und 39: Imperial War Museum, London
S. 95: AKG, Berlin
S. 124, 127, 130, 131, 135, 137, 141 und 181: Ullstein Bilderdienst, Berlin
Reproarbeiten: Fotolito Longo AG, Frangart
Schutzumschlag: Norbert Härtl, München
Idee und Gestaltung: Hasso Ebeling, Luxembourg
Genehmigte Ausgabe für Karl Müller Verlag,
Danziger Str. 6, D-91052 Erlangen, 1996
ISBN 3-86070-595-4
Gesamtherstellung: Druckerei Uhl, Radolfzell

Inhalt

Anhang

Vorwort

von Wolfgang Meighörner

›Groß‹, ›am Himmel‹, ›silbern‹ und ›Lakehurst‹ – diese Begriffe nannten Besucher des Zeppelin-Museums in Friedrichshafen am häufigsten, als sie gebeten wurden, in zehn Sekunden aufzuzählen, was ihnen zum Thema ›Zeppelin‹ einfiel. Bis auf den Namen des amerikanischen Marineluftschiffhafens, auf dem 1937 LZ 129 Hindenburg verbrannte, waren es ausschließlich emotionale Assoziationen. Sie zeigen, wie sehr die Luftschiffahrt und insbesondere die legendären Zeppeline noch immer die Gefühle der interessierten Laien ansprechen. Dagegen ist die Geschichte dieser faszinierenden Linie der Luftfahrtentwicklung, sind die Höhen und Tiefen, die sie durchlief, und die enormen Impulse für die Technik, die von ihr ausgingen, nur wenigen Fachleuten bekannt. Der Grund für diesen mangelhaften Wissensstand der Öffentlichkeit liegt vor allem darin, daß seit dem Ende der Zeppelin-Luftschiffahrt (1940) lediglich relativ kleine, technisch wenig spektakuläre und wenig publikumswirksame Prall-Luftschiffe den Himmel in abnehmender Zahl durchkreuzen.

Beides wird sich ändern. Die Entwicklung der Luftschiffahrt wird durch das neue Zeppelin Museum Friedrichshafen auch einem breiteren Publikum bekannt. Auf rund 4000 Quadratmeter Ausstellungsfläche im ehemaligen Hafenbahnhof erfahren die Besucher nicht nur alles Wissenswerte durch eine computergestützte interaktive Kommunikationsanlage; sie erhalten auch einen realistischen Eindruck von der Größe, der Beschaffenheit und der besonderen Atmosphäre der Passagierluftschiffe in der begehbaren Rekonstruktion eines rund 40 Meter langen Teilstücks von LZ 129 Hindenburg.

Gleichzeitig wird der Prototyp einer neuen Serie von Zeppelin-Luftschiffen vorgestellt. Denn noch in diesem Jahrhundert soll der Passagierverkehr mit ›echten‹ Zeppelinen wiederaufgenommen werden, deren vorangestelltes Kürzel ›NT‹ für ›Neue Technologie‹ steht. Neue Wege wurden beschritten, neue Konzepte entwickelt, um einem oft als überholt bezeichneten Luftverkehrsmittel zu neuem Leben zu verhelfen. – Die große öffentliche Resonanz, die beide Projekte bereits in der Phase der Planung begleitet hat, scheint ihren Befürwortern recht zu geben.

Dieser Band schildert anschaulich Vergangenheit und Zukunft der Zeppelin-Luftschiffahrt. Augenzeugenberichte vermitteln farbige Eindrücke von den Fahrten früherer Zeiten. Fachleute beschreiben die technischen Voraussetzungen und die Konstruktionsweisen der alten und der neuen Luftschiffe, ergänzt durch den Bericht über die jüngsten Planungsarbeiten. Kaum eine andere Sparte der Luftfahrtentwicklung ist derart intensiv fotographisch dokumentiert worden wie Bau und Fahrten der Luftschiffe, vor allem der Zeppeline – auch dies ein Hinweis auf das große öffentliche Interesse, das die ›fliegenden Zigarren‹ einmal fanden. Daher versammelt der Band zahlreiche historische Aufnahmen, aber auch solche vom neuen Zeppelin kommen nicht zu kurz.

Daß die zahlreichen nicht-zeppelinschen Luftschiffprojekte, die in Deutschland und anderswo geplant und durchgeführt wurden, hier keiner Darstellung gewürdigt werden, sollte nicht historischer Ignoranz oder gar Unwissen zugute geschrieben werden. Eine gleichwertige Aufarbeitung der ebenfalls spannenden Vorhaben in den USA, in Großbritannien und Italien – um die wichtigsten zu nennen – würde aber den Rahmen sprengen. So möge der Leser in gleichem Maße Verständnis haben, daß auch den zeitgleichen und im Bauprinzip den Zeppelinen entsprechenden Konstruktionen von Prof. Schütte nur eine schlaglichtartige Würdigung zuteil wird.

Dieses opulent ausgestattete Bilderlesebuch folgt dem wiedererwachten Interesse an der klassischen Luftschiffahrt mit neuer Technik und dokumentiert damit ein weiteres Mal, was eine amerikanische Zeitschrift treffend so genannt hat: »Zeppelin is back!«

Wie ein silberner Pfeil waren wir in
zwölf Stunden über fünf Länder und zwei
Meere hinweggeschwirrt, der große
Globus drehte sich da unten wie der kleine
in der Schule, wenn ihn der Finger
des Lehrers in Rotation versetzt.
Wälder, Flüsse, Wogen, Städte tauchten auf
und versanken, kreisend und fliehend,
über den Rand des Horizonts. Begeisterte
Menschen und flüchtende Tiere,
heulende Sirenen von Dampfern und
Fabriken folgten als gleichmäßiges Echo,
wo unser Schatten über die Erde zog.

Arthur Koestler

›Ja, ist denn das alles Wirklichkeit?‹

Poetische Luftbilder einer Reise nach Pernambuco, 1932
von Heinrich E. Jacob

Wer das Luftschiff zum ersten Male sieht, in seiner weiten, leeren Halle, der erschrickt. Immer wieder geschieht dies: daß einer erschrickt. Denn die Unwirklichkeit dieses Eindruckes ist zu stark. »Es ist ein Modell!« muß der Fremde denken. »Ein Phantom, wie die Mediziner sagen, aus Leinwand und Holz, nur zu Schauzwecken... Das echte Luftschiff muß anderswo sein... Es soll nicht begafft und beschädigt werden!« Da aber lädt man Koffer und Menschen in diesen unwirklichen Bau, die täuschende Attrappe rückt einen Schritt in das Wirkliche vor. Und auf einmal sieht der Beschauer schwere Steinsäcke am Bauch des weißen, silbernen Wesens hängen und ahnt den Ernst und fühlt die Bedeutung: dies – und kein anderer! – ist der Körper, der willige, große, eigenbewegte, der eine ganze Schar von Menschen nach Südamerika tragen soll! [...]

An Seilen verläßt das Schiff die Halle. Erst langsam; dann fangen die Vorgespannten, die Menschen, plötzlich zu rennen an. Die Erregung solchen Rennens ist groß – denn Mütter und Schwestern wollen mit, wollen voll heiligen Aberglaubens einen Augenblick die Taue berühren. Mächtig springt ins Violett des Nachthimmels eine Türe auf, schneeig-gespenstisch schimmern die Ufer... Der Bodensee. [...]

»Loslassen!« Ein paar hangende Menschen fallen zurück. Schon hebt es sich. Nicht mit dem Kopf und nicht mit der Flosse: mit allen Teilen gleichzeitig! [...] Die unter ihm Zurückbleibenden haben hinter dem Lebewohl noch nicht Zeit gehabt aufzuatmen: da schwimmt es schon fünfzig Meter hoch.

Gaszellen, Gondeln, Leitflossen, Ruder. Versponnene Vielecke aus Draht, Aluminiumträgern und Baumwolle. Das alles rennt nun am Himmel dahin. Der Mensch, der mitgetragen wird, ist kleiner als der indische Treiber zwischen den Ohren des Elefanten. Aber er ist zugleich viel größer. Denn, wie er am Bauche des Lufttieres klebt, hat er all seine Mathematik bei sich und alle seine Künste der Lenkbarkeit, der Elektrizität. Die Form des gewundenen Propellers hat er der Schnecke abgesehen und das Schwanzsteuer der Forelle. Das ganze Tier, mit dem der Mensch fliegt, hat er von unten auf erdacht...

Heinrich Eduard Jacob (1889–1967)
Pionier des erzählenden Sachbuchs und zeitweilig Korrespondent des ›Berliner Tageblatts‹, nahm im März 1932 als Gast der Zeppelin-Gesellschaft an der Fahrt des LZ 127 Graf Zeppelin nach Brasilien teil. Sein farbiger Reisebericht, der als Material für mehrere Werke des Autors diente, erschien erstmals 1992.

Über Seespiegel und schwarzes Gebüsch geht's. Kleingelbes Licht aus einsamen Häusern. Dazwischen Schneisen von bleichem Schnee. Eine Stadt: es ist Schaffhausen. Wir fahren nur zweihundert Meter hoch, doch den Rheinfall kann man nicht rauschen hören. Eherner Propellerlärm – obwohl wir selber ihn nicht vernehmen – drückt von oben wie eine Wand auf alle unteren Geräusche. Zwei Uhr nachts. Da kommt Basel her, wie ein großes Tuch wird es nähergezogen. Laternenblinde Häuserwürfel, riesenlange Straßenfluchten, zementierte Meilen ins Elsaß hinein, ins Badische und zur Inner-Schweiz. [...]

Bei Besançon fallen die Augen zu. Im Schlaf fühlt man, wie ein Rückenwind aus Mittel-Frankreich den

LZ 127 Graf Zeppelin über dem Atlantik ▷
Gemälde von Th. Stäpper

Zeppelin packt... Doch das Wasser im Glase zittert nicht, der Hut am Riegel zittert nicht. Das Luftschiff rennt vor dem Winde her. Mit der Rhône; durch die Provence. Es ist der Mistral, Nietzsches Freund. Auch unser Freund: auf flacher Hand trägt er das Schiff dem Mittelmeer zu.

Wir dürfen schlafen. Eckener wacht. Vorne, im Gehirn des Schiffes, steht er, neben dem Höhensteuer. Die fünf Maschinentelegraphen zeigen ihr ruhiges Ringsystem. Der Geist regiert, die Materie bleibt treu. Ein Ruck am Seitensteuer, wie spielend, und die Paternoster-Ketten setzen sich zitternd in Bewegung. Der Führer blickt an den stillen Schultern der bedienenden Steuerleute vorüber. Er sieht in die nächtliche Ferne hinaus. Im halben Dunkel des Navigationsraums, das manchmal von Lämpchen durchstochen wird, kann man Eckeners Züge erkennen. [...]

Am Morgen das Mittelmeer. Himmel aus Atlas, aber in höchster Höhe bestrichen von dünnen Eis- und Cirruswolken. In kalter Frühsonne gleißt das Meer, und manchmal wird es wie schwarzer Stahl. Noch immer jagt der französische Wind dem Zeppelin nach und schiebt ihn nach Süden. Gleich einer Forelle [...] rennt der Schatten des riesigen Fahrzeugs neben uns durchs Wasser dahin [...] Tief drunten, wie ein getragenes Papier, tanzen Möwen um rotgelbe Klippen. Eine Reliefkarte, überwirklich, schwimmt auf uns zu, grau, bläulich, weinrot. Mit strategischen Schachfiguren. Wie sonderbar klein die Objekte sind! Bauer, Läufer, Springer und Turm... Die Balearen! Wären sie es? – Sie sind es. Ein weißer Leuchtturm reicht mit seinem schlanken Zeigefinger in den Zenit des Mittags hinauf. Zwei kleine Menschen stehen auf der Klippe. Dahinter ein Karren mit einem Pferd; Spielzeug für eines Riesen Tochter. Wir jagen weiter. Gegen Südwesten. Eine halbe Stunde später: das Meer bekrönt sich mit zornigem Schaum. Zwei Dampfer taumeln bergauf, bergab.

Uns aber gilt dieser Sturm nicht mehr. Ein Druck und wir entschweben ihm. Nach oben! Über ihn hinweg, über seinem Leib hinweg, der schlägt und sich in das Salzwasser eingräbt, fliegen wir gegen Afrika.

Tanger. – Niedrig fährt der Zeppelin über den Napf des Hafens dahin. An der Reede liegen französische Schiffe. Vom Lande grüßen Gewehrschüsse, die aber kaum hindurchklingen durch die Sphäre der Wirbelmotoren. Weiß steigt über uns der Häuserberg auf, übersät von maurischen Villen. Es ist eine ›Ideallandschaft‹, die alles besitzt, wie zu Schulzwecken: montes, flumina, litera... Manchmal gehen sogar die Flüsse dem Gestade parallel. Dieses Marokko hat grüne Matten, als sei es die Schweiz, dann plötzlich Tiefen mit überschwemmten Reisfeldern. Immer wieder gewaltige Parks, Moscheen, Schlösser im Dunkelgrünen. Gebüsche auf rotem und graublauem Stein. Im Hintergrund steht das Atlasgebirge, braungold und stumpf, wie ein Uniformtuch. Wir können es nicht anschweben. Zwischen ihm und uns stehen, dicker als die Luft, wie eine Wand, Politik und Verbot!

Cap Spartel! Hier kann man sehen, was kein Schiffspassagier je sah und auch kein Automobilist, kein Berberreiter von seinem Pferd und niemand vom Karawanensattel: wie Afrika nach Süden abbiegt. Aus fünfhundert Meter Seehöhe sieht man es, aus dem Navigationsraum: den brüsken Umbruch des Kontinents. So stimmen die Karten? Die Karten stimmen! Der Kontinent will nach Westen weiter, aber der Wogenprall läßt es nicht zu. Der Atlantische Ozean treibt hier mit haushohem Wellenzorn gegen die braunrote Steilküste an. In zerschmetterten Jaspisplatten geht das Wasser langsam zurück und wird gleich wieder aufs neue gesammelt, zum tausendjährig strategischen Spiel.

Farben! Maßlos verschwenderisch. Kübel von Farben! Auf, ihr Maler! – Die Brandung, tausend Meter lang, hat (nur von oben kann man es sehen) siebenerlei verschiedenes Grün. Von sanfter Jade bis zum Chrom und dickem, fetten Küchengrün sind die Reste jeder Welle, die langgeschuppt zurückflutet, andersfarbig. Was hätte Flaubert um 1850 gesagt, hätte er so auf Ägypten gesehen? Damals gab es noch keine ›Draufsicht‹; spätere Maler entdeckten sie. Gleichzeitig mit Blériot und Wright und deren ersten Kurzflügen entdeckten Pariser Expressionisten, man müsse »wie aus dem Flugzeug malen«. Doch trieben sie es wie Geometrie; die neuen Farbwerte, die »von oben«, sind nicht erschöpft, sind noch gar nicht entdeckt.

Casablanca mit abenddämmerndem Hafen! Im Westen, wo Madeira liegt, schwimmt ein langer rubinroter Ring, Westpurpur, wie ihn Europa nicht kennt, an manchen Stellen überschwebt von einem hellvioletten Erguß. Die Intensität der Farben nimmt zu; es ist, als wolle die Sonne nicht fortgehen, sondern noch einmal zurückkehren. Plötzlich ist ein so helles Gelb da, als reiße einer ein Streichholz an. Es sättigt sich mit sanftem Rosa, wie man es sonst nur vom Aufgang her kennt. Blaugrün ruht der Himmel darauf, nilgrün, in verdichteter Reinheit, nicht fliehend, sondern sich darbringend. Die Sonne ist schon um zehn Grad hinunter, doch noch immer paradieren die Farben...

Mondnacht über Afrika. Die kahle Kette des Anti-Atlas blitzt manchmal wie polares Eis. In der Funkkabine wimmert die Sendung: Tiefdruckgebiet in der Inner-Sahara. Vierhundert Meter unter uns arbeitet das Meer wie getriebenes Silber. Durch leichten Mondrauch schießt Mogador elfenbeinerne Lichter herüber... Man sitzt im halboffenen Navigationsraum. Man hat den Kopf in die Hand gestützt und starrt in die weiße Nacht hinaus. Das Herz ist einem schwer vor Glück wie ein Silberklumpen, man fühlt's bis zum Hals... Die Offiziere, man stört sie nicht, arbeiten mit leiser Stimme.

Herrlich! Man ist mit dem fliegenden Schiff ein Stück transparenten Geistes geworden. Irisierend wie Luft und Mond. Aber die überwirkliche Freude dieser hochgestirnten Stunden entspringt nicht allein dem Naturgefühl. Wer jetzt nicht daran denken mag, daß dies auch andere erleben müßten, der besitzt kein Sozialgefühl. Das Luftschiff, das den deutschen Kaufmann in vier Tagen nach Rio bringt, schafft ihm dreizehn Tage Ersparnis; denn der Dampferweg Hamburg–Brasilien macht gute siebzehn Tage aus... Und doch nur ein einziger ›Graf Zeppelin‹? Das ist ein Aristokratismus – und wirtschaftlich, menschlich, fast unbegreiflich! Denn seit 1926 verhindert keine Beschränkung mehr den Bau von Passagierluftschiffen... Ich rede mit Kapitän Lehmann davon, der mich über den Laufsteg führt, durch das metallische Rückgrat des Schiffes. Alles ist üppig und sparsam zugleich. Die Schmalheit erinnert an Barke und Segel. Überall Drähte für die Hand. Über dem Kopfe die Gasballons. Zweihundert Meter Weg, neben Tanks, Benzinreservoiren und Wassersäcken. Traumhaft bewegen sich hier die Sehnen, die Gelenke des Riesenfisches, die dünnen Drahtbündel zum Seitensteuer, zum Höhensteuer, die vom Gehirn aus, der Navigation, bedient werden... »Das Geld fehlt«, sagt traurig Kapitän Lehmann. »Vor dem Kriege waren wir reich, aber noch nicht weit genug, um Übersee-Luftschiffe bauen zu können. Heute haben wir die Erfahrung – aber wir sind eine arme Nation.«

Da! Eine Lücke im Ballonstoff! Ein jähes Fenster in Fahrwind und Nacht... Mit der Hand in den Draht gekrallt, rechter Fuß vorwärts, linker zurück... Wer das erlebt hat, kann nie wieder arm sein: die salzweiße Küste Westafrikas, menschenleer, tierleer wie der Mond. Wir schweben auf Gewehrschußweite an ihr entlang – nach Süden! Noch nie fuhr Eckener diesen Weg. Sonst flog er zu den Kanarischen Inseln. Wenn eine Landschaft staunen könnte: Brandungswellen, Steppe und Mond müßten uns und unser Schiff für den ›Fliegenden Holländer‹ halten. Der Kontinent! Der Kontinent! Heute läßt er den Eckener nicht los. Er magnetisiert uns, als müßten wir Afrika immerdar umkreisen... Wachen wir morgen in Kapstadt auf?

Zwei Stunden später: Die Sonne kommt. Weißer Nebel. Wo sind wir denn? Was sind das für Wellen unter uns? Gelbrote Dünung... das ist ja Sand! Wir kreuzen über Rio de Oro, über der spanischen West-

Sahara. Ungläubige reiben sich die Augen. Wir sind noch immer in Afrika? Wir wollen doch nach Amerika? Der Führer, im weißen Tropenanzug, lehnt aus dem Fenster des Eßsalons. »Frühstücken Sie getrost, meine Herren!« sagt er und läßt das Glas von den Augen. [...] Eine kleine Raddrehung: Zeppelin verläßt die Südrichtung und wendet sich steuerbord gegen Westen. Der Nebel reißt. Da blaut schon das Meer. Afrika, Afrika, leb wohl!

Äquator. – Wasser und Tropensonne. – Nachts strichen wir durch den Regengürtel der warmen Kalmen. Der Morgen ist frisch. – Wie hoch fliegen wir? Der Augenschein täuscht. Wir glauben uns vierzig, fünfzig Meter über dem ruhigen, stahlblauen Meer. Aber eine geworfene Flasche, die lange fällt und nicht aufhört zu fallen, belehrt uns: wir müssen viel höher sein. Tatsächlich sind es sechshundert Meter. [...]

Brasilien. Da. Eine Kante im Mittag! Langes Gestade. Der Horizont, blaugrau zunächst, erfüllt sich mit Grün. Welch eine tiefe Sammetfarbe verkündigt da den neuen Erdteil! Flögen wir tiefer, wir merkten den Duft... Schon kommen die ersten Vögel entgegen. Es ist wie in der Kolumbus-Sage: Grün, Grün, ein Schild aus unendlichem Grün, vor dem eine weiße Borte entlangläuft (zehntausend Kilometer Brandung!), rückt neben den blauen Buckel des Meeres. Grün vertreibt Blau. Eine Palmenherde, geneigt wie trinkende Giraffen, fegt unter uns hin... Amerika! Land! Land nach fünfundsechzig Stunden! – »Nur noch zwei Stunden bis Pernambuco!« antwortet's aus der Führerkabine.

Mächtiges Land unter unserem Schiff. Einer ebenen Tafel vergleichbar; und achtzehnmal so groß wie Deutschland. Aber nur halb soviel Einwohner. Land einer Zukunft, Brasilien!... Wir brausen über die grüne Wildnis, die braune, kräftige Arme hat: strömende Wassertäler im Wald. Geschlungene Flußbänder, üppig geschweift, verlieren sich in den Westen hinein. Im Osten, wo sie zusammenströmen, sind sie die Mündung des Pavahyba. Ein Ozean von Palmen umsteht sie und von undeutbaren Laubkuppeln. Die Vögel, die sich daraus erheben, taumeln wie große Brasil-Schmetterlinge. Überall Wasser zwischen dem Grün: auf den fast schwarzen Waldströmen und ihren teichartigen Fortsetzungen, die wie Lagunen neben dem Meer stehen, schleppen sich träge die Holzlasten hin.

Der Wald nimmt ab. Dickichte, Sümpfe, Rohrpflanzungen, Hütten. Schon städtische Villen? Eine prächtige Wallfahrtskirche schwebt auf einem Hügel vorbei. Unendliche Gemüsegärten. »Hafen Pernambuco in Sicht!« Kaum ist der Satz ins Bewußtsein gedrungen, da erobern wir die Stadt schon. Brausend, mit sämtlichen Motoren, fallen wir von der Landseite ein... Da bricht auf Erden der Irrsinn aus. Ein Kranz von Sirenen alarmiert die Hafenbehörden, die Schiffe, die Kais. Die Tiere in den Vorstädten, entsetzt über den hinschießenden Drachen, der droben nach Beute zu spähen scheint und ihnen die liebe Sonne verdunkelt, beginnen verzweifelt nach Rettung zu suchen. Hahn und Hühner packt es zuerst, dann flüchten Ziegen, Schafe und Rinder; die Panik reißt die Hunde mit; alles stürmt ziellos übers Feld...
Wir gehen tiefer, der Aufruhr wächst. Eine Brise von hellen Kinderstimmen schlägt uns entgegen – und, ach, dieser Duft! Das muß Geruch von Zuckerrohr sein... und Hauch von märchenhaften Savannen. Geliebte Erde! – Auf einer Weide hat der Schatten des Zeppelin eine Koppel Pferde zersprengt. Sie bäumen, jagen, einige stürzen; Hirten, wie aus Indianerbüchern, preschen hinter ihnen her. Zwei Kühe mit aufgeworfenem Schweif rasen durch einen Gemüsegarten und brechen in ein Villentor ein. Automobile machen Halt. Quer über den Landstraßen stehen Menschen. Es hupt, es tutet, es winkt. Die Kinder, jetzt deutlich: »Conde Sep – pel – liiiin!«

Schon sehen wir den Ankermast und rings um ihn, wie in runder Arena, hundert Menschen in Khaki warten. In römischen Ziffern hat man groß die Bodentemperatur ausgelegt: XXXII Grad Hitze. Das heißt: »Seid wachsam! Berechnet den Abstieg richtig!

Kalkuliert den Aufwind des Bodens ein!« Aber noch landen wir keineswegs. In langer, silbergedrehter Wendung fährt ›Zeppelin‹ noch einmal aufs Meer und salutiert mit den deutschen Farben der Stadt, in die er herabgehen will. Von Kirchtürmen, Hochhäusern, Dachgärten winkt es, aus Hütten und überschwemmten Feldern... Die Landung wird zur Luftprozession. Der Flug, mit verlangsamtem Motor, wird zur majestätischen Schleppe: hinter sich sammelt sie die Bewunderung der Straßenschluchten, der Nachmittagskorsos.

Die Motoren schweigen, das Luftschiff ruht. In einer Höhe von hundert Metern ruht es wie auf einem Postament. In unbewegter Sicherheit... Es wird gewogen; in der Luft wird mathematisch nachgemessen, wie sich Gas und Ballast verhalten... Wir sinken! Der Khakikreis wird lebendig. Sind das nicht Schwarze? Den Kopf im Nacken, rennt eine Rotte übers Feld, nähert sich, wird zurückgewarnt. Zwei Seilharpunen schießen nieder und prallen dumpf auf die Wiese auf. Man erkennt die Gesichter, die blankgeschwitzen, die lachenden Augen, die Zahnreihen der brasilianischen Soldaten. Vierzig... dreißig... noch zwanzig Meter! Eine neue Seiltrosse wird geworfen, mit hölzernen Knebeln, sie werden gepackt! Am Heck entlädt sich ein Staubach von Wasser, vorne wirft sich alles ins Seil. Noch schwebt das Luftschiff, doch es wird schon gezogen. Zurufe: »Sorta!« und »Larga!« ertönen. Wir sind nur drei Meter über dem Boden. Eine Front von Mulatten und Weißen, von schönen Indios in Uniformen, kommt steuerbord, eine andere backbord. Ein kräftiger Schwarzer erklettert im Sprung die Schultern seines Nebenmannes und hängt, laut rufend, sein Gewicht an den landenden ›Zeppelin‹. Noch einmal will das Schiff auf die Seite – da entern es viele, da halten sie es, da drücken sie es gegen den Boden und schieben den Riesen zum Ankermast: Gulliver im Lande der Zwerge.

Die Leiter!... Die Einwanderungskommission hat die große Speisekabine erobert; sie sitzt auf den Stühlen, sie schreibt am Tisch, läßt Pässe vorzeigen und Stempel krachen. Von draußen sieht die Wiese herein, mit breiten, weißen Tropenhüten. Braune Frauen, Kinder im Arm... Wir wischen uns die schweißnasse Stirn. Ja, ist denn das alles Wirklichkeit? Wir waren am Sonntag in Friedrichshafen, noch schmecken unsere Augen den Schnee. In der Nacht zum Montag fuhren wir ab, – wir können doch nicht am Mittwoch nachmittag, achtundsechzig Stunden später, plötzlich in Brasilien sein? Aber wir sind es – und wundern uns sehr. Und da wir jetzt herausklettern dürfen und diese Hochsommerwiese streicheln, klettert Eckener als erster heraus. [...] Ach, wie die Wiese duftet. – Bom dia! (Das ist portugiesisch und heißt: »Guten Tag!«)

Ein historischer Überblick

von Wolfgang Meighörner

Die Zeppeline, wie alle Luftschiffe nach dem Schöpfer der Starrluftschiffe auch heute noch meist genannt werden, sind im Vergleich mit modernen Fortbewegungsmitteln eher ›Traumschiffe‹, gleichsam Dinosaurier der Verkehrstechnik: sie scheinen in die ›gute alte Zeit‹ der Verkehrsgeschichte zu gehören.

Dabei wird nur zu oft vergessen, daß von ihrer Entwicklung wesentliche Impulse für die Technik ausgegangen sind. Sie haben seinerzeit Maßstäbe gesetzt, was Schnelligkeit, Zuverlässigkeit und Flexibilität des Reisens angeht. Sie waren einmal der Inbegriff deutschen Ingenieurschaffens und boten eine neue Dimension der Reisekultur.

Gerade wegen ihrer Schrittmacherfunktion in vielen Bereichen ist die Luftschiffahrt jedoch nicht nur ein Fossil aus grauer Vorzeit; vielmehr ist ihre Bedeutung auch für moderne verkehrstechnische Überlegungen nicht hoch genug einzuschätzen, was unter anderem dadurch belegt wird, daß man sich in Friedrichshafen, der Wiege der Zeppelin-Luftschiffahrt, seit einigen Jahren wieder intensiv mit dieser Technik der Luftfahrt beschäftigt und bereits konkrete Ergebnisse vorlegen kann.

Als sich am 2. Juli 1900 gegen 20 Uhr das erste Zeppelin-Luftschiff LZ 1 von der Manzeller Bucht am Bodensee aus in den Himmel erhob, waren diesem aufsehenerregenden Ereignis Jahre rastloser Tätigkeit vorausgegangen.

Nachdem Ferdinand Graf von Zeppelin 1890 wegen einer im preußischen Generalstab mißliebigen Denkschrift in den vorzeitigen Ruhestand versetzt worden war, hatte er sich näher mit dem Prinzip ›Leichter als Luft‹ beschäftigt. Damit war er erstmals bei einem Ballonaufstieg im amerikanischen Bürgerkrieg konfrontiert worden. Die erste schriftliche Fixierung läßt sich nach Ausweis seiner leider bis heute der Forschung weitgehend vorenthaltenen Tagebücher auf 1874 festlegen – angeregt durch einen Vortrag des Generalpostmeisters Heinrich von Stephan zum Thema ›Weltpost und Luftmeer‹.

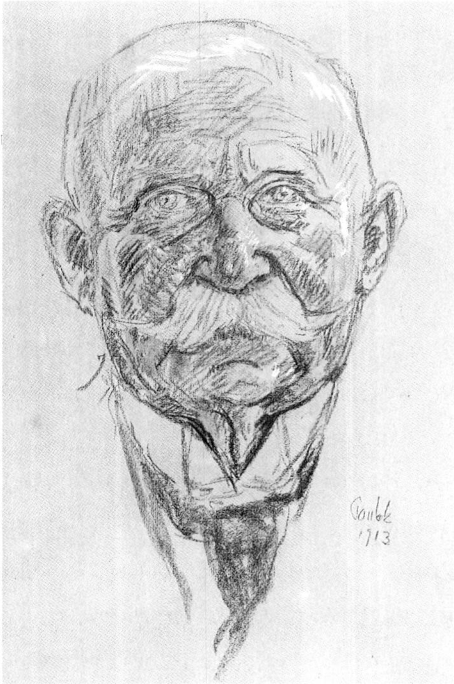

Ferdinand Graf von Zeppelin (1838–1917)
Kohlezeichnung von Bernhard Pankok, 1913

1895 hat er sich seinen ›Lenkbaren Luftzug‹ patentieren lassen, eine Reihe kardanisch gekoppelter Luftschiffsegmente, die von einer Antriebseinheit gezogen werden sollte. Erst seit verhältnismäßig kurzer Zeit ist bekannt, daß bereits einige Jahre zuvor ein ausgearbeiteter Vorschlag Graf Zeppelins vorlag, der indessen vor der Patentierung zurückgezogen wurde. Wir können aus heutiger Sicht feststellen, daß diese Konstruktion unrealisierbar war: Sie hätte schon aus steuerungstechnischen Gründen versagt. Wichtig für die Zukunft war aber, daß bereits damals ein starres Gerippe die Grundlage der Konstruktion bildete.

1898 wurde mit der Gründung der Gesellschaft zur Förderung der Luftschiffahrt der organisatorische Grundstein für die Realisierung des Baus eines Luftschiffs gelegt. Sie wurde mehrheitlich aus den Privatmitteln des Grafen finanziert.

Theodor Kober, der schon die Konstruktionszeichnung des ›Lenkbaren Luftzuges‹ angefertigt hatte, entwarf den Konstruktionsplan des ersten Luftschiffs, das auf der vom württembergischen Königshaus zur Verfügung gestellten Domäne Manzell bei Friedrichshafen unter der Leitung von Ingenieur Kübler erbaut wurde. Die Anforderung Zeppelins an das Gelände war denkbar einfach: Es sollte eine möglichst große Wasserfläche ohne Hindernisse sein, auf der sich überdies relativ weich landen ließ, was den König zu der launigen Bemerkung veranlaßte, der Graf, der früher als Kommandeur eines Kavallerieregimentes mit der Natur nicht gerade schonend umgehen mußte, könne hier auf dem Bodensee wohl kaum größeren Flurschaden anrichten.

Dem Luftschiff LZ 1 war indessen kein langes Leben beschert. Schon bald nach den ersten Fahrten – die übrigens von der zeitgenössischen Presse, vertreten auch durch einen gewissen Dr. Hugo Eckener, eher skeptisch kommentiert wurden – mußte die Gesellschaft aus Geldmangel liquidiert und das Luftschiff abgerüstet werden.

Es folgte eine nach außen hin ruhige Phase, in der aber wichtige Erkenntnisse für den Bau weiterer Luftschiffe erarbeitet wurden: Legierungen wurden verbessert, aerodynamische Versuche angestellt und die Gerippestrukturen optimiert. Letzteres war die wohl wichtigste ›Erfindung‹ des Grafen, dessen Qualitäten mehr im Bereich der Personalpolitik und dessen lagen, was heute mit Management umschrieben wird. Der nachmals in Presse und Literatur so gefeierte ›Erfinder‹ Zeppelin fand seine Aufgabe in der Formulierung von konstruktiven Visionen.

Es muß in diesem Zusammenhang auch noch auf eine andere, später oft propagandistisch verzerrte Tatsache hingewiesen werden: Natürlich waren die Luftschiffe des Grafen Zeppelin nicht die einzigen oder gar ersten Versuche im Streben der Menschheit,

Der erste Aufstieg eines Zeppelins
LZ 1 steigt am 2. Juli 1900 von Pontons auf, auf denen das Luftschiff in die schwimmende Halle auf dem Bodensee gezogen werden konnte.

Theodor Kober (1865–1930)
Der erste Mitarbeiter Zeppelins konstruierte aufbauend auf den Vorstellungen des Grafen 1891 bis 1895 den ›Lenkbaren Luftzug‹ und 1899 bis 1900 LZ 1. Er gründete später die Flugzeugbau Friedrichshafen GmbH.

Ludwig Dürr (1878–1956)
Als Chefkonstrukteur von 118 Zeppelin-Luftschiffen war er verantwortlich für Entwicklung und Bau. Seine herausragende Ingenieurleistung ist durch zahlreiche Ehrendoktortitel dokumentiert.

es den Vögeln gleich zu tun und sich in die Lüfte zu erheben. Begonnen hatte diese Entwicklung – läßt man Dädalus und seine Nachfolger in der Renaissance beiseite – gut 100 Jahre früher mit den unrealisierten Entwürfen des französischen Pioniergenerals Meusnier. Aber dessen Vorschläge wie auch die folgenden einschließlich der ersten Versuche Zeppelins krankten noch an der schlechten Leistung der Antriebssysteme.

Auch dem Luftschiff LZ 2 war keine glorreiche Zukunft beschert; es strandete bei seiner ersten längeren Fahrt und mußte abgewrackt werden. Seine Motorleistung war zu gering gewesen, um einem auch nur frischen Wind standhalten zu können, geschweige denn, gegen ihn anzufahren. Darüber hinaus waren die Daimler-Motoren auch noch nicht zuverlässig genug.

Schon seit längerem hatte der Graf das preußische Militär für sein Vorhaben zu begeistern versucht, weil er sich von dort die notwendige finanzielle Unterstützung versprach. Überdies darf nicht verschwiegen werden, daß Zeppelin als alter Soldat natürlich auch die militärische Nutzung seiner Erfindung im Auge hatte. Die vielfach publizierte Meinung indessen, eine militärische Verwendung sei sein einziges Bestreben gewesen, ist falsch. Ihm ging es vorrangig um die Verwirklichung seiner Idee. Sicherlich ebenso falsch wäre allerdings, ihm eine völlig vom militärischen Gesichtspunkt losgelöste Zielsetzung zu unterstellen. Wie so häufig, dürfte die Wahrheit in der Mitte liegen. Lange blieb jedoch die Militärverwaltung in ihrer Einstellung zu Zeppelin zurückhaltend bis ablehnend. Der Grund hierfür lag in Luftschiffprojekten der Militärs.

1908 wurde schließlich LZ 3 als erstes Luftschiff unter der Bezeichnung ›Z I‹ in militärische Dienste übernommen, wenngleich erst zwei Jahre nach seinem ersten Aufstieg.

Alfred Colsman (1873–1955)
1908 wurde Colsman zum ersten Geschäftsführer der Luftschiffbau Zeppelin GmbH ernannt. Der nachmalige Generaldirektor des Zeppelinkonzerns schuf die bis heute wirksame Neustrukturierung der Industrieregion um Friedrichshafen.

Hugo Eckener (1868–1954)
Er entwickelte sich vom kritischen Journalisten zum engsten Mitarbeiter des Grafen und besaß als Luftschiffkapitän hohe Anerkennung. Als Vorsitzender der Zeppelin-Stiftung hatte er bald nach Zeppelins Tod großen Einfluß auf das Wirken des Zeppelin-Konzerns.

Bereits davor war, wiederum finanziert aus Privatmitteln und Lotterie-Einnahmen, LZ 4 entstanden, das seine militärische Tauglichkeit durch eine 24-Stundenfahrt unter Beweis stellen sollte. Diese wurde Anfang August 1908, nachdem bereits eine zwölfstündige Fahrt durch die Schweiz erfolgreich absolviert worden war, in Angriff genommen. Sie endete mit einer Katastrophe: Bei Echterdingen wegen eines Motorschadens zwischengelandet, riß sich das schlecht verankerte Schiff in einer Bö los und verbrannte vor den Augen der zahlreichen Schaulustigen.

Schien nunmehr das Ende der Zeppelinschen Luftschiffaktivitäten unabwendbar, so hatte man doch die Popularität des Grafen und seiner Erfindung deutlich unterschätzt: Durch Spenden kam innerhalb weniger Wochen die erstaunliche Summe von mehr als sechs Millionen Goldmark zusammen. Diese Mittel wurden durch den vom Grafen gewonnenen westfälischen Industriellen Alfred Colsman dazu verwendet, den LZ-Konzern aufzubauen und so den Grundstein für die noch heute existierende Industrieregion Friedrichshafen zu legen. Der Zeppelin-Spende verdanken neben der Luftschiffbau Zeppelin GmbH (1908) unter anderem so bedeutende Unternehmen wie die Zahnradfabrik Friedrichshafen (1915), die Luftschiffmotorenbau GmbH (1909, später Maybach Motorenbau GmbH, heute MTU) und auch das Zeppelin Werk Lindau (1917, heute Dornier) ihren Ursprung; Firmen, die heute, wenngleich teilweise unter anderem Namen, noch existieren. So hat das Wort des alten Grafen vom »glücklichsten aller Unglücke« letztlich bis heute seine Berechtigung behalten.

Bei Echterdingen war ein für das Militär bestimmtes Luftschiff zugrunde gegangen. Folglich wurde LZ 5 als Z II dem Militär übergeben. Aber auch dieses Luftschiff litt noch an nicht völlig ausgereifter Technik. Bei einer Dauerfahrt rammte es bei Göppingen ›wegen einer Navigationsirrung‹ einen Birnbaum, konnte aber am folgenden Tage nach provisorischer Reparatur nach Friedrichshafen zurückkehren. Die Reparatur bestand aus einer Verkürzung um 28 Meter nebst Neugestaltung des Bugs mit Dachlatten. Der unglückliche Birnbaum wurde indessen zu einer der ersten Reliquien der Zeppelin-Legende: Sein Holz wurde zu Humpen, Löffeln, ja sogar zu Nußknackern mit Zeppelin-Porträtzügen verarbeitet. Tatsächlich aber war an dem Unfall nicht der Birnbaum, sondern die übermüdete Besatzung schuld gewesen: der das Steuer führende Dürr hatte 38 Stunden ununterbrochen auf seinem Posten gestanden!

Um sich unabhängiger von den Bestellungen des Militärs zu machen, versuchte Colsman sich mit der Deutschen Luftschiffahrts Aktiengesellschaft (DELAG) einen eigenen Abnehmer zu schaffen. Bezeichnend für die Einstellung Graf Zeppelins zu seiner Erfindung respektive zu deren wirtschaftlicher Nutzung war, daß er letztere als eine Profanierung seiner Ideen ansah, die zunächst seinen entschiedenen Widerwillen hervorrief. Er widersetzte sich allerdings nicht auf Dauer. Im Rahmen dieser ersten Luftverkehrsgesellschaft der Welt wurden erfolgreich Rundfahrten von verschiedenen Standorten aus unternommen. Dabei wurden wertvolle Erfahrungen im Betrieb von Luftschiffen gewonnen; auch wurde der Stamm der späteren militärischen und zivilen Luftschiffer hier ausgebildet. Die Hoffnungen auf einen nationalen fahrplanmäßigen Luftschiffsverkehr erwiesen sich allerdings noch als überzogen. Schließlich spannte sich ein erstes Netz von Standorten über Deutschland, wobei wesentliche Erfahrungen im Hallenbau gesammelt werden konnten. Allerdings stellte sich dabei auch heraus, daß eine wirtschaftlich vertretbare Struktur auf diese Weise nicht begründet werden konnte. Da die Fahrten, die durchaus viele Menschen ansprachen, ziemlich teuer waren, konnten nur wenige sie sich leisten. Auch die notwendige Infrastruktur, die ja Hallen, Landeplätze und vor allem eine hinreichend zahlreiche und ausgebildete Bodenmannschaft umfaßte, überstieg die wirtschaftlichen Möglichkeiten bei weitem. Die wenigen Standorte, die letztlich geschaffen wurden, konnten nur dank der tätigen Mithilfe der jeweiligen Kommunen eingerichtet werden, gefördert vor allem durch die Öffentlichkeitsarbeit anläßlich der Internationalen Luftfahrtausstellung (ILA) 1909 in Frankfurt. Die Welle der nationalen Zeppelin-Begeisterung ließ bei zahlreiche Gemeinden geradezu die Angst aufkommen, sie könnten den ›Zug der Zeit‹ verpassen, ohne indessen präzise Vorstellungen von den tatsächlichen Möglichkeiten und Belastungen eines derartigen Engagements zu haben.

Die militärische Komponente erhielt im Ersten Weltkrieg ein besonderes Gewicht und wurde schließlich für die technische Entwicklung zu einem ganz wesentlichen Impuls. Insgesamt 87 Luftschiffe vom Typ Zeppelin wurden während des Krieges auf den Werften in Friedrichshafen, Potsdam und Staaken erbaut. Im Rekordjahr 1917 verließen bis zu zwei Luftschiffe pro Monat die Fertigungsstätten. Es war daher kein Wunder, daß in England und Frankreich die deutschen Zeppeline als Inbegriff besonders heimtückischer und perfider Waffen betrachtet wurden, vergleichbar nur mit den U-Booten. Gefördert wurde diese Einstellung durch die Luftangriffe, die vor allem auf die Initiative des ›Führers der Luftschiffe‹, des Fregattenkapitäns Dieter Strasser, zurückzuführen waren. Wenngleich die ›Erfolge‹ mehr als gering waren, so können sie doch als die Geburtsstunde des moral bombing gelten.

War die militärische Dominanz zunächst vom Grafen mitgetragen, so änderte sich dessen Haltung um 1915 grundlegend. Sein Ziel, so nannte er es damals in einem Interview, sei es, mit einem Luftschiff zu friedlichen Zwecken den Atlantik zu überqueren. Der Sinneswandel des ehemaligen Offiziers resultierte aus der Erkenntnis, daß die neuen Abwehrtechniken wie Flugabwehr und Leuchtspurge-

Peter Strasser (1876–1918)
Der Fregattenkapitän war als ›Führer der Luftschiffe‹ für Planung und Einsatz der Marineluftschiffe im Ersten Weltkrieg verantwortlich. Er fiel 1918 an Bord von LZ 70 über England.

William Leefe Robinson (1895–1918)
Er schoß am 3. September 1916 das erste deutsche Luftschiff über England ab. Ausgezeichnet mit dem Victoria Cross geriet er nach einem Luftkampf über Frankreich in deutsche Gefangenschaft und wurde später nach seiner Rückkehr Opfer der verheerenden Grippe-Epidemie.

schosse der alliierten Jagdflieger das Waffensystem Luftschiff überholt hatten.

Folgerichtig entschloß sich das Heer 1917, den Luftschiffbetrieb einzustellen, und nur die Marine unternahm auch weiterhin Aufklärungs- und Bombenfahrten, die sie aber nach dem Tod Strassers im Sommer 1918 umgehend beendete. Er war mit dem Marine-Luftschiff L 70 über England brennend abgestürzt. Es gab keine Überlebenden.

Ein Unternehmen im Krieg wies allerdings schon in die Zukunft. 1917 sollte der von der Versorgung abgeschnittene deutsche General Paul von Lettow-Vorbeck in Deutsch-Ostafrika, dem heutigen Tansania, mit 14 Tonnen Waffen, Munition und Sanitätsmaterial versorgt werden. Das Luftschiff L 59 erreichte in fünf Tagen Fahrt Khartum, wurde dann aber per Funk zurückbefohlen, da Lettow-Vorbeck sich in Deutsch-Ostafrika nicht länger hatte halten können. Für diese Fahrt hatte man L 59 bewußt so konstruiert, daß seine Baugruppen weitgehend wiederverwendet werden konnten, denn man war davon ausgegangen, daß das Luftschiff nicht zurückkehren würde. So wurde der Laufgang aus Schuhsohlenleder gefertigt, die Gaszellen konnten zu wasserdichten Zeltplanen und Schlafsäcken umgearbeitet werden, die Motoren sollten als Generatoren für die Funkanlage Verwendung finden, die Sendemasten wollte man aus dem Gerippe des Luftschiffs zusammenbauen. Dem drückenden Mangel an Verbandsstoffen sollte durch die Verwendung von Verbandsmullstoffen für Teile der Außenhaut des Luftschiffs abgeholfen werden. Die Not diktierte eine frühes Beispiel für Recycling.

Viel zukunftsweisender war allerdings die Tatsache, daß ein Luftschiff mit einer nennenswerten Zuladung über mehrere Tage und eine respektable Strecke von 6756 km in der Luft geblieben war. Dies bewies grundsätzlich, daß ein interkontinentaler

Passagierverkehr mit Luftschiffen möglich war, zumal auch die klimatischen Bedingungen sämtliche Extreme umfaßt hatten.

Unmittelbar nach Kriegsende wollte daher die DELAG mit kleinen Passagierluftschiffen einen Liniendienst einrichten, was auch auf der Strecke Friedrichshafen–München–Berlin realisiert wurde; nahezu alle Fahrten waren ausgebucht. Aber auch die beiden Passagierluftschiffe LZ 120 Bodensee und LZ 121 Nordstern mußten schon bald mit den verbliebenen Militärluftschiffen an die Alliierten abgeliefert und die Luftschiffhallen niedergerissen werden. Den Bau von Luftschiffen wie auch von Flugzeugen untersagten die rigiden Bestimmungen des Versailler Vertrags.

Die Luftschiffbau Zeppelin GmbH war nun ihres ureigensten Tätigkeitsfeldes beraubt und konnte diese Zeit nur dank der Gewinne der Kriegsjahre und durch die klare Zielsetzung, dem militärischen Image der Luftschiffe ein neues friedensorientiertes und bewußt ziviles entgegenzusetzen, überstehen.

In diesem Zusammenhang wurde schließlich die Idee geboren, einen Teil der Reparationsleistungen an die USA durch die Lieferung eines Luftschiffes abzudecken. Damit konnte auch, so einer der Beweggründe dieses Unterfangens, die von den Alliierten geforderte Niederlegung der Friedrichshafener Luftschiffhallen verhindert werden. Dies wurde im besonderen von Hugo Eckener vorangetrieben, der sich 1907 vom Saulus zum Paulus gewandelt hatte und seitdem einer der engsten Mitarbeiter des Grafen Zeppelin bis zu dessen Tod (1917) gewesen war.

Das Hauptproblem war zunächst die Forderung der Amerikaner, das Luftschiff LZ 126 (ZR III) frei Haus geliefert zu bekommen. Hier konnte und wollte das verschuldete Reich nicht mit Bürgschaften in die Bresche springen, da man das Unternehmen für zu gewagt hielt. Zwar war eine Atlantikpassage bereits 1919 durch das englische Luftschiff R 34, einem Zeppelin-Nachbau, durchgeführt worden; die Risiken blieben dennoch hoch. So bürgte auf Betreiben Eckeners schließlich die Luftschiffbau Zeppelin GmbH mit ihrem gesamten Vermögen in Höhe von 3,6 Millionen Mark.

LZ 126 (ZR III) startete am 12. Oktober 1924 in Richtung Amerika. Die Fahrt hatte mehrere Resultate. Abgesehen davon, daß man vertragsgemäß ein Luftschiff geliefert hatte, richtete es auch das lädierte Selbstbewußtsein der in der Luftschiffahrt einmal so erfolgreichen und nun an die Erde gebannten Deutschen wieder auf. Vor allem aber wurde Eckener – gefördert durch vorzügliche Öffentlichkeitsarbeit – national und international zu einer der bekanntesten Persönlichkeiten.

Aber man hatte auch gezeigt, daß Zeppeline tatsächlich den Atlantik überqueren konnten. Damit hatte man gewissermaßen das Vermächtnis des alten Grafen erfüllt. In Deutschland war der Jubel groß; er wurde wachgehalten durch zahlreiche Vorträge, die Eckener mit seinen Offizieren überall im Land hielt. Damit verbunden war eine weitere Geldsammlung, die ›Zeppelin-Eckener-Spende‹, die den Grundstock für den Bau eines weiteren Luftschiffs bildete. Der wurde allerdings erst möglich durch die Aufhebung des Bauverbots motorgetriebener Luftfahrzeuge 1925 durch die Alliierten. In der Friedrichshafener Halle entstand in den Jahren 1927/28 ein neues Luftschiff, das schließlich von der Tochter des Grafen auf den Namen ›Graf Zeppelin‹ getauft wurde. Es sollte das ›glückhafte Schiff‹ werden, wie es Eckener später einmal formuliert hat.

Nach zahlreichen Erprobungs- und Forschungsfahrten, darunter eine in die Arktis und die erste Umrundung der Erde in der Luft, wurde mit ihm 1931 der regelmäßige Passagierverkehr nach Südamerika aufgenommen.

Bot der Transatlantikverkehr über Sevilla und Pernambuco nach Rio de Janeiro für den Außenstehenden und einige wenige Reisende zunächst nur ein grandioses Spektakel, so darf dennoch nicht übersehen werden, daß damit gerade der deutschen Wirtschaft enorme Möglichkeiten auf dem weiten Feld

Hans von Schiller (1891–1976)
Der Marineoffizier übernahm nach dem Ersten Weltkrieg verschiedene Funktionen in der Führung der Passagierluftschiffe und war zuletzt Kommandant von LZ 127 Graf Zeppelin.

Albert Sammt (1889–1982)
Wie viele Luftschiffkapitäne hatte Sammt seinen Dienst auf den Luftschiffen der DELAG begonnen. Er beschloß seine Karriere als Kommandant von LZ 130 Graf Zeppelin.

Südamerikas geboten wurden: die Zeppeline waren die schnellste und zugleich zuverlässigste Verbindung zwischen Europa und Südamerika. Sie allein waren in der Lage, die gewaltige Strecke ohne Zwischenlandung zu bewältigen – und zwar mit respektablen Reserven. So wurde nach einer Fahrt per Funk ein örtlicher Aufstand in der Nähe des Landeplatzes gemeldet. Ernst Lehmann, der erfahrene Kommandant, entschloß sich daher, kein Risiko einzugehen, und wartete vier Tage in der Luft ab. Einzig die Nahrungsmittel gingen zur Neige; diesem Übelstand konnte aber durch Proviantübernahme von einem herbeigefunkten deutschen Dampfer abgeholfen werden.

Keine Transportverbindung war moderner, schneller und erregte mehr Aufmerksamkeit, so daß die Rolle der Luftschiffahrt keineswegs überschätzt werden kann. Und kein Luftschiff hat mehr für diesen Nimbus getan als ›Der Graf‹, wie LZ 127 auch von den Besatzungsmitgliedern liebevoll genannt wurde. Es absolvierte im Lauf der Jahre 590 Fahrten mit einer Gesamtstrecke von mehr als 1,6 Millionen Kilometern. Der Gefahr, die von den 105 000 Kubikmetern überwiegend Wasserstoffgas ausging, war man sich nach Aussage der Besatzungsmitglieder zwar theoretisch bewußt, real indessen schien sie nicht.

Nach diesem Erfolg baute die Luftschiffbau Zeppelin GmbH ein neues und nahezu doppelt so großes Schiff. 1936 erhob sich LZ 129 Hindenburg zum erstenmal in die Luft. Es fuhr hauptsächlich auf der Nordatlantikroute in die Vereinigten Staaten. LZ 129 war in der dem Bauhausstil nahestehenden neuen Sachlichkeit noch gediegener eingerichtet als sein Vorgänger und konnte maximal 72 Passagiere bei einer Besatzungsstärke von 54 Köpfen befördern. Trotzdem – dies mag bei dem damaligen erstaunlichen Bekanntheitsgrad der Luftschiffahrt zunächst unglaublich erscheinen – fuhren die Luftschiffe niemals Gewinne ein; sie blieben stets auf Reichszuschüsse angewiesen. Dies änderte sich auch nicht, als man 1935 die Deutsche Zeppelin Reederei in Frankfurt am Main gründete. Die Bedeutung der Luftschiffahrt lag in ihrer unerhörten Öffentlichkeitswirkung. Das hatten auch die Nationalsozialisten erkannt und verwendeten die Luftschiffe zu Wahlfahrten oder bei den Olympischen Spielen 1936, obwohl die Konzernführung in einem gespannten Verhältnis zu den braunen Machthabern stand. Eckener war 1932 als Kandidat für die Reichspräsidentenwahlen im Gespräch gewesen, und so etwas wurde nicht vergessen. Nachdem er auch noch Hitler die Benutzung einer Luftschiffhalle in Friedrichshafen für eine Parteiveranstaltung verweigert hatte, wurde er 1936 von Goebbels als »außerhalb der Volksgemeinschaft stehend« geächtet; es durfte über ihn nicht berichtet werden.

Beide Luftschiffe versahen ihren Liniendienst planmäßig und erfolgreich. Schon war der Bau eines neuen Luftschiffs angelaufen, als am 6. Mai 1937 die ›Hindenburg‹ beim Landemanöver in Lakehurst innerhalb von 34 Sekunden verbrannte. 35 Tote waren unter der Besatzung und den Passagieren zu beklagen. Das Fanal, das die Feuersäule aus rund 180 000 Kubikmetern Wasserstoffgas bildete, bedeutete zugleich den Anfang vom Ende der Zeppelin-Luftschiffahrt. Und wenngleich es der einzige Unfall in der Geschichte der zivilen Zeppelin-Passagierluftschiffahrt war, bei dem Menschen zu Tode kamen, so rangierten und rangieren die Zeppeline auch noch mit ihrem Untergang auf der Bekanntheitsskala ganz oben, denn diese Katastrophe wurde live im Radio übertragen. Die Reportage gilt noch heute, im Zeitalter der Mediengesellschaft, als eine der erschütterndsten Sendungen der Rundfunkgeschichte: »Es ist ein großartiger Anblick, dieses schwebende Hotel auf mich zukommen zu sehen. Ich erkenne die Passagiere oben an den Fenstern, wie sie erwartungsvoll nach unten schauen. Einige von ihnen winken. Jetzt sehe ich auch den Kapitän in der Führergondel. Er

Anton Wittemann (1887–1971)
Wittemann war an zahlreichen Luftschiffahrten der Zwischenkriegszeit in leitender Funktion beteiligt.

dirigiert das Landemanöver [...] Meine Zuhörer, es ist etwas Schreckliches passiert. Das herrliche Schiff brennt. Ein furchtbarer Anblick. Wir müssen vor den Flammen fliehen.« Die beiden unabhängig voneinander eingesetzten Untersuchungsausschüsse kamen zu dem Ergebnis, daß eine unglückselige Verkettung von Umständen zu dem Unglück geführt hatte.

Die ›Götterdämmerung‹ der Zeppeline war kurz. Zunächst konzentrierten sich nach der Katastrophe von Lakehurst die Hoffnungen noch auf eine Lieferung unbrennbaren Heliums aus dem Monopolland USA. Diese Hoffnungen zerschlugen sich jedoch mit dem ›Anschluß‹ Österreichs: Mit der Behauptung, damit würden die Luftschiffe möglicherweise militärisch eingesetzt, wurde die Ausfuhr von Helium von den amerikanischen Behörden untersagt.

So wurde LZ 127 nach Frankfurt in die Halle überführt und dort zur Besichtigung freigegeben.

Ernst A. Lehmann (1886–1937)
Schon vor dem Ersten Weltkrieg auf Luftschiffen der DELAG eingesetzt, erlangte Lehmann als Kommandant von LZ 127 und LZ 129 große Bekanntheit. Er kam bei der Katastrophe von Lakehurst ums Leben.

Charles Emery Rosendahl (1892–1977)
Der spätere US-Admiral war ein entschiedener Befürworter des amerikanischen Luftschiffprogramms und hatte enge Kontakte zur Luftschiffbau Zeppelin GmbH. Er überlebte den Absturz des amerikanischen Luftschiffes ›Shenandoah‹.

Allein 1937 kamen mehr als 350 000 Besucher, die für einen höheren Gewinn der Gesellschaft sorgten als der reguläre Fahrdienst. Die mittlerweile fertiggestellte LZ 130 Graf Zeppelin wurde nur noch zu Spionage- und Probefahrten, auch zu einigen Städte-Besuchsfahrten eingesetzt.

Mit dem Ausbruch des Zweiten Weltkriegs belegte die Luftwaffe den ›Weltluftschiffhafen Rhein-Main‹, und schon bald wurden Forderungen nach einer Verschrottung der Luftschiffe laut, da man den Platz in den Hallen für Flugzeuge brauche. Konnte zunächst das Ende noch durch ein Höherhängen der Luftschiffe in den Hallen abgewendet werden, so erreichte im März 1940 der endgültige Befehl des Reichsluftfahrtministeriums Frankfurt, nach dem die Luftschiffe zu verschrotten und die Hallen zu sprengen waren.

Bis April 1940 wurden die ehemals stolzen Luftschiffe abgewrackt, und am 6. Mai 1940, dem dritten Jahrestag von Lakehurst, legten hastig angebrachte Sprengladungen der Aschaffenburger Pioniere die knapp 60 Meter hohen und 300 Meter langen Luftschiffhallen in Trümmer. Die Ära der Zeppelin-Luftschiffahrt war zu Ende.

Mit dem Ende der Luftschiffahrt waren aber die daraus gewonnenen Erkenntnisse keineswegs verloren. Teilweise sogar von der LZ GmbH selbst weiterentwickelt, wurden Funkortung und Navigation, Motoren und Leichtbau, Aerodynamik und Getriebetechnik nunmehr im Bereich ›Schwerer als Luft‹ (Flugzeugbau) weiter verfeinert und angewendet.

Die Rasanz der Entwicklungen, wieder bedingt durch einen grauenhaften Krieg, verhinderte aber ein Aufleben der ›Giganten der Lüfte‹. Zu vieles hatte sich verändert. Die Verkehrsdichte am Himmel hatte zugenommen, die Infrastruktur war zerstört und nur mit sehr hohen Investitionen wieder herzustellen, die Geschwindigkeiten der Flugzeuge hatten das bereits vor dem Krieg ausgereizte Potential der Luftschiffe weit übertroffen, und – vielleicht der wichtigste Aspekt – in eine Zeit des Massentourismus und des schnell wachsenden interkontinentalen Verkehrs paßte das elitäre und extrem kostspielige Reisen per Luftschiff einfach nicht mehr hinein. Der anbrechenden Ära des Jetzeitalters waren nur noch die erreichbaren Geschwindigkeiten und die Passagiermengen wichtig; Reisekultur spielte eine untergeordnete Rolle, sie wurde durch Transport ersetzt. Der Ausspruch eines Passagiers, daß man mit einem Flugzeug fliegen, mit einem Luftschiff jedoch reisen würde, bezeichnet sehr treffend den Unterschied.

Aber auch diese Entwicklung wandelt sich. Derzeit ist in Friedrichshafen ein Zeppelin Neuer Technologie im Bau, der 1996 seinen Jungfernflug absolvieren soll. Das Reisen im Luftschiff erfährt eine Wiedergeburt – wenngleich die interkontinentalen Fahrten mit Sicherheit der Vergangenheit angehören. Der Wandel vom exklusiven Fernverkehr zum aufregenden Reiseerlebnis und zu neuen Forschungsmöglichkeiten belegt gut die jüngste Entwicklung in dieser Sparte der Luftfahrt. Die Brücke zwischen Vergangenheit und Zukunft schlägt das zur gleichen Zeit neu eröffnete Zeppelin Museum Friedrichshafen, das mit rund 4000 qm das weltgrößte Museum zu Geschichte und Technik der Luftschiffahrt ist.

Die Mainzer Fernfahrt und das Unglück von Echterdingen (1908)

von Ferdinand Graf von Zeppelin

Die Ausfahrt vollzog sich unter günstigen Bedingungen. Das Fahrzeug hatte durch die zwölfstündige Schweizer Fahrt gezeigt, daß alle seine Organe nach Wunsch funktionierten; die Witterungsverhältnisse waren relativ günstig. Ich sage relativ, weil im Hochsommer erhebliche Temperaturunterschiede zwischen Tag und Nacht herrschen. Es wurde auch von der Nachtkühle in die Tageswärme hineingefahren, und die erneute Nachtkühle trat erst ein, nachdem man inzwischen sehr viel Gewicht durch Verbrennung von Betriebsmaterial verloren hatte.

Soweit die Fahrt programmäßig verlaufen ist – es sollten in vierundzwanzigstündiger Fahrt ohne Unterbrechung Mainz erreicht und mindestens 700 Kilometer zurückgelegt werden –, kann man sagen, daß sie die Quittung auf unsere Rechnung war. Doch auch in ihrem programmwidrig verlaufenen Teil hat die Fahrt die Richtigkeit meiner Annahmen in anderer Beziehung bestätigt, nämlich durch die beiden nicht beabsichtigten Landungen. Es ist stets angezweifelt worden, daß man mit einem solchen starren Fahrzeug vollkommen sicher wie auf Wasser, auch auf festes Land heruntergehen kann. Die Landung bei Echterdingen hat sich auf ausgesuchter Stelle so ruhig vollzogen, daß man das Aufsetzen der Gondel kaum wahrnahm. Wenn das Programm gestört wurde durch zwei unbeabsichtigte Landungen, so muß man, um das richtig beurteilen zu können, sich die Ursachen dafür vergegenwärtigen.

Es ist vor allem diese: mit dem Eintreten der Tageswärme, der Bestrahlung des Fahrzeuges entstand ein größerer Auftrieb, während gleichzeitig der Ballast durch den Betriebsmittelverbrauch, der in jeder Stunde rund 60 Kilogramm betrug, stark vermindert wurde. Wollte man sich diesem Auftrieb ganz preisgeben, so würde man dadurch sehr viel Gas verlieren, weil bei dem mit zunehmender Höhe abnehmenden Luftdruck das Gas sich ausdehnt und, soweit es in den Zellen nicht mehr Platz hat, diese durch die Sicherheitsventile verläßt. Wenn man dann später, wenn wieder Abkühlung eintritt, in die tiefen Schichten herunterkommt, so fehlt das Gas, und man hat nicht mehr genügend Auftrieb. Diese Auftriebsunterschiede können überwunden werden durch dynamische Kraft, falls die Tragwirkung des schräggestellten Fahrzeuges oder der Höhensteuer eine genügende ist. Ein Unterschied von 1 Grad Wärme zwischen der Gastemperatur und der Außentemperatur veranlaßt bei meinem Schiff einen Mehr- oder Minderauftrieb von ungefähr 60 Kilogramm, und da man Unterschiede von 15 Grad sehr leicht haben kann, so handelt es sich hier gleich um 900 Kilogramm. Es ist also eine bedeutende Kraft, die überwunden werden muß.

Das gelang auf der Schweizer Fahrt und auch jetzt ganz gut, so lange beide Motoren im Gange waren. Sobald ein Motor gestoppt werden mußte, z. B. um Benzin nachzufüllen oder etwas nachzusehen oder infolge irgendeiner Störung, war die Bewegung nicht mehr rasch genug, und dann führte der Auftrieb das Fahrzeug in die Höhe, bis es seine natürliche Schwebehöhe erreicht hatte. Bei diesem Hochsteigen hat man nun recht viel Gas verloren. [...] Als man sich dann am Spätnachmittag dem Rhein unweit Oppenheim näherte, trat eine sehr schnelle Abkühlung des Gases ein, und da gerade nur ein Motor im Gang war – der andere war durch den Bruch eines Rädchens, dessen Ersatz im kritischen Augenblick zu lange dauerte, unbrauchbar geworden –, so konnte man den nun eintretenden Abtrieb nicht dynamisch überwinden. Es war kein Halten mehr, und man mußte vollends auf den Rhein herunter gehen. Es wurde die Stelle so geeignet als möglich gewählt, und die Landung ist vollkommen gelungen. Um die Fahrt fortsetzen zu können, mußten zwei Dinge geschehen, es mußte soviel als möglich entlastet und die Nachtkühle erwartet werden. Sobald beides geschehen war, wurde die Fahrt fortgesetzt. Sie ging über Mainz hin und zurück bis wieder über Mannheim, wo dann der vordere Motor vollständig versagte. Es war ein Lager ausgeschmolzen, und es konnte von da ab nur mit einem Motor gefahren werden; aber Benzinvorrat war reichlich vorhanden, auch für eine noch viel längere als vierundzwanzigstündige Fahrt. Die Nacht war sehr dunkel, aber es gelang doch, sich zu orientieren und die Fahrt so einzurichten, daß man auf kürzestem Wege dem Reiseziel näher kam. Es war zwar nicht zu vermeiden, daß man auch jetzt, mit nur einem Motor, in sehr große Höhen getrieben wurde, da der Betriebsmaterialverbrauch das Fahrzeug beständig sehr entlastete. Bei der Erreichung von 1800 Meter Höhe wurde Gas entlassen, um nicht noch höher zu steigen, aber nur so viel, daß man mit der vorhandenen dynamischen Kraft wieder herunterkonnte.

So ging die Fahrt über Stuttgart hin, immer noch in ziemlicher Höhe. Da, südlich von Stuttgart, in den Fildern, machte sich eine bedeutend stärkere Luftströmung bemerkbar, und wir erkannten, daß mit dem einen Motor, der noch im Gange sich befand, nicht mehr vorwärts zu kommen war. Wir würden anstatt vorwärts zu kommen zurück gekommen sein.

Das wollten wir nun doch nicht und beschlossen die Landung, nachdem wir vorerst weiter heruntergegangen waren, um zu sehen, ob da nicht eine weniger starke Luftströmung herrsche. Das war auch bis zu einem gewissen Grade der Fall, und man hoffte, daß es nun wieder vorwärts gehen würde. Aber auch da wurde die Gegenströmung bald so stark, daß kaum mehr vorwärts zu kommen war. Das veranlaßte uns, abermals zu landen, um nach Wiederherstellung des gestörten Motors mit Hilfe der nahen Daimlerfabrik und Bezug weiteren Füllgases aus Manzell die Fahrt fortzusetzen. Es ist bekannt, daß auch diese Landung sich vollständig glatt vollzog, ohne die geringste Beschädigung irgendeines Teiles des Fahrzeuges.

Dann trat das Unglück ein, daß eine plötzlich anhebende Sturmwelle seitlich herkam und das Fahrzeug fortriß.

Es machte einen Sprung von einem Kilometer Länge. Während dieses Sprunges wurden von einem der in dem Luftschiff befindlichen Leute Ventile gezogen, um das Fahrzeug schneller wieder zur Erde zu bringen. Der herausgerissene und nun herabhängende Anker schlug noch einmal ein und faßte so fest, daß nicht etwa eine Fesselung abriß oder irgend etwas am Fahrzeug, sondern daß der eiserne Anker in zwei Stücke zerrissen wurde. Dann ging das Fahrzeug noch ein Stück weiter, bis es sich in einer Baumgruppe, schon brennend, festfuhr.

Es handelt sich nun darum zu wissen, ob diese unglücklichen Vorkommnisse zu vermeiden waren oder nicht. Sie waren es ganz gewiß. Wenn wir so viele Erfahrungen gehabt hätten wie heute, so hätten wir gewußt, wie wir auch mit einem Motor recht gut unsere Höhe hätten halten und damit den Gasverlust vermeiden können, welcher zur Rheinlandung nötigte; fiel aber diese weg, so wäre selbst mit nur einem Motor Friedrichshafen erreicht worden, bevor der die Fahrt bei Echterdingen aufhaltende Sturm eintrat.

Wir hatten die Erfahrung noch nicht von der ungleichen Erwärmung vorne und hinten und von anderen Momenten, deren Ausführung hier zu lang sein würde. Solche ungleiche Auftriebe vorne und hinten lassen sich leichter durch reichliche Verlegung von Lasten im Luftschiff als nur durch Hin- und Herführen des Laufgewichtes ausgleichen. [...] Ein Mittel, um den durch Erwärmung und den Verbrauch von Betriebsmittel erlangten zu starken Auftrieb statisch anstatt dynamisch zu überwinden, ist das Aufnehmen von Lasten während der Fahrt, womöglich von Wasserballast. Wir kannten das in der Theorie schon und hatten es auch über dem See bereits probiert, aber wir waren noch nicht erfahren genug, um es bei dieser Rheinfahrt schon anzuwenden. Es ist das ein zweckmäßiges Hilfsmittel, um lange Fahrten zu machen, aber durchaus nicht eine Notwendigkeit; es läßt sich alles mit dynamischen Mitteln machen.

Aus welcher Ursache der eine Motor den Defekt erlitten hat, ist nicht aufgeklärt. Man hat vermutet, daß dies von der dauernden Schrägstellung des Fahrzeuges gekommen, wodurch das Lager weniger Schmierung zugeführt erhalten hätte. Das ist aber schwerlich der Fall gewesen; denn die vorausgegangene Fahrtstrecke von Oppenheim über Mainz bis nach Mannheim war bei ziemlich wagerechter Lage des

Luftschiffes durchlaufen worden. Man ist jetzt dabei, noch eine bessere Schmierung einzuführen, und es ist zu hoffen, daß jenes Vorkommnis nicht wieder eintritt.

Nun die Gründe, warum das Fahrzeug sich losgerissen hat von seiner Verankerung bei Echterdingen. Die Mittel zur Verankerung, die mitgeführt werden, sind im ganzen sehr reichlich; es sind zwei Kettenanker, namentlich auch eine Anzahl von Erdbohrern, die nötigen Taue und Stahltrossen usw. Aber wir waren ja genötigt, alles irgendwie Entbehrliche bei der Landung am Rhein zurückzulassen. Es war also, wenn ich mich so ausdrücken darf, nur eine Garnitur von solchen Mitteln vorhanden, aber auch diese hätte vollständig ausgereicht, das Fahrzeug gegen einen mehr gegen die Spitze wirkenden Sturm festzuhalten. Es ist auch tatsächlich nicht ein Seil, nichts gerissen, sondern das Luftschiff hat sich in der Weise losgemacht, daß es von der wegen der Aufstellung der Zuschauer seitwärts eingedrungenen Windwelle von unten heraufgehoben wurde, und nun, wie ein Schiff seinen Anker erst losbekommt, wenn es gerade darüber ist, seine Verankerungen aus der Erde herauszog und sie mitnahm. Der Aufdruck ist dabei so gewaltig gewesen, daß die an den beiden Gondeln befindlichen Mannschaften, die sich zum Teil haben hochheben lassen – es sind ungefähr je 30 Mann gewesen – nicht imstande waren, diesem Aufdruck zu widerstehen. Das ist auch eine Sache, die sich wohl kaum wiederholen wird.

Der Brand von LZ 2 bei Echterdingen
Aquarell des Augenzeugen Wilhelm Röhm, 1908

Wohliges Dahinschweben

Spazierfahrt in der Luft (1911)
von Hermann Hesse

Man wird älter, und der Kreis dessen, was man außen an Bereicherung, Freude und neuen Vergnügungen erwartet, zieht sich enger zusammen. Zu den Freuden und neuen Erfahrungen, auf die ich mich seit Jahren freute, und von denen ich mir besonders starke und schöne Eindrücke versprach, gehörte das Fahren in einem Luftschiff. Und nun liegt auch diese Erfahrung und Freude, die ich noch fern glaubte, schon hinter mir und ist Vergangenheit geworden.

Ich saß bei Büchern und studierte Sprachen für meine nächste Reise, als dieser Tage der Postbote einen Brief aus Friedrichshafen brachte, der mich zu einer Fahrt im neuen Luftschiff ›Schwaben‹ einlud. Der Brief war lange unterwegs gewesen, und wäre er zwanzig Minuten später gekommen, so hätte ich seiner Einladung nicht mehr folgen können, denn das Luftschiff sollte nur noch den nächsten Tag am See bleiben, und in einer halben Stunde ging das letzte Schiff, mit dem ich Friedrichshafen noch erreichen konnte.

Ich segnete die Post, die täglich so viel Unnützes bringt und nun auch einmal im Guten sich bewährte, und bei brennender Hitze eilte ich, wie ich war, sofort zum Dampfschiff, erreichte in Konstanz den letzten Anschluß und fuhr an Meersburg und den schönen abendlichen Ufern vorüber durch die lange Dämmerung nach Friedrichshafen. Im ersten besten kleinen Gasthof bekam ich ein ordentliches und wohlfeiles Zimmer und war dadurch angenehm enttäuscht, denn man hatte mir erzählt, Friedrichshafen sei neuerdings unheimlich elegant und teuer geworden. Bald darauf, beim nächtlichen Schlendern durch das kleine alte Städtchen, sah ich nun allerdings an Neubauten und zweifelhaften Verschönerungen, daß immerhin ein bißchen Wahrheit in jenen Berichten gewesen war. Auch war großer Abendbetrieb in den Hotelgärten, und beim Kurhause ging es mit Militärmusik und Gesellschaft großartig her. Der alte Graf hatte eine große Offiziersgesellschaft eingeladen, und es war nicht leicht und kostete mehr als eine Stunde und mehr als ein Trinkgeld, bis es mir möglich wurde, jemand von der Zeppelingesellschaft zu finden und zu erfahren, ob und wann das Luftschiff morgen fahren werde. Dann hatte ich meinen Bescheid, zog mich zurück und sah im stillen noch eine Weile mit Vergnügen dem farbigfrohen Gartenleben zu. Ein Tourist zog mich ins Gespräch, und wir redeten, wie das in Friedrichshafen unvermeidlich ist, vom Grafen Zeppelin und von seinen Luftschiffen. Dabei kamen wir auch auf die Angriffe zu sprechen, die Harden gegen den Grafen gerichtet hat, das heißt, der Fremde sprach davon, und ich hörte zu, denn ich verstehe von technischen Dingen recht wenig. Doch sah ich mir anderntags einen der Hardenschen Artikel näher an und war geneigt, ihn nicht ganz ernst zu nehmen, da er offenbar im einzelnen manche Irrtümer zu hegen schien. [...] Indessen mag es dahingestellt sein, wie weit diese Irrtümer gehen: mich gehen sie nichts an, und ich hatte meinen Spaß an dem Touristen, der zu den Leuten gehörte, die aus Mangel an

Hermann Hesse (1877–1962)
Der spätere Nobelpreisträger lebte nach ersten literarischen Erfolgen als freier Schriftsteller in Gaienhofen am Bodensee. Er wurde, wie andere Prominente, zu einer Rundfahrt mit einem der frühen Luftschiffe eingeladen.

einer eigenen Meinung sich der Gründlichkeit hingeben. Er wußte jede Kleinigkeit zu nennen, die für Harden sprach, und jede, die dem Grafen zugute kam, und so ging seine Belehrung mit ›einerseits‹ und ›andererseits‹, mit ›trotzdem‹ und ›hingegen‹ weiter wie die Kritik eines fleißigen Rezensenten, der nicht Geschmack und Persönlichkeit genug hat, um ein Buch mit Klarheit zu loben oder zu tadeln, und statt dessen mit Vorsicht und viel Kenntnissen zwischen Ja und Nein hin und wider schwimmt.

Am Schlusse bekannte sich indessen der Fremde wenigstens ehrlich und eindeutig zu dem sehnlichen Wunsche, einmal in einem solchen Luftschiffe fahren zu dürfen, und seufzte resigniert darüber, daß dies einstweilen nur hohen Herrschaften oder reichen Leuten möglich sei. Da war es nun an mir, mich überlegen und bedeutend zu fühlen, und ich tat es auch, doch ohne dem Manne zu sagen, daß ich selber morgen im ›Zeppelin‹ werde fahren dürfen. Ich wollte ihn nicht ohne Not neidisch machen und auch dem Geschick nicht vorgreifen, denn im stillen mißtraute ich immer noch und war darauf gefaßt, daß möglicherweise Wetter und andre Umstände mich doch noch um die Fahrt betrügen könnten. Als ich indessen am nächsten Sonntagmorgen, nach Möglichkeit gebürstet und geglättet, auf der in aller Frühe schon heißen Fahrstraße zur Ballonhalle hinauswanderte, schnurrte über mir schon prächtig das Riesenspielzeug dahin, von seiner ersten Frühfahrt zurückgekehrt, und es war ein merkwürdig erregender Anblick, auf dem weiten, mit sonntäglichen Gästen erfüllten Felde das Ungeheuer niedersinken und endlich gefesselt zu sehen.

Es dauerte nicht lange, so konnten wir einsteigen, eine bequeme kleine Holztreppe hinan, und merkwürdigerweise war dabei gar kein neues und fremdes Gefühl, weder Erregung nach Bangen, sondern es war die einfachste und vergnüglichste Sache von der Welt, da einzusteigen und in der eleganten, luftigen Kabine auf den behaglichen Rohrstühlen Platz zu nehmen, wo man saß wie in einem sehr bequemen Speise- oder Aussichtswagen. Die Arbeiter waren emsig an den Seilen beschäftigt, die vielen Zuschauer drängten sich neugierig um das Schiff, Touristen mit Gemsbärten am Hut und sonntägliche Radfahrer betrachteten sich das Ereignis, und wir Passagiere saßen stolz und kühl in unsrer Kabine. Die Sonne brannte freudig auf den dürren Rasen und flimmerte auf den weiten See, gerade vor mir standen zwei Offiziere, die die letzte Fahrt mitgemacht hatten, und ihre Epauletten blitzten in der Sonne.

Aber plötzlich stieg das Schiff empor, und die beiden Offiziere wurden klein und begannen merkwürdig auszusehen, am Ende sah ich von ihnen nichts mehr als die runde Oberfläche der Mützen, die blanken Achselstücke und darunter die Spitzen der Schuhe, und als ich rasch aufstehend mich über die Brüstung beugte, entwich unter uns die Erde, und ich hatte vom ersten Augenblick an nicht mehr das Gefühl, etwas mit ihr zu tun zu haben und zu ihr zu gehören. Die Menschenmenge wurde klein und komisch, die Stadt Friedrichshafen wurde erstaunlich übersichtlich und niedlich, auch die riesige Ballonhalle sank zu einem belanglosen Fleck zusammen. Dafür aber ging uns das Reich der Lüfte auf, und die Welt wurde erstaunlich groß und weit, wir sahen nahe und ferne Städte still um den See stehen, der auch an Größe verlor, und die großen Zusammenhänge der Landschaft, die Formen der Ufer, das Niedersinken der Berge von den Arlberger und Graubündner Alpen über die Vorberge und Uferhügel hinweg wurden klar, der Rhein war keine Vedute mehr, sondern in seiner Größe, Bedeutung und Geschichte zu übersehen, weit hinauf, und bis zur Mauer der hohen Gebirge hin ordnete sich und klärte sich die mir seit Jahren wohlvertraute Gegend so überraschend und

Eine Stadt ist auf den Beinen:
LZ 3 bei Konstanz, 1909.

einfach, wie manchmal einem Studierenden nach langer Kleinarbeit ganz plötzlich Gefüge und Zusammenhang der Dinge sichtbar wird.

Wir flogen mit einer Schnelligkeit, die wir nur am eilig dahinrasenden Schatten des Luftschiffes annähernd schätzen konnten, über den See gegen Bregenz hin, über Wasserburg, Bad Schachen und Lindau weg, und waren plötzlich schon in Bregenz. In der Kabine war trotz der weiten, nicht verglasten Fenster kaum eine Spur von Luftzug zu bemerken, sobald man indessen Kopf oder Hände aus dem Fenster steckte, brauste die Luft wie ein Sturmwind vorüber. Unter uns wich nun der See, mit seichtem, wildem Binsenufer und sumpfigen Öden, und wir fuhren über Land, sahen Dächer und Höfe, Menschen und Tiere in wunderlicher Verkürzung, an die sich doch das Auge seltsam rasch gewöhnte, und hörten und sahen die Begrüßungen, mit denen überall das sonntäglich Volk seine Neugierde, Freude und Verwunderung kundgab, Mir fiel auf (obwohl bei einer solchen ersten Fahrt kaum eine Beobachtung aufkommt, nur wohliges Dahinschweben und rechenschaftslose Reiselust), mir fiel auf, wie alle Tiere ohne Ausnahme auf das Luftschiff reagierten, und alle mit Schrecken und Furcht. Ein Feldhase rannte in wahnsinniger Angst davon, einerlei wohin, und beschrieb die seltsamsten Kurven und Ovale, bis er sich in einem Bohnengarten verkroch. Die Vögel, auch die Habichte, flohen ebenfalls geängstigt davon, die Hunde bellten wütend oder zogen die Schwänze ein, und die Hühner waren ganz außer sich. Wir in der Kabine fanden uns vom Lärm der Maschine gar nicht belästigt, hie und da bei seitlichem Wind ein flüchtiger Benzingasgeruch war alles, von Vibration kaum eine leise Spur.

Und während unsre Propeller schnurrten, fuhren wir durch das sonnige Rheintal hinauf, der Kamor und der Hohe Kasten und viele andre vertraute Berge standen mächtig im strahlenden Licht. Während unten im fruchtbaren Stromtal die Sonne glühend auf die Reben brannte, flogen wir kühl und gelassen in der Höhe dahin, blickten senkrecht in den Rhein, in Dörfer, Klöster, Städtchen hinab, schauten seitwärts in kühle grüne Waldtäler und steile, enge Felstäler hinein und fuhren in kaum einer Stunde bis über Feldkirch hinaus. In Feldkirch standen die alten Häuser mit den Lauben seltsam verkürzt, den schönen, alten Festungsturm sah ich so direkt von oben, daß nur das runde, braune Dach wie ein Teller zu sehen war, und eine kleine Kapelle auf einem Hügel im Felde war so in der Perspektive verkürzt, daß ich ihre Form nur an dem großen Schatten erkennen konnte, der lang und spitz wie der Zeigerschatten einer Sonnenuhr neben ihr lag.

Wenn der Deutsche sich sehr erhoben fühlt, so trinkt er Sekt, und Sekt war auch im Luftschiff zu haben und wurde hübsch und nett serviert, und er war auch sehr gut, aber ich fand diese Beigabe doch als das einzige Stillose und Entbehrliche an der Fahrt.

Die Rückfahrt ging noch rascher, mit drei Motoren, und es war mir und uns allen viel zu früh, als wir nach zwei Stunden wieder über die Halle schwebten und vom Ameisengewimmel der Arbeiter empfangen wurden, die die ausgeworfenen Seile fingen und festhielten. Dabei flogen wir dicht über den Wipfeln eines Föhrenwäldchens hin und scheuchten noch einen Bussard auf.

Ich verstehe nichts von der Technik, und ich weiß nicht, wie weit es Graf Zeppelin noch bringen wird. Ich schließe die Augen und fühle wieder das schwebend leichte, weiche Reisen durch die Luft, ich genieße wieder den Anblick der weit erschlossenen Landschaft und das Gefühl des Draußenseins aus allen irdischen Kleinigkeiten; und ich weiß gewiß: sobald ich wieder Gelegenheit finden werde zu fliegen, werde ich es mit tausend Freuden tun.

Luftschiffangriffe auf England (1918)

Des Kaisers Blitz

von Horst Freiherr Treusch von Buttlar-Brandenfels

Solche Luftschiffangriffe können leider nicht so häufig, wie man wünschen möchte [...], stattfinden, sondern sie müssen sich nach den Wetter- und Mondverhältnissen richten.

Nehmen wir die zweite der beiden Bedingungen zuerst. Ein Angriff kann nur dann durchgeführt werden, wenn kein Mond scheint. Das sind in jedem Monat etwa zwölf Tage, ungefähr reichend vom letzten bis zum ersten Viertel. Berücksichtigt werden müssen dabei auch die Auf- und Untergangszeiten des Mondes. Das dürfte ohne weiteres einleuchten; denn ein so großes Objekt, wie es ein Luftschiff ist, ist selbst noch in großen Höhen ein gutes Ziel für Ballonabwehrgeschütze, und im Verlauf des Krieges hat man nach Luftzielen schießen gelernt. Bedenken Sie nur, wie oft hören wir, daß so und so viele Flugzeuge, die gegen ein Luftschiff doch ein verschwindend kleines Ziel sind, von unseren Flakbatterien abgeschossen worden sind.

Ferner aber kann auch selbstverständlich das zur Abwehr aufgestiegene Flugzeug bei mondheller Nacht das feindliche Luftschiff auf ganz erheblich größere Entfernungen sehen als bei dunklen Nächten, und in großen Höhen ist die Luft sehr viel klarer und sichtiger als auf der Erde, wo fast stets Dunst und Rauch die horizontale Sicht beeinträchtigen.

Das Luftschiff *muß* also beim Angriff auf den Schutz der Nacht angewiesen sein.

Als zweites das Wetter. Das günstigste Wetter für Angriffe ist leichter westlicher Wind, und zwar deshalb, weil die Schiffe, wenn sie angeschossen oder eine oder gar mehrere Maschinen ausgefallen sind, dann mit dem Rücken- oder Schiebewind sicherer und schneller nach Hause kommen, als wenn sie Gegenwind – also Ostwind – haben. Eine ausschlaggebende Rolle spielt selbstverständlich auch die Windstärke. Oben in der Höhe ist in der Regel bedeutend mehr Wind als unten auf der Erde. Es hat natürlich keinen Zweck, bei einer derartigen Windstärke zu fahren, bei der man so lange gegenan dampfen muß, daß man das Ziel nicht in dem Zeitraum der Dunkelheit erreicht, oder aber auch zu lange über England oder an der Küste verbleibt, so daß man bei Tagesanbruch noch den Abwehrmaßnahmen der Gegner ausgesetzt ist, die besonders an der Küste recht stark und zahlreich sind.

Horst Freiherr Treusch von Buttlar-Brandenfels (1888–1962)
Der Marineoffizier führte zahlreiche Angriffsfahrten mit verschiedenen Marineluftschiffen während des Ersten Weltkriegs durch und gehörte zu den hochdekorierten Offizieren der ›Marine-Luftschiff-Abteilung‹. Das Foto wurde anläßlich der Verleihung des Ordens Pour le mérite aufgenommen.

Die Hauptsorge des Führers der Marine-Luftschiffe richtet sich also während einer solchen Angriffsperiode auf die Beurteilung der bestehenden Wetterlage. [...] Sind die letzten Windmessungen gut, so ergeht meistens gegen Vormittag der Befehl des F. d. L., wie der Führer der Marineluftschiffe im Dienst kurz genannt wird, an die einzelnen Kommandanten zum Angriff.

Vom gegebenen Befehl bis zum Aufstieg hat man noch etwa zwei Stunden Zeit, in denen die letzten Vorbereitungen getroffen werden. Soweit möglich, ist natürlich alles schon vorbereitet. Die Hallentore sind bereits geöffnet, die Haltemannschaften sind klar zum sofortigen Manöver. Auch das Schiff selbst ist, soweit es irgend geht, schon fertig zum Ausfahren. Die nötige Menge Benzin ist im Schiff, Maschinengewehre, Sauerstoffapparate, und was sonst noch alles dazu gehört.

Nur noch die Bomben müssen eingehängt werden. Auf kleinen Handwagen werden sie aus dem Munitionsdepot herangeschafft und unter das Schiff gelegt. Die leichteren Kaliber werden von kräftigen Männern der zum Schiff gehörigen Schiffspflegegruppe in einzelnen Etagen in den Laufgang hinaufgereicht, die mittleren und schweren Kaliber müssen mit Taljen, zu deutsch Flaschenzügen, ins Schiff gebracht und dort an den für sie vorgesehenen Bombenhaken aufgehängt werden. [...]

Die Besatzung zieht sich warm an, ißt schnell zu Mittag und bekommt ihren Proviant für die Fahrt.

Jeder Kommandant hat ausführlichen Befehl über das geplante Unternehmen mit der Angabe des Ziels und was sonst für ihn wichtig ist.

Zu den festgesetzten Uhrzeiten verlassen dann die einzelnen Schiffe auf den verschiedenen Luftschiffplätzen ihre Hallen und streben mit westlichem Kurs der englischen Küste zu. Da mit feindlicher Gegenwehr in der Deutschen Bucht nicht zu rechnen ist, so kann sich die Fahrhöhe noch nahe der eigenen Küste in niedrigen Grenzen halten. Beim Verlassen der Deutschen Bucht, bei der Annäherung an die feindliche Küste wird das Luftschiff immer weiter steigen, bis es kurz vor dem Erreichen der englischen Küste ungefähr bis an die höchsten Grenzen seiner Steigfähigkeit gekommen ist.

Der Marsch nach Westen vollzieht sich meistens sehr ruhig und ohne jeden Zwischenfall, denn im Sperrgebiet sieht man nichts, und ich habe schon öfters Fahrten nach England unternommen, in denen ich nach dem Verlassen der Deutschen Bucht auch nicht *ein* Fischerfahrzeug zu sehen bekommen habe. Das ist der langweiligste Teil eines solchen Unternehmens. Die Zeit bis zum Insichtkommen der englischen Küste vergeht immer viel zu langsam. Doch auch hierbei darf man nicht untätig sein. Das Hauptaugenmerk muß man auf die Navigation richten, und das ist im Luftschiff nicht so ganz einfach, weil man mit ganz erheblicher Stromversetzung oder, richtiger gesagt, Windversetzung zu arbeiten hat. Sehr oft steuert man dann so in Sicht der holländischen Küste, daß man seinen Schiffsort noch gut ausmachen kann, um bei Eintreten der Dunkelheit einen möglichst genauen Abgangspunkt zu haben. Selbstverständlich melden die Holländer bzw. die dort sitzenden feindlichen Agenten jedes Insichtkommen von Luftschiffen nach England. Aber das ist nicht gefährlich, denn früher oder später merken es unsere Feinde doch, und vor allem können sie noch rechtzeitig von ihren Vorpostenfahrzeugen, die sie ausliegen haben, durch Funkentelegraphie benachrichtigt werden, wenn Luftschiffe im Anmarsch sind. Außerdem wissen sie ja auch, daß bei dunklen Nächten und günstigen Witterungsverhältnissen todsicher mit einem Luftschiffangriff zu rechnen ist.

Die einzelnen Schiffe treffen sich auf ihrem Weg nach England in der Nähe der holländischen Inseln, und man kann bei eintretender Dämmerung besonders schön gegen die im Westen untergehende Sonne dann die ganzen Schiffe, die der Englandküste zustreben, hoch am Himmel stehen sehen.

Ich möchte meiner Beschreibung einen Angriff zugrunde legen, den ich vor etwa $1^1/_4$ Jahr auf London gefahren habe und der eigentlich der schönste war, den ich bisher gefahren habe, weil er bis in die kleinste Kleinigkeit hinein klappte und ein Schulbeispiel eines gut durchgeführten Angriffes gab. Wir waren mehrere Schiffe in der Gegend von Winterton. Das liegt ost-nord-östlich von Norwich, unmittelbar an der Küste. Etwas an Backbord, dicht vor mir stand der L 31, den ich ungefähr $^1/_4$ Stunde später in der Dunkelheit verlor. Sobald das erste Ziel, die Küste, kam, merkte man, daß unten Leben in die Bude kam, d. h., allenthalben fingen Scheinwerfer an zu leuchten, sandten ihre Strahlen nach oben, um eventuell eins der Luftschiffe zu entdecken und festzuhalten. Sieht man bei einer solchen Gelegenheit einen

Scheinwerfer rechtzeitig vor sich, so schlägt man einen kleinen Haken und kann ihm so meistens entgehen, denn überall können die Engländer ja auch keine Scheinwerfer aufstellen, und es ist ärgerlich, wenn man schon vor Erreichen seines Ziels von einem derartigen Scheinwerfer gefaßt und von der dazu gehörigen Batterie unter Feuer genommen und von seinem eigentlichen Angriffsziel abgehalten wird.

Das günstigste ist daher, wenn über der Küste ganz leichte Wolkenbildung herrscht, die wohl noch eine gute Orientierung nach unten ermöglicht, anderseits aber dem Schiff einen erheblichen Schutz gegen Sicht von unten gibt. Doch so schön trifft man es selten an. Meistenteils ist es ganz klar oder aber bei einem herannahenden Tiefdruckgebiet ist Wolkenbildung sehr stark.

Ich habe damals in gerader Linie Kurs von Winterton auf London zugehalten und habe während der ganzen Fahrt über englisches Gebiet auch nicht ein einziges Licht gesehen, obwohl es unten klar war, bis London in Sicht kam. Die Entfernung Winterton–London entspricht der Entfernung Bremen–Kiel. Nun stellen Sie sich bitte vor, was es heißt, derartige Strecken so abzublenden, daß überhaupt kein Licht nach außen scheint. Das ist gleichbedeutend mit der Lahmlegung des gesamten Eisenbahnverkehrs in der Gegend, weil ohne Signale und ohne Lichter in den Bahnhöfen kein Zug fahren kann. So haben wir denn öfters schon gehört, daß Züge, besonders in der von Luftschiffen heimgesuchten Gegend, ganz erhebliche Verspätungen gehabt oder überhaupt nicht verkehrt haben. Das aber muß man den Engländern lassen, abblenden haben sie im Laufe des Krieges tadellos gelernt.

Blick auf die Führergondel von L 54 von vorne
Unter dem Kommando von v. Buttlar unternahm L 54 die meisten seiner 43 Einsätze. Buttlar erhielt dafür den Orden »Pour le Mérite«, den er auf dem Gondelbug anbringen ließ.

Das ist der erste Erfolg. Solche Luftschiffangriffe schaffen Stillegung des Verkehrs zum mindesten für die Dauer des Angriffs, und wie oft werden wohl die Leute vergeblich abblenden, wenn Luftschiffe nur zu Aufklärungszwecken sich in der Nähe der englischen Küste aufhalten.

Nun werden Sie wahrscheinlich fragen, wie findet man nun London, wenn alles dunkel ist? Das ist verhältnismäßig einfach, denn

1. läßt sich eine derartige Riesenstadt wie London nicht so abblenden, daß überhaupt kein Licht zu sehen ist. Stellen Sie sich bitte vor, man sollte Berlin so dunkel machen, daß keine Straßenlaterne brennt, keine Elektrische fährt, sogar kein Mensch im Hause Licht brennt, das nach außen scheint. Das wäre vor allen Dingen in Berlin meiner Ansicht nach ein Ding der Unmöglichkeit;
2. kommt hinzu, daß London an der Themse liegt, und die Themse bildet mit ihren eigenartigen Knicks ein ganz vorzügliches Orientierungsmittel.

Ich fahre also einfach so lange mit südwestlichem Kurse, bis ich die Themse habe, und fahre dann an ihr stromaufwärts bis zur Hauptstadt entlang. Aus demselben Grunde bin ich auch schon öfters an der holländischen Küste herunter marschiert bis ungefähr in die Gegend von Nordhinder-Feuerschiff, das liegt etwa östlich der Themsemündung nahe der holländischen Küste, und bin dann mit Westkurs in die Themsemündung hineingestoßen und der Themse entlang stromaufwärts gefahren. Das hat vor allen Dingen den Vorteil, daß man in dieser Gegend meistens mit leichtem Wolkenschutz rechnen kann. Überhaupt kann man von vornherein keinen festen Anmarschkurs geben, sondern muß sich vielmehr nach der im Westen vorgefundenen Wetterlage richten;

3. wird einem das Finden von London durch die Engländer selbst leicht gemacht, weil sie bei einem Angriff anfangen nervös zu werden. Das merkt man daran, daß sie mit den Scheinwerfern anfangen, zunächst ziemlich zwecklos in der Luft herumzufummeln, und so sieht man schon von weitem an dem Strahlenbündel, das sich senkrecht in die Luft erhebt, hier ist was los und da liegt London. Vor allen Dingen dann, wenn andere Schiffe schon vorher dagewesen sind; dann sieht das so aus, wie ungefähr früher in der Kieler Woche, wenn alle Schiffe im Hafen mit Sternen schossen und mit den Scheinwerfern spielten, nur mit dem Unterschied, daß es in London eine ganz erheblich größere Anzahl von Scheinwerfern und ein weit größeres Gebiet ist, was mit Abwehrmitteln ausgerüstet ist. Könnten die Engländer London vollständig und restlos abblenden und würden sie nicht mit Scheinwerfern leuchten, so würden sie dadurch den Luftschiffen das Finden der Stadt wohl ein gut Teil erschweren.

Ich habe vorhin gesagt, daß möglichst nur bei westlichen Winden angegriffen wird. Gegen den westlichen Wind läuft das Schiff also mit Westkurs auch verhältnismäßig wenig Fahrt über den Grund, denn es muß gegen den Wind gegenan dampfen. Da man sich nun nicht unnütz lange beim Angriff über der Hauptabwehrzone aufzuhalten braucht, so geht man am besten [...] auf die Windseite, also für gewöhnlich auf die Westseite des Angriffsobjektes. Ich habe damals auch im großen Bogen möglichst gut außerhalb der Abwehrzone von London nördlich von der Stadt nach Westen ausgeholt und stand ungefähr um 12 Uhr nachts westlich von London, die Stadt, durch die eigenen Scheinwerfer einigermaßen hell erleuchtet, vor mir liegend.

Kurz vor dem Angriff wird dann das letzte bißchen Ballastwasser, was man noch hat, hinausgeworfen, damit man noch höher steigt; die Maschinen bekommen Befehl: ›äußerste Kraft‹; es gilt eben, sehr begreiflicherweise, möglichst schnell über das Gebiet hinweg zu kommen. Der Wachoffizier prüft die Bombenabwurfanlagen, die elektrisch arbeiten. Die Klappen im Laufgang werden geöffnet, so daß die Bomben frei nach unten herausfallen können. Wenn alles dies gemacht ist, kann der Angriff vor sich gehen. Mit den Leuten im Laufgang, die bei den Bomben sich

Gerippeteile des abgeschossenen Marineluftschiffs L 33
Am 24. September 1916 mußte L 33 nach Beschuß bei Little Whigbourough notlanden. Die Besatzung geriet in Gefangenschaft. Die Reste des Luftschiffs wurden von Alliierten Spezialisten eingehend untersucht.

befinden, steht der Kommandant durch ein Sprachrohr von der Führergondel aus in Verbindung.

Schon beim Erreichen des äußeren Stadtgürtels wird dann das Schiff, das nun mit östlichem oder nordöstlichem Kurse über die Stadt hinwegfährt, von zahlreichen Scheinwerfern gefaßt und von den Batterien unter Feuer genommen. Über die Zahl der Scheinwerfer, die in London aufgestellt sind, vermag ich nähere Angaben nicht zu machen; ich habe sie manchmal versucht zu zählen, bin aber nie zu Ende gekommen, weil es bei dem Durcheinanderleuchten natürlich sehr schwer ist. 24 bis 30 große Scheinwerfer von ganz erheblicher Leuchtstärke habe ich aber immer gezählt, von unzähligen kleineren ganz abgesehen. Das Schiff wird eigentlich sofort, wenn die Scheinwerfer leuchten, auch gefunden, und meistens vereinigt man die ganzen Scheinwerferstrahlen auf sich, so daß das Schiff vollständig grell erleuchtet und es so hell in der Gondel ist, daß man bequem Zeitung lesen kann. Das hat den Vorteil, daß die Herren Engländer selbst dafür sorgen, daß man während seines Angriffs die Karten und den Pharusplan von London fein studieren und demnach seinen Angriff einrichten kann.

Mit dem Aufleuchten der Scheinwerfer setzt zugleich ein starkes Abwehrfeuer aller Kaliber bis zum 15-cm-Kaliber ein. Was einem die Leute alles da entgegenschleudern, davon macht man sich keinen Begriff, wenn man es nicht selbst einmal miterlebt hat. Nun ist die Abwehr in und um London natürlich bei weitem am stärksten, da sie ja auch das größte Ziel zu schützen hat, aber auch andere Gegenden, wie Hull, und insbesondere das mittelenglische Industriegebiet mit den Städten Liverpool, Manchester,

Sheffield, Leeds und wie sie alle heißen, verfügen jetzt nach $3^{1}/_{2}$ Kriegsjahren über eine ganz nette Abwehr, die an manchen Stellen derjenigen Londons nichts nachgibt. Gilt es hier doch, die ausgedehnten Fabrikanlagen, die vornehmlich der Herstellung von Kriegsmaterial dienen, zu schützen. Aber jede Kugel trifft ja bekanntlich nicht, und zudem wird in der Aufregung auch schlecht geschossen, die Salven lagen meistens hinter und unter dem Schiff, nur ab und zu gingen auch welche darüber hinweg. Das Schießen bei Nacht nach Luftzielen ist sehr schwierig, weil sich die Salven in der Luft schlecht beobachten lassen, und ferner ist es sehr schwer, beim Feuern von mehreren, räumlich weit voneinander getrennten Batterien die Sprengpunkte der verschiedenen Batterien auseinander zu finden, um sich danach verbessern zu können.

Das Unangenehmste bei der Schießerei sind die sogenannten Brandgeschosse, raketenähnliche Dinge, die man als feurigen Punkt sich verhältnismäßig langsam nähern sieht, bis sie ihren Kulminationspunkt erreicht haben und dann wieder nach unten fallen. Das ist überhaupt das Schöne bei der ganzen Abwehr, daß die Herren Engländer alles, was sie nach oben schießen und uns zudenken, selbst wieder auf die Köpfe bekommen.

Am gesuchtesten ist natürlich die City von London, weil hier der größte Verkehr und die wichtigsten staatlichen Gebäude liegen. Ist das Schiff mitten über der Stadt, dann wird auf Befehl des Kommandanten mit dem Abwerfen der Munition begonnen. Das macht der Wachoffizier, und zwar wird in gewissen Zwischenräumen, alle drei bis fünf Sekunden etwa, eine Bombe fallen gelassen, und ich kann mir keinen schöneren Moment vorstellen, als wenn die erste

›Zeppelinunterricht‹ in einer Londoner Schule
Wie Schüler sich verhalten sollen.
Nach einer zeitgenössischen englischen Darstellung.

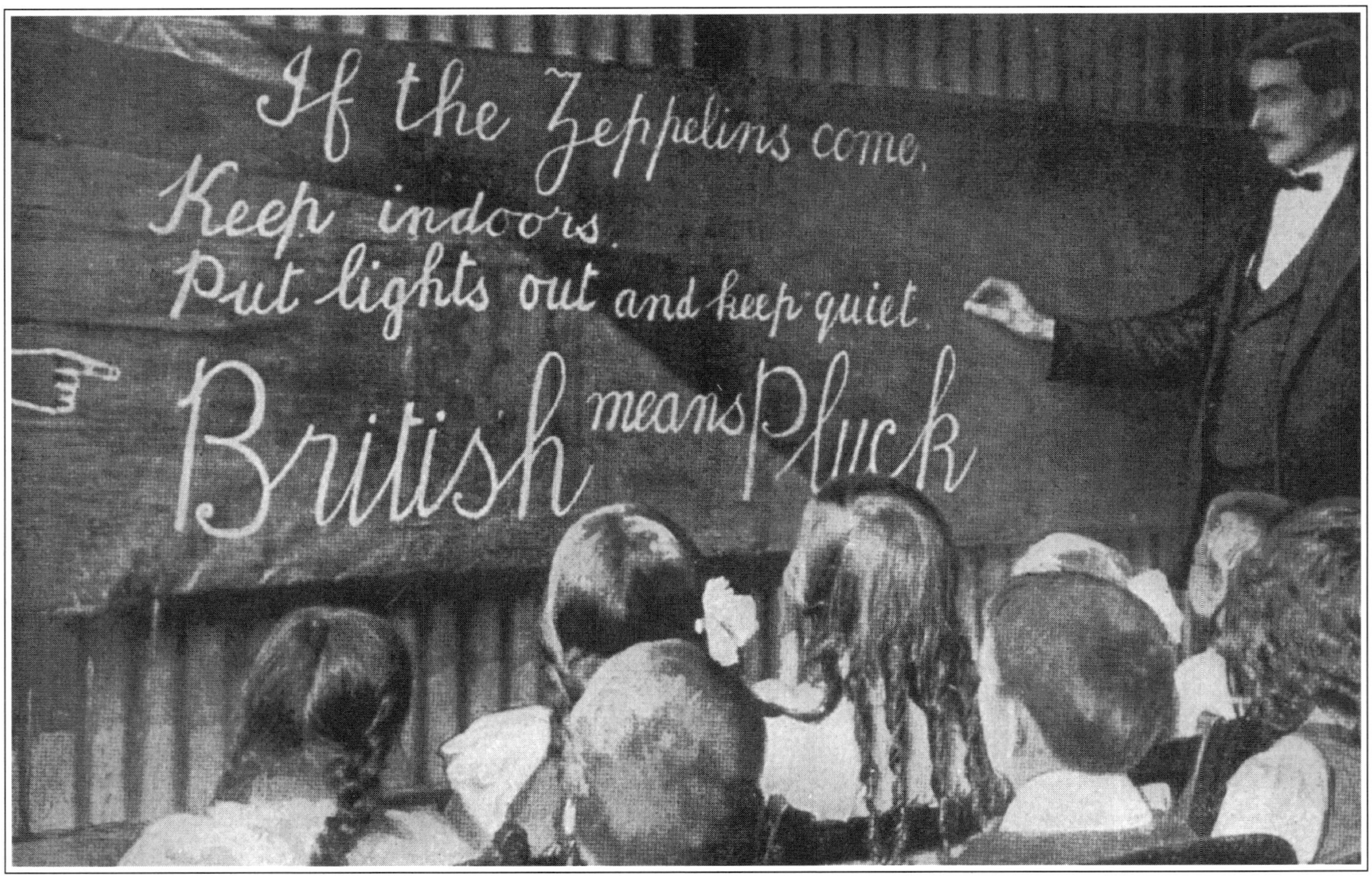

300-Kilo-Bombe unten angelangt mit einem enormen Krachen detoniert, so daß selbst das mehrere tausend Meter hohe Schiff erschüttert wird. Wie ich schon vorhin sagte, werden die Sprengbomben, die im Laufgang hängen, von der Führergondel aus auf elektrischem Wege fallen gelassen.

Sehr oft hört man die Meinung äußern, daß auch das Fallenlassen der Bombe selbst wohl einen wahrnehmbaren Ruck im Schiff geben müßte; dem ist nicht so, den Moment des Schlippens merkt man nicht im Schiff; nur der Höhensteuerer merkt am Höhenruder, daß das Schiff durch die Abgabe des Bombengewichtes schnell leichter wird. Zwischen diese Sprengbomben werden zahlreich Brandbomben gestreut, damit [...] das, was mit den Sprengbomben zerstört worden ist, nachher auch ordentlich brennt. Ich werfe meistens zum Abschluß noch eine besonders dicke Bombe, damit meine Besatzung durch die Erschütterung im Schiff merkt, daß die Munition raus ist; denn die Detonationen der verschiedenen Bombengrößen sind wohl im Schiff zu unterscheiden.

Das Verlassen der Stadt macht der Feind einem mitunter auch recht schwer, denn er fängt an, im Osten eine Art Sperrfeuer zu legen, und das vor allem mit den schon erwähnten Brandgeschossen. Dann sieht man plötzlich vor sich in der Luft eine ganze Reihe von diesen hellen brennenden kleinen Kugeln, von denen eine genügt, wenn sie trifft, das Schiff in Brand zu setzen und zu vernichten. Man versucht also, da rechtzeitig auszuweichen, um sich eine andere Stelle zu suchen, an der man bequemer durchkommen kann. Aber das ist nicht so ganz einfach, denn sofort ist der Feind dabei und legt auch dort Brandgeschosse in die Luft. Nun kann natürlich das Luftschiff während der Abgabe seiner Bomben erheblich höher steigen, und schließlich kann man das Schiff noch drücken, d.h. man nutzt die dynamische Steigfähigkeit aus und geht etwas höher. So wird es einem in den meisten Fällen denn auch gelingen, die Abwehr schon womöglich zu übersteigen.

Hat man dann den Scheinwerfergürtel wieder passiert, so hat man erst mal Ruhe, sich das anzusehen, was man unten angerichtet hat, und da gibt es mitunter recht breite, feurige Straßen, die das Schiff durch seine Spreng- und Brandbombenmunition in die feindliche Stadt gelegt hat. Bei diesem Angriff, den ich vorhin erwähnte, haben im ganzen fünf Luftschiffe über London gestanden und ihre Munition dort hineingeworfen. Kaum war der eine vorbei, dann kam ungefähr 1/4 bis 1/2 Stunde später der zweite, so daß die Londoner tatsächlich von ungefähr 10 Uhr 30 bis 1 Uhr dauernd nach unseren Luftschiffen geschossen und dementsprechend wohl recht wenig Nachtruhe genossen haben.

Leuchtbomben über der Nordsee
Nach einer zeitgenössischen englischen Darstellung.

Nun kommt noch ein Abwehrmittel hinzu, das sich besonders in der letzten Zeit erheblich verstärkt hat und dem auch zum Teil mehrere Schiffe zum Opfer gefallen sind, das sind die Flugzeuge.

Bei den ersten Angriffen auf England habe ich nie ein Flugzeug beobachten können, denn damals flog man noch nicht nachts. Ebenso wie die Luftschiffahrt sich entwickelt hat, hat sich nun aber auch die Fliegerei außerordentlich entwickelt, und mit den größer werdenden Anforderungen sind auch die Flugleistungen der einzelnen Flieger noch gesteigert worden. So ein Flugzeug ist ein unangenehmer Gegner, weil man ihn nur sehr schwer und sehr selten sieht, während das Flugzeug das von den Scheinwerfern hell beleuchtete Luftschiff leicht finden kann. Auch hören kann man das Flugzeug natürlich nicht, weil die eigenen Maschinen einen derartigen Lärm machen, daß Geräusche von außen kaum wahrnehmbar sind, es sei denn, es handle sich um Schießen der Geschütze. Erreicht das Flugzeug das Luftschiff und übersteigt es sogar, dann ist es um das Schiff wohl meistens geschehen, denn der Flieger schießt das mit Gas gefüllte Luftschiff ebenso in Brand, wie es die Flieger fast täglich mit den Fesselballons an der Front tun. Aber auch dagegen gibt es ein Mittel, und das ist die Höhe.

Ein Luftschiff kann tatsächlich praktisch höher steigen als ein Flugzeug und kann sich – und darauf kommt es an – vor allen Dingen beträchtlich längere Zeit in großen Höhen aufhalten als ein Flieger. Das hat seinen Grund darin, daß die Anstrengungen des Fliegens in großer Höhe beim Flieger bei weitem größer sind, weil er körperlich mehr arbeiten muß als im Luftschiff; und zweitens hängt es damit zusammen, daß der Flieger, wenn er so hoch will, nur ganz beschränkte Mengen von Benzin mitnehmen kann, die ihm eigentlich nur gestatten, eine Rekordleistung der Höhe nach aufzustellen. Das Luftschiff hingegen kann ohne weiteres viele Stunden in der Höhe bleiben; im Gegenteil, die Höhe bietet noch den Vorteil, daß ich Betriebsstoff spare, da die Motoren in der dünneren Luft auch ein gut Teil weniger Benzin brauchen. Kommt ein solcher Flieger einem in bedenkliche Nähe, so wird er selbstverständlich aus den Gondeln und von den Plattformen unter

Ein Zeppelin über Southend
Mit einer Mischung aus Furcht und Interesse betrachten Passanten das ›Airship‹. Nach einer zeitgenössischen englischen Darstellung.

Maschinengewehrfeuer genommen, um ihm die Sache nicht gar so einfach zu machen, und so sind schon des öfteren feindliche Flugzeuge abgedrängt worden.

Nach dem Angriff wird man natürlich versuchen, so schnell wie möglich mit dem Schiebewind englisches Gebiet zu verlassen, und meistens wird man mit nordöstlichem Kurs wieder von London abhalten. Das Schiff läuft nun vor dem Wind wesentlich mehr an Fahrt über den Grund als auf dem Hinweg, braucht also auch nicht dieselbe Länge der Zeit für den Rückmarsch wie für den Hinmarsch. Die Feuer der holländischen West- und Nordwestküste werden dann meistens als Ansteuerungspunkte für die Deutsche Bucht genommen. Holländisches Gebiet darf nicht berührt werden, denn bekanntlich schießen die neutralen Holländer auch auf Luftschiffe, die ihr

Gebiet nicht überfahren, sondern nur eben gerade berühren. Ich erinnere dabei an L 19, der bei einer derartigen Gelegenheit im Nebel an die holländische Küste kam und dort so angeschossen wurde, daß er seinen Heimatshafen nicht mehr erreichte und unterging. Stellenweise nimmt man auch je nach den vorliegenden Verhältnissen den Rückmarsch über Belgien, steuert über Gent, Brüssel, Lüttich nach Aachen, um dann in niedrigeren Höhen wieder der Nordseeküste zuzustreben. Nun wird meistens die Frage aufgeworfen, wie lange dauert eigentlich so eine Angriffsfahrt nach England? Das ist ganz verschieden nach den jeweiligen Zielen und nach den Witterungsverhältnissen. Meine kürzeste Fahrt ist ungefähr 18 Stunden, die längste 25 Stunden gewesen.

Es gibt aber auch Fälle, in denen manche Schiffe 30 Stunden und mehr bei einer Angriffsfahrt unterwegs gewesen sind. So kann die Rückfahrt durch Aufkommen von Gegenwind verlängert und die Landung durch Nebel verzögert werden.

Während ihrer ganzen Fahrt stehen die Luftschiffe funkentelegraphisch mit der Leitung in der Deutschen Bucht in Verbindung, und das erste ist, daß man nach durchgeführtem Angriff eine kurze Meldung macht, wo man zur Zeit steht und welches Objekt angegriffen worden ist. So kommen also etwa nach Mitternacht kurz hintereinander die funkentelegraphischen Meldungen der beteiligten Luftschiffe, z.B.: »1 Uhr nachts Nordhinderfeuerschiff London.« Unterschrift L 30. Diese Meldungen werden begreiflicherweise von uns mit großer Spannung erwartet, um zu sehen, ob alle Schiffe zum Angriff gekommen sind, welche Ziele angegriffen worden sind, und hauptsächlich, ob alle Schiffe wieder heil auf dem Heimweg sind. Leider ist es schon manchmal der Fall gewesen, daß Schiffe nicht mehr meldeten, was ungefähr gleichbedeutend mit ihrem Abschuß ist, es sei denn, daß ihnen aus irgendeinem Grunde ihre Funkentelegraphie ausgefallen ist.

Bei Morgendämmerung stehen unsere heimkehrenden Luftschiffe dann meistens beim Eingang in die Deutsche Bucht. Man kann aus den kalten Regionen wieder in wärmere heruntergehen, und die aufgehende Sonne tut das ihrige, um die erschlafften Lebensgeister wieder etwas aufzufrischen und aufzuwärmen. Die Sonne ist aber auch aus fahrtechnischen Gründen ein hochwillkommener Faktor, denn durch die große Höhe hat das Schiff natürlich erheblich an Gas [...] verloren. Wenn nun die Sonne dem Schiff auf den Pelz scheint, dann erwärmt sie das Wasserstoffgas, und das Gas dehnt sich aus, das Schiff bekommt also Auftrieb und wird allmählich leichter werden oder wenigstens so, daß man zur Landung schreiten kann. Unangenehm ist es natürlich, wenn man auf dem Nachhausewege Regen oder womöglich Eis bekommt; das gibt eine bedenkliche Belastung, für die man dann kaum mehr etwas hat, um sie auszugleichen. Denn ebenso wie das Schiff beim Aufstieg ungefähr ausgewogen sein muß, so muß es ja natürlich auch bei der Landung sein. Mit einem mehrere hundert Kilo schweren Schiff kann ich nur so landen, daß das Schiff, besonders die Gondeln, stark beschädigt werden, und es ist schon oft vorgekommen, um das zu vermeiden, daß alle nicht irgendwie niet- und nagelfest im Schiff befindlichen Gegenstände wie Pelzmäntel, Filzstiefel, Maschinengewehre, und was sonst noch alles in einem Luftschiff ist, kurz vor der Landung über dem Platz zur Gewichtsabgabe hinausgeworfen werden mußten, um das Schiff so zu erleichtern, daß es ohne Beschädigung landen konnte. Besonders unangenehm ist es aber, wenn ein oder gar mehrere Abteilungen im Schiff durch Treffer beschädigt sind und Gas verlieren, manchmal sogar so viel, daß in der betreffenden Zelle überhaupt nichts mehr drin ist. Das hat natürlich einen starken Auftriebsverlust zur Folge [...].

›Der Krieg änderte grundsätzlich alles‹

Die Fahrt des Luftschiffes ›Bodensee‹ nach Stockholm (1919) von Anton Heinen

Überall in der Welt, vor allem natürlich in den Ländern, die der Krieg am schwersten heimgesucht hat, macht sich eine tiefe Niedergeschlagenheit breit, die geneigt ist, alles Geschehene von der schwärzesten Seite anzusehen. Und doch ist auch hier der Satz richtig, daß ein jedes Ding zwei Seiten hat. [...]

An nichts erkennt man das Gesagte deutlicher als an dem geradezu fabelhaften Fortschritt jeglicher Technik, selbst dort, wo sie mit dem Kriege in gar keinem oder nur losem Zusammenhang stand. Da jedoch, wo sie ganz auf den Krieg eingestellt werden mußte, ist diese Aufwärtslinie auch einem blöden Auge unverkennbar. Am deutlichsten sieht man dies wohl in dem Aufschwung, den die Luftschiffahrt gewann. Noch kurz vor dem Kriege waren die Menschen zu zählen, die wirklich innerlich ernsthaft von einer Luftschiffahrt im weitesten und umfassendsten Sinne zu sprechen wagten. Den weitesten Volkskreisen war der Graf Zeppelin trotz der Begeisterungsprobe von Echterdingen und trotz offensichtlicher Erfolgstatsachen der Ikarus geblieben, auf dessen Absturz man mehr oder minder gespannt wartete. Und die Gefahr war gar nicht so gering, daß die Flügel zwar technisch nicht, aber wirtschaftlich schmelzen mußten. Die Wirkung wäre dieselbe geblieben.

Daran änderte der Krieg grundsätzlich alles. Zwar für den Fernstehenden nicht. Das Kriegsgeheimnis machte jeden zum Fernstehenden, der nicht unmittelbar zur Sache gehörte. Im Gegenteil, weit im Volke konnte man spüren, daß es die Luftschiffahrt für tot hielt, weil ihr weithin sichtbare, dem Sensationsbedürfnisse standhaltende Erfolge fehlten. Der Eingeweihte indes sah die Sprünge der Entwicklung, sah die Möglichkeiten, die der schaffenden Phantasie aufstiegen, wenn die Schranken einmal fielen, sah die Unmöglichkeit, daß je eins der schönsten Geschenke, die der nie rastende Gedanke dem Widerstande der Materie abgerungen hatte, wieder verloren gehen könne, und sehnte die Zeit herbei, die der Mitwelt zeigen durfte, was geschaffen war, und was noch geschaffen werden konnte.

LZ 120 Bodensee: der erste fahrplanmäßige Luftschiff-Verkehr 1919
DELAG und HAPAG kündigen den ersten fahrplanmäßigen Passagierverkehr an.

Am 24. August 1919 begann das erste ausgesprochene Verkehrsluftschiff, die ›Bodensee‹, seine Fahrten auf der Strecke Friedrichshafen–Berlin. Um den außerordentlichen Fortschritt der Luftschiffkonstruktion darzulegen, seien hier einige technische Einzelheiten und Vergleiche gegeben.

LZ 120 Bodensee bei der Landung in Staaken
Das Luftschiff wird von Haltemannschaften geführt. Deutlich erkennbar sind die Halteleinen, die in sogenannte Knebelbunde auslaufen. Im Hintergrund die Luftschiffhalle.

Das Luftschiff folgt natürlich genau wie ein Seeschiff dem archimedischen Gesetze, wonach das Gewicht eines im anderen Medium schwimmenden Körpers gleich dem Gewichte derjenigen Menge dieses Mediums ist, die er verdrängt. Wenn das absolute Gewicht eines Kubikmeters Luft bekannt ist, so ist auch die größtmögliche Tragfähigkeit eines Luftschiffes sofort gegeben. Da es technisch unmöglich ist, einen genügend großen Körper herzustellen, der gleichzeitig so fest und so leicht wäre, um ein Luftvakuum möglich zu machen, so verdrängt man die Luft durch eingeschlossene Mengen eines Gases, das leichter ist als Luft. Das beste Gas, das wir in dieser Beziehung heute kennen und wirtschaftlich genug darzustellen vermögen, ist das Wasserstoffgas, das im Kubikmeter etwa hundert Gramm wiegt. Da nun der Kubikmeter Luft zwölfhundertdreiundneunzig Gramm wiegt, würde ein Kubikmeter Wasserstoff mit rund zwölfhundert Gramm Auftriebskraft in die Höhe streben. Dies gilt für Normalverhältnisse und theoretisch reines Gas. Ein Luftschiff von zwanzigtausend Kubikmeter Luftverdrängungsraum würde also vierundzwanzigtausend Kilogramm schwer sein müssen, um in Meereshöhe bei siebenhundertsechzig Millimeter Druck, null Grad Celsius Temperatur und sechzig vom Hundert relativer Feuchtigkeit im Gleichgewicht zu schwimmen. Je leichter man also den eigentlichen Körper des Luftschiffes zu bauen in der Lage ist, mit allen denjenigen Teilen, die es zu einem einheitlich zweckentsprechenden Ganzen machen, um so mehr gewinnt man überschießenden Auftrieb, der dem Fahrzweck des Schiffes zugute kommen kann.

Vergleichen wir einmal in diesem Sinne das vor dem Kriege zuletzt gebaute Passagierluftschiff ›Sachsen‹ mit dem zuerst nach dem Kriege entstandenen Luftschiff ›Bodensee‹. Da die beiden Schiffe fast genau denselben Verdrängungsraum haben, zwingt sich dieser Vergleich am sinnfälligsten auf.

Trotz ihrer um dreitausenddreihundert Kilogramm größeren Leichtigkeit ist die Festigkeit der ›Bodensee‹ ganz wesentlich höher als die der ›Sachsen‹. Das bedeutet eine außergewöhnliche Steigerung der Materialgüte und der Geschicklichkeit in der Konstruktionsanordnung. Die zur Verfügung stehenden Motorenkräfte konnten mehr als verdoppelt werden bei fast gleichem Motorengewicht. Die damit erzielte Geschwindigkeit konnte auch fast verdoppelt wer-den. Da nun aber eine Verdoppelung der Geschwindigkeit desselben Körpers eine vierfach größere Kraftleistung erfordert hätte, so beweist die einfache Verdoppelung eine außergewöhnliche Verbesserung der Formgebung und Verminderung der Luftwiderstandskoeffizienten des Schiffes. Mit einem solchen Schiffe in der Hand ließ sich schon zeigen, daß hier ein beachtenswerter Faktor im Verkehrwesen der Menschheit seiner Anerkennung auch durch die widerstrebenden Kreise entgegengeht. Und die Aufgabe wurde mit gutem Mut und gutem Glück angepackt.

Ein Vergleichsmoment für beide Schiffe sei hier noch aus der Praxis herangezogen, um die Steigerung der Verwendungsmöglichkeit zu beleuchten. Die oben angeführte Geschwindigkeit bedeutet natürlich Eigengeschwindigkeit der Schiffe durch die Luft. Die von dem Schiff durchschnittene Luftmasse ist nun selbst mehr oder minder in Bewegung und wird von den festen Gegenständen der Erde als ›Wind‹ empfunden. Erreicht dieser ›Wind‹, was nicht allzu häufig der Fall ist, eine Stärke von zwölf bis vierzehn Metersekunden, so wird er schon als stürmisch empfunden. Auf der Strecke Friedrichshafen-Berlin, gleich sechshundertelf Kilometer, würden vierzehn Meter Gegenwind für die ›Sachsen‹ bedeuten, daß sie

Daimler Motor NL 1:
Zwei Motoren dieses vierzylindrigen Typs von je 11 kW trieben LZ 1 an.

	Sachsen	*Bodensee*
Größe	19 700 cbm	20 000 cbm
Länge	142 m	120 m
Durchmesser	14,9 ″	18,7 ″
Maschinen	3 × 160 PS = 480 PS	4 × 260 PS = 1040 PS
Geschwindigkeit	21 m/sek = 75,6 std/km	36,5 m/sek = 131,4 std/km
Nutzlast	6300 kg	9600 kg

zur Bewältigung dieser Strecke rund vierundzwanzig Stunden gebrauchen müßte, während die ›Bodensee‹ nur siebeneinhalb Stunden benötigte. Ja, wenn die ›Sachsen‹ gezwungen gewesen wäre, ›auf der Stelle zu treten‹, was bei einundzwanzig Metersekunden ›Wind‹ eintreten müßte, würde die ›Bodensee‹ immer noch in weniger als elf Stunden ihr Ziel erreichen. Und das sind außerordentlich seltene Fälle im Jahr. Der Erfolg zeigte die Richtigkeit unserer Erwartungen. Mit wenigen Ausnahmen konnte vom 24. August bis zum 1. Dezember 1919 der Verkehr zwischen Friedrichshafen und Berlin täglich unterhalten werden, und diese Ausnahmen wurden fast stets durch Ausfahrunmöglichkeiten aus der Halle bei Querwind verursacht. Das ›Hallenproblem‹ wartet noch auf seine vollkommenere, wenn nicht restlose Lösung. Die Luftschiffahrt als solche aber ist unabhängiger von Wind und Wetter und betriebsicherer, als weite Kreise auch jetzt noch immer annehmen.

Wundervoll waren die täglichen Fahrten quer durch Deutschland. Tag um Tag bei jedem Wetter, keine der anderen gleich, jede für sich wieder überwältigend in ihrem Reiz. Eine der schönsten Leistungen des Schiffes war die erste Fernfahrt ins Ausland, von Berlin nach Schweden, nach Stockholm, und zurück am 8. Oktober 1919. Sowie die ersten regelmäßigen Fahrten der ›Bodensee‹ anfingen, Aufsehen zu erregen, trat von außerdeutschen Ländern und besonders eindringlich von Schweden, die Aufforderung an uns heran, regelmäßige oder wenigstens gelegentliche Verbindung mit ihnen aufzunehmen. Da zu allen diesen Plänen umfassendste Vorbereitungen gehört hätten, konnte natürlich der Gedanke noch nicht in die Tat umgesetzt werden. Es verwirklichte sich nur der Gedanke einer einmaligen gelegentlichen Fahrt nach Stockholm.

Die Fahrt war für die ›Bodensee‹ nicht einfach. Die Strecke beträgt reichlich über achthundert Kilometer, und das Schiff mußte für Hin- und Rückfahrt ausgerüstet werden, da in Stockholm keine Halle zur Verfügung gestellt werden konnte, so daß nur eine

Zur Entwicklung der Gondelmotoren (von oben nach unten)
Maybach Motor CX:
Aus dem Motor-Typ AZ weiterentwickelt leistete er 155 kW. Er wurde in zahlreiche Militärluftschiffe des Ersten Weltkriegs eingebaut.
Maybach Motor MblVa:
Dieser erste überbemessene und überverdichtete Höhenmotor wurde entwickelt, um den Luftschiffen eine hohe Geschwindigkeit auch in großer Höhe zu ermöglichen. ›Vollgas‹ durfte erst ab einer Höhe von 1800 Meter über NN gegeben werden. Er leistete 180 kW.

kurze Zwischenlandung in Frage kam. Zudem mußte die Nutzlast des Schiffes sehr stark in Anspruch genommen werden durch doppelte Besatzung und durch Mitnahme der vollen Anzahl von Fahrgästen im Interesse der Beurteilung der Fahrt durch Außenstehende, besonders durch das feindliche Ausland. Und alles ging nach Wunsch.

Trotz kritischer Wetterlage stieg das Schiff am 8. Oktober morgens um halb sechs Uhr zur Fahrt auf. Noch war es dunkel. Ein weites Nebelmeer breitete sich über Norddeutschland, aus dem das Schiff nach kurzem Aufwärtsgang emportaucht. Im Osten breitet sich schon die Dämmerung. Brausend singen die Motore ihr Lied in die unendlich Weite. Nach dem Kompaß geht's nordwärts. Lichter wird's. Die Sonne schickt ihre Vorläufer voraus und taucht das Gewölke in rosigen Schein. Plötzlich zittert der erste Strahl über die schneeweiß gewordenen Nebelmassen. Die Sonne geht auf, und blendend umgibt uns eine Welt schneeweißer Unendlichkeit. Nicht lange. Der Luftschiffer muß rasch schauen, muß rasch genießen. Die Nebelschicht zerreißt hier und da. Ein dunkler Wald, ein weites Feld, einsam weidendes Vieh, ein friedlich liegendes Dorf, in dem das Federvieh ängstlich flatternd Unterschlupf sucht und ein einsames Milchmädchen grüßend winkt. Wieder zieht sich's zu.
Da plötzlich, greifbar nahe ein hoher Kirchturm mit trutzigem Wetterhahn. Stettin, nur geahnt, nicht gesehen, liegt unter uns. Und jetzt zerreißt endgültig der Nebelschleier. Wie abgeschnitten am Rande der Ostsee, die glitzernd vor uns sich erstreckt in silbriger Morgenhelle. Auf einsamer Bahn die Schiffe aller Art. Dort an Backbord eine Reihe schwarzer Punkte unter düsterer Rauchfahne, Minensucher, die Straßenreiniger der Meere. Wir grüßen euch. Hier oben sind wir sicher vor dem Knochenmann, der dort im Dunklen lauert. Segler mit braunen und weißen Segeln. Sogar die Pfeife nimmt der Rudersmann aus dem Munde zum Winken, wie wir ihm über den Flaggenknopf hinwegbrausen. Dort ein kleiner Dampfer, der wie ein Lastochs unter hoher Decklast seinem Ziel qualmend entgegenächzt. Und oben wie unten frohes Tücherwinken.

Land erhebt sich vor uns, langsam aus dem Horizonte wachsend. Bornholm mit vorgelagerten Inseln und Klippen, um die brandend die Wellen spielen. Unsere Geschwindigkeit beträgt jetzt bei dem kräftiger werdenden Westsüdwestwinde, der unten das Wasser stärker kämmt und ihm weiße Schaumbänder aufsetzt, hundertdreißig Kilometer die Stunde.
So sinkt Bornholm rasch hinter uns ins Wesenlose zurück. Aber schon vorher taucht vor uns die schwedische Küste auf, lebhaft begrüßt von den schwedischen Fahrgästen an Bord, die leuchtenden Auges ihrer so tiefgeliebten Heimat entgegenharren.

Inzwischen stehen wir in ununterbrochener drahtloser Verbindung mit Stockholm. Ein richtiger Zeitungsdienst tut sich in einer Ecke der Kabine auf, wo ein schwedischer Redakteur seine Telegramme und Aufsätze tippt, die sofort uns drahtlos vorausfliegen.

Unser Kurs verfolgt den langgestreckten Kalmarsund, der sich zwischen dem Festland und der Insel Öland nordwärts erstreckt. Bei Kalmar nehmen wir die Küste an. Wild zerrissen strecken sich endlose Reihen von Inseln, Inselchen und Klippen ins Meer vor, greift das Meer mit Buchten, Kanälen und Wasseräderchen ins Land hinein, und das Auge trinkt sich voll von wechselvollem Reiz. Kalmar grüßen wir mit einer Schleifenfahrt um die Stadt und freuen uns der Buntheit dieses Stadtbildes und des begeisterten Grußes der Bewohnerschaft auf allen Plätzen, Straßen und Dächern. Wieder weicht die Küste, und zerrissener taucht sie wieder auf. Weithin strecken sich dunkle und herbstlich leuchtende Wälder hügelauf, hügelab, durchblitzt von Wasserläufen, Seen und Teichen, durchbrochen von winzigen Äckerchen oder weiten Anbauflächen. Einsame Häuschen am Strande, an Waldrändern, rotleuchtend mit weißen Fensterrahmen, heimelig im Busch gebettet. Niedliche Dörfer, weitgezogen und enggedrängt. Kleine Städtchen mit Turm und Steinhäusern. Eine Fülle von

Fahrgastraum von LZ 121 Nordstern
Die moderne Einrichtung sollte den Fahrgästen eine komfortable und exklusive Reise nach Skandinavien ermöglichen.

wechselnden Eindrücken, ein wenig fremdartig und doch so anheimelnd, daß wir das Entzücken der Schweden in den Kabinensesseln mitfühlen können.

Jetzt haben wir plötzlich Telephonverbindung mit Stockholm und unterhalten uns über die Landungsaussichten. Der Wind ist ziemlich heftig geworden, und das Luftschiff arbeitet wie ein Seeschiff auf hoher See. Also möglichst rasch gelandet und wieder fort. Die auf den Fjorden und den Wasserstraßen der Küste intensiver werdende Schiffahrt verrät die Nähe Stockholms. Überall auf den Schären, auf den Inseln Sommerhäuschen und Landungsstege mit Booten und Jachten, der zierliche Badeort Saltsjöbaden, und jetzt tauchen im Dunst der Ferne die Türme Stockholms auf. Bald verhängt von tiefhängenden schwarzen Wolken, die eilige Staubwolken aufwirbeln, bald überhuscht von glänzenden Sonnenlichtern, die alles aufstrahlen machen, liegt die weit über Inseln und Wasserläufe sich dehnende nordische Metropole unter uns. Wo wir auftauchen stockt der Verkehr, strecken sich die Gesichter und die Hände zu uns auf. Fahnen flattern im Winde, und der Jubel der unten versammelten Menge dringt stellenweise durch das Surren der Motoren an unser Ohr.

Auf dem Landungsplatze drängt sich die Menge Kopf an Kopf, sind Auto- und Wagenreihen aufgefahren wie bei einem Volksfeste, Exrablätter, von jenem Redakteur drahtlos diktiert, auf dem Platze sofort gedruckt, flattern durch die Menge, die Kurbelkasten, die Kamera treiben ihr hastiges Wesen, während das Schiff im frischer werdenden Winde sich Punkt ein Uhr zu Boden kämpft und bald, von kräftigen Soldatenhänden gepackt, inmitten der Menschenmenge sich wiegt, den Gruß des Alten vom Bodensee überbringend und Antwort der Schweden aufnehmend aus dem Hurra, das brandend sich ihm entgegenwirft.

Ein rasches fröhliches Treiben beginnt, ein Besichtigen, ein Bestaunen, ein Grüßen hin und zurück. Der Kronprinz von Schweden mit seinen kleinen Söhnen besichtigt jede Einzelheit, der Ackerknecht von Dälarne oder Schonen, in der kleidsamen Tracht des schwedischen Soldaten, drängt sich auf die Gondel, um einen Blick ins Innere zu erhaschen, fortwirkende Erinnerungen mit heimzunehmen. Fast zuviel dünkt manchmal der Drang der Menge. Aber kurz nur darf der Aufenthalt sein, denn immer finsterer schaut der Himmel, heftiger werden die Böen aus dem Westen, und die Wetternachrichten mahnen zur Eile.

Schnittzeichnung der Gondel von LZ 121 Nordstern
Im Gondelbug (rechts) war die Kommandobrücke eingerichtet. Die großen Fenster im Mittelteil zeigen die Lage der Passagierräume. Im Gondelheck waren die Toiletten untergebracht.

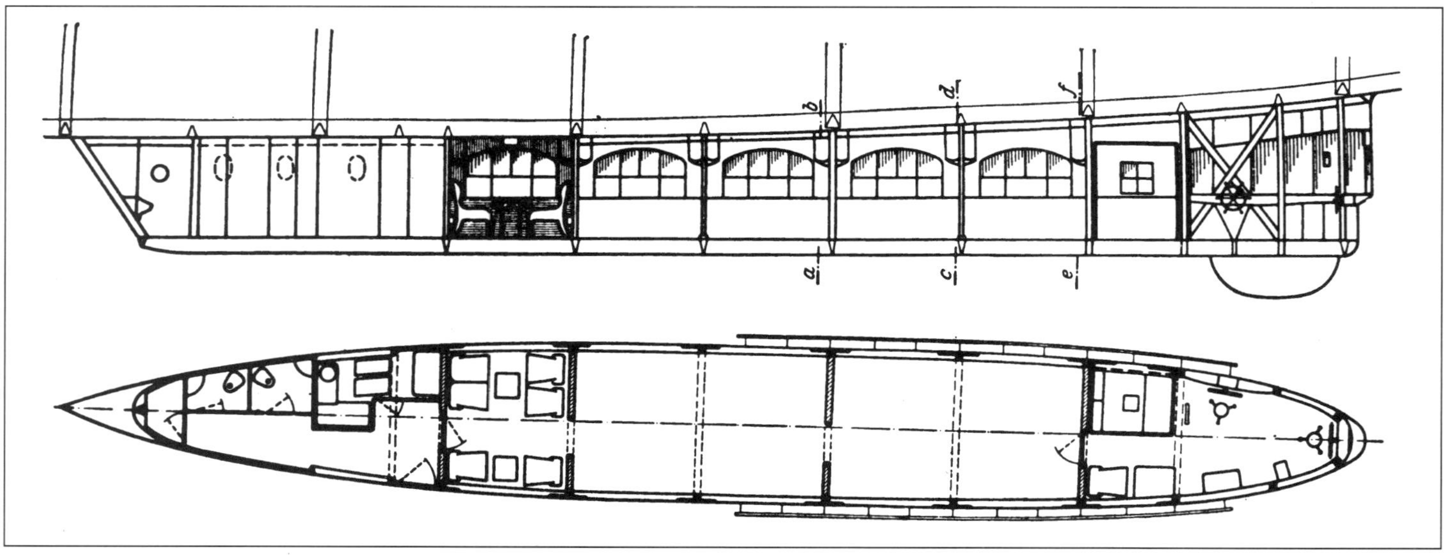

Rasch also werden die Fahrgäste eingenommen, einiges Benzin ergänzt, die letzten Vorbereitungen getroffen, und kurz vor zwei Uhr nach einer knappen Stunde Aufenthalt löst sich das Schiff unter dem brausenden Jubel der Zurückbleibenden wieder vom schwedischen Boden. Ein paar Schleifen noch über der wundervollen Stadt und südwärts geht jetzt der Kurs. Schwer arbeitet das Schiff im immer rauher werdenden Wetter, aber unbeirrt bahnt es sich seinen Weg. Schwarz und drohend senken sich die Wolkenbänke bis dicht auf die Erde herab und auf die höher schäumende See, auf der die kleinen Segler mit gerefften Segeln liegen.

Noch ehe wir wieder in Utlängan die schwedischen Gewässer verlassen, ist die Nacht hereingebrochen und hat überall in der Runde die Leuchtfeuer entzündet, die uns den Weg zeigen. Langsamer noch läßt der stürmische Wind die Fahrt über die eigentliche Ostsee werden. Das Feuer von Christiansö vor Bornholm ist lange schon in Sicht, aber langsam, unendlich langsam rückt es näher. Ob die Betriebsstoffe reichen werden? Fast will es einen Augenblick scheinen, als ob es nicht der Fall wäre, da dreht der Wind, gerade als Bornholm im Mondesglanz – es ist inzwischen klarer geworden – unter uns liegt, zu günstigerer Richtung, und rascher geht nun die Fahrt. Bei Swinemünde erreichen wir die deutsche Küste wieder um halb zehn Uhr abends. An Backbord voraus taucht ein weißer Schein von der Erde her auf. Die Lichter Berlins lassen ihren Schein schon weithin voraus erkennen.

Niemals ist der Eindruck einer großen Stadt überwältigender als bei Nacht von der Luft her, wenn alle Konturen verschwimmen und die Erde wie von einer endlosen Fülle von Lichtern und von Glanz überschüttet erscheint. So oft man es sehen mag, immer von neuem nimmt die Großartigkeit des Eindrucks gefangen. Dort über Spandau blitzt der Scheinwerfer unseres Landungsplatzes empor, eine Runde noch zur Orientierung, und langsam senkt sich unser Schiff dem Boden zu. Eine Fahrt, die denkwürdig bleiben wird in der Geschichte der Luftschifffahrt, hatte ihr Ende erreicht.

Was war nun das Bedeutsame dieser Fahrt? Denn daß sie als Fahrt an sich nichts als Rechenexempel bedeutete, das die Fortschritte der Luftschiffbau- und Fahrtechnik ohne weiteres lösen ließ, ist aus dem vorher Angeführten wohl klar ersichtlich, und die Ausmaße der Erde sind nicht groß genug, um der Luftschiffahrt unlösliche Aufgaben zu stellen. Sie könnten jetzt schon gelöst werden. Höheres bedeutet sie. Der Jubel und die Begeisterung, die überall aufbranden, wo die tatgewordene Sehnsucht aller Zeiten dem menschlichen Auge sich zeigt, beweisen, daß es im weiten Reiche der Gedanken keine Grenzen gibt, die die Willkür für die Dauer aufrichten könnte. Immer schwieriger wird es sein, sie aufrechtzuerhalten, und drängender wird das Problem des Zusammenschlusses immer weiterer Kreise der Menschheit. Ein Schritt weiter auf dieser Bahn war die wundervolle Fahrt, ein Symbol einer Aufwärtsentwicklung, die sich durch alle gegensätzlich erscheinenden Zeichen der heutigen Zeit hindurchkämpfen wird.

Ein Zeppelin für die USA

Die Amerikafahrt des ZR III (1924)
von Anton Wittemann

Nach einem verfehlten Start, woran die allzu hohe Temperatur und die feuchte Luft Schuld trug, am Samstag, dem 11. Oktober, wurde die Abfahrt auf Sonntag, den 12. Oktober, morgens 1/2 7 Uhr angesetzt. Den ganzen vorhergehenden Tag füllten Vorbereitungen aus. Das Schiff wurde nochmals in der Halle genau abgewogen und getrimmt, 30 Tonnen Benzin und 2 Tonnen Öl als Betriebsmittel an Bord genommen, Proviant und Gepäck verstaut.

Am Morgen des Abfahrttages ging der Trubel bereits um 3 Uhr in der Halle los. Das Schiff wurde mit Gas ganz voll gefüllt, so daß sogar schon Gas durch die Überdruckventile entwich. Um 6 Uhr hatten die Maschinen den Probelauf nach vorheriger genauer Inspizierung der ganzen Maschinenanlage zur Zufriedenheit erledigt. Die ganze Besatzung nahm nach Verabschiedung von den eigenen Angehörigen auf den Stationen Platz. Manche Träne stahl sich da aus den Augen der zurückgelassenen Frauen und Kinder, hieß es doch nun, die schon lang erwartete große Reise anzutreten.

Hugo Eckener
Er war die treibende Kraft zum Bau des ›Reparationsluftschiffes‹, das er auch als Kommandant nach Amerika überführte. Zeichnung von Theo Matejko.

Nie werde ich die großen sehnsüchtigen Augen meines kleinen Jungen von 4 Jahren an der Hand seiner Mutter vergessen, welcher nur gefühlsmäßig ahnte, daß sein Vater nach Amerika fährt, und zwar auf dem Luftweg. Blumen wurden in sämtlichen Gondeln gut untergebracht, dicht an den Fenstern, damit auch sie an frischer Luft keinen Mangel leiden sollten. Unser der Besatzung geschenkter Kanarienvogel erhielt seinen Platz auf dem großen Elektromophon, damit den von der Wache Kommenden auch musikalische Genüsse geboten werden können. Der kleine Piepmatz fühlt sich bald heimisch und machte später den von der Platte kommenden Tönen keine geringe Konkurrenz.

Ein allerletztes Abwiegen; vorne ist das Schiff noch etwas leicht, also schnell noch einige kleine bereitgestellte Benzinfässer in die Passagiergondel hinein, denn von diesem Stoff können wir nicht genug bekommen. Sogar eine große Kiste mit den allerschönsten Äpfeln mußte zurückbleiben, und wir hätten sie doch zu gerne mitgenommen; aber wer denkt an solche Genüsse, wenn man sämtliche Brennstoffbehälter bis zum Überlaufen voll nehmen kann. Es soll trotzdem verraten werden, daß uns in lukullischer Hinsicht nichts abgehen sollte; der Speisezettel soll dies noch später beweisen.

Die Hallentore öffnen sich zum letzten Male für Z.R. III. Draußen liegt ein dicker Nebel, also möglichst schnell hinaus, um keine Zusatzbelastung durch Feuchtigkeit zu bekommen, und schnell hinauf in das uns gut bekannte Element, das uns für einige Tage in seinen Armen halten sollte. Alle uns zugedachten Abschiedsreden und Gesänge mußten zum großen Leidwesen der Betreffenden unterlassen werden.

Um 6.35 Uhr erhob sich Z.R. III vom heimischen deutschen Boden, und schon in 60 m Höhe war er der begeisterten, wohl zum großen Teil auch trauernden Menge entschwunden. Die Klänge des

LZ 126 (= ZR III) beim Start nach Amerika
Die Überführung des sogenannten ›Reparationsschiffs‹ wurde in weiten Teilen Deutschlands mit großem Interesse verfolgt, denn von dem erfolgreichen Abschluß der Fahrt hing der Fortbestand des deutschen Luftschiffbaus ab. Mit dem Heck voraus wird LZ 126 aus der Halle gebracht. Seitlich wird das Luftschiff mit Laufkatzen in der Ausfahrrichtung gehalten.

Deutschland-Liedes schallten noch kurze Minuten zu uns herauf.

Durch uns alle ging ein Aufatmen, endlich mal allein, ohne noch weitere 50–60 Mitfahrende, welche während der Fahrt im Schiff hin und her laufen, so daß die Führung nie weiß, wie das Schiff im Trimm ist, denn so ein Schiff ist mit einem Waagebalken zu vergleichen, jeder Belastungsänderung an einem Ende muß durch Steuern begegnet werden, und manches sicherlich nicht freundliche Kosewort entfloh bei den Probefahrten den Lippen des Mannes am Höhensteuer. Heute war also ›klar Schiff‹, alles auf seiner Station, jeder wußte genau, was er zu tun hatte.

Der Kommandant, Herr Dr. Eckener, ist in der besten Stimmung, er gibt Befehl, durch den Nebel durchzustoßen, und in 350 m über dem Abflugplatz lächelt uns der tiefblaue Himmel entgegen. Die Sonne ist im Aufgehen und sendet die ersten Strahlen auf die Nebeldecke. Wird sie die Kraft haben, die weiße Decke, bevor wir deutsches Land verlassen, zu durchdringen, und uns zum letztenmal einen Blick hinunterwerfen lassen?

An der Backbordseite grüßt der Säntis herüber, wir nehmen Westkurs durch das Rheintal. Wir können das Rheintal nur ahnen, denn nur die größten Höhen zu beiden Seiten schauen aus dem Nebel heraus. Schade, zu gerne hätten wir den deutschen Städten und Dörfern ein letztes Lebewohl zugewinkt.

Um 8.08 Uhr zeigt sich der Rhein in nördlicher Richtung, also müssen wir bei Basel stehen. Noch einen letzten Blick auf die Schwarzwaldberge, dann hinein in unbekanntes, fremdes Land. Die Sonne hat den Nebel zerrissen, Land zeigt sich durch zahlreiche Nebellöcher, uns sehr willkommen, denn wir sollten bestimmte befestigte Orte auf unserem Kurse vermeiden. Um Belfort wird ein großer Bogen gemacht. Photographen und Filmapparate werden weggepackt, um nicht in Versuchung zu kommen, den Verschluß der Kamera auszulösen oder die Kurbel zu drehen. Das südliche Oberelsaß liegt hinter uns, wir nehmen Kurs auf Autin und erreichen es 10.47 Uhr. Voraus erheben sich die zerklüfteten Höhen der Côte d'or. Wir müssen uns über die niedrigsten Höhen mit allen Kniffen hindurchwinden, denn außer Notwasserballast ist nichts Abwerfbares an Bord. Die Höhen müssen dynamisch überwunden werden, bald haben wir einige tausend Kilo Überlast zu schleppen, und diese müssen durchgezogen werden, bis nach Stunden durch Brennstoffverbrauch ein Ausgleich geschaffen ist.

12.08 Uhr stehen wir über St. Armand, 1.56 Uhr über Confolens. Das westliche Frankreich bietet dem Auge wenig Abwechslung. Zahllose Bauerngüter mit inmitten liegenden herrlichen Gutsschlössern. Es muß sich hier gut leben lassen, schönes, fruchtbares Land. Die Sonne brennt heute sehr empfindlich, einige der Besatzung ziehen die Jacken aus, 21 °C zeigt die Lufttemperatur. Das herrlichste Wetter für den Nichtluftschiffer, für uns aber nicht angenehm, die Leute an den Steuern haben manchen Schweißtropfen vergossen, an Arbeit hat es nicht gefehlt. Das Schiff stampfte und rollte merklich. Etwas von unserem Kurse liegt die Stadt Cognac. Beim Lesen dieser Stadt auf der Karte heißt es sofort: Die müssen wir uns ansehen. Alkohol dieses Namens gibt es an Bord nicht, aber den meisten doch bekannt, wollen wir

Schnittzeichnungen von LZ 126

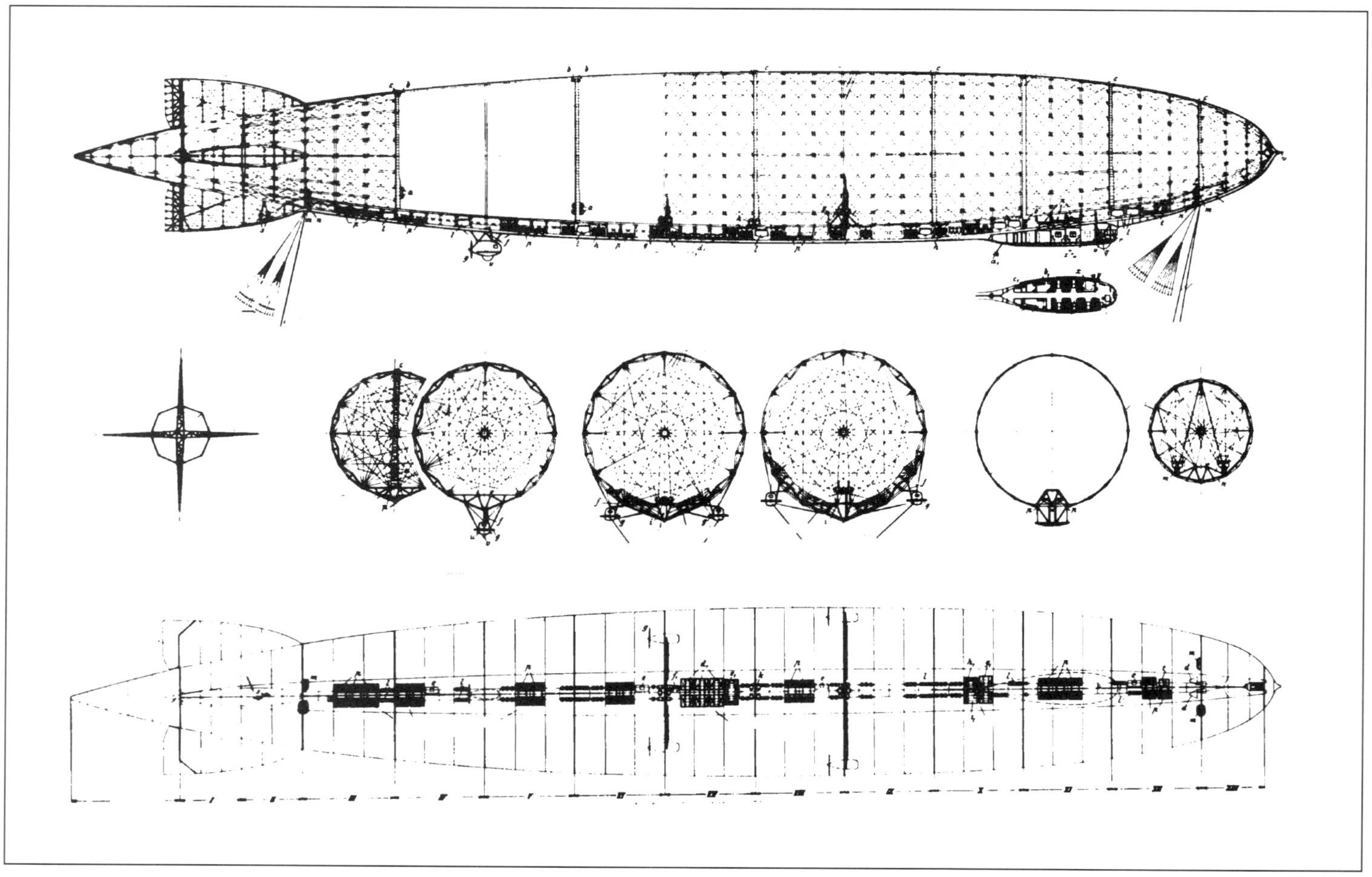

uns den Anblick des Geburtsortes dieses Stoffes nicht entgehen lassen. Der Duft steigt zwar nicht zu uns herauf, aber in riesigen, rebenumsponnenen Kellern muß viel Urstoff des Getränkes lagern. Wer denkt nicht in der Gegend von Bordeaux des Saftes, der hier in wunderschönen Rebbergen wächst?

Nach 3 Uhr kommt die Girondemündung in Sicht. Die Grenze des europäischen Festlandes ist bald erreicht. Natürlich muß dieser Moment mit der Kamera festgehalten werden.

Um 3.29 Uhr geht es hinaus auf den Atlantischen Ozean. Wir haben bis hierher eine ansehnliche Strecke in kurzer Zeit zurückgelegt. Die Stimmung an Bord ist ausgezeichnet. Um 4 Uhr ist Wachwechsel. Die Besatzung ist in zwei Wachen, ähnlich wie an Bord von Seeschiffen, eingeteilt. Alle 4 Stunden erfolgt die Ablösung. Um 12 Uhr war der erste Wachwechsel. Bevor die neue Ablösung aufzieht, wird das Mittagessen eingenommen. Unser Funker, Steurer und Koch hatte in der Küche das Diner bereitet. Wir waren zufrieden mit seiner Kunst: feine Schildkrötensuppe, Gulasch auf ungarische Art mit Erbsen und Mohrrüben, zum Nachtisch Kaffee und Pudding. In der Passagierkabine auf gedeckten Tischen läßt man es sich wohlschmecken. Als Tafelmusik spielt das Elektromophon, der kleine Piepmatz begleitet, er wird zur Belohnung von allen gefüttert.

Beim zweiten Wachwechsel um 4 Uhr gibt es die erste Überraschung. Wir sind inzwischen auf 0° Länge angelangt, unsere Uhr stimmt nicht mehr mit der Sonne überein. Sie wird 1 Stunde zurückgestellt, die eine Wache muß 1 Stunde länger Dienst machen, während die wachfreie Hälfte gemütlich und schmunzelnd Nachmittagskaffee mit Kuchen verzehrt. Der Duft dringt bis in die Führergondel, und dort wird beschlossen, beim nächsten Rücken der Uhr denen beim Kaffeeklatsch ebenfalls 1 Stunde mehr Dienst aufzubrummen.

Unser Kurs geht nach der Nordwestecke Spaniens auf das Kap Ortegal, quer über den von allen Seeleuten gefürchteten Golf von Biscaya. Doch heute herrschte ausnahmsweise mal Ruhe in dieser Wetterecke. Nur kleine Schaumköpfe krönten die Wellen. Nun, wir sind sehr zufrieden mit diesen Verhältnissen, ich persönlich habe diese Ecke noch von der Seefahrtszeit her in bester Erinnerung. Der Wind ist südsüdöstlich 5–6 m in der Sekunde, annähernd quer zu unserem Kurs, behindert uns im Fortkommen nicht. Zeitweise haben wir sogar blaue See, ohne merkbaren Wellengang, nur eine starke Dünung aus Westnordwest zeigt, daß es hier vor einigen Tagen anders ausgesehen hat. Es ist 6 Uhr, die Nacht bricht herein, die Beleuchtung wird angestellt. Auch die Bordlampen, die Positionslaternen flammen auf, wir sind aber sicher, nach keinem Gegenluftsegler ausschauen zu müssen. Allein beherrschen wir die Luft des Ozeans [...]

Als ich nach einem guten Abendessen um 8 Uhr wieder meinen Dienst in der Führergondel antrat, war gerade kurz vorher die Küste Spaniens in Sicht gekommen. Von den Pyrenäen herabfallende Winde schüttelten das Schiff ordentlich durch. Es war ein übler Tanz an dieser Nordküste Spaniens. Von allen Seiten pfiffen Windböen aus den Felsentälern heraus und versetzten uns einige ordentliche Backpfeifen. Der Himmel bezog sich mit regendrohenden schwarzen Wolken. Es hatte sich westlich Spaniens ein Ausläufer eines Tiefdruckgebietes herangemacht, und wir mußten durch dieses hindurch. Kap Vilano, die Nordwestecke Spaniens, ließen wir 9.43 Uhr nachmittags hinter uns mit Kurs auf die Azoreninseln. Es war keine angenehme Wache, wie ein Schießhund mußte auf eine etwaige Windänderung aufgepaßt werden, um einer genauen Kurskontrolle stets sicher zu sein. Aus einer Abdrift nach Backbord wurde im Laufe der ersten 2 Stunden eine solche nach Steuerbord, ein Beweis, daß die Drehung des Windes um das Tief stattfand; es mußte öfters der Kurs verändert bzw. verbessert werden. Um 12 Uhr nachts, der ersten Nacht auf dem Ozean, war unser Standort 42° 36′ nördliche Breite und 11° 30′ westliche Länge. Etwas müde kam ich von der Wache und schlief während der 4 Ruhestunden ausgezeichnet. Das leise Brummen der Motoren, das Sausen des vorbeistreichenden Luftstromes wiegte uns alle wunderbar ein. Um 4 Uhr morgens wurde die Uhr wieder 1 Stunde zurückgestellt, wir konnten 5 Stunden der Ruhe pflegen.

Morgens bei Tagesanbruch Wasser, nichts als Wasser. Während der Nacht hatten uns nur einige kleine Küstenfahrzeuge passiert. Was mögen die Kapitäne dieser Fahrzeuge wohl gedacht haben bei dem Vorbeisausen unseres großen erleuchteten Brummers? War nicht der fliegende Holländer zur Wirklichkeit geworden? Um 7 Uhr kommt voraus ein großer Frachtdampfer in Sicht, wir funken ihn an und bitten um seinen Standort. Wir mußten aber lange warten, bis wir eine Antwort bekamen, wohl deshalb, weil der Telegraphist seine Station verlassen hatte, um uns einmal näher anzusehen. Wir taten dasselbe, fuhren über den Dampfer hinweg, ›City of Boston‹ wurde mit Fernglas als sein Name abgelesen. Nach Passieren war man doch neugierig da unten geworden, und der erste Anruf an uns gab nicht Antwort auf unsere Frage, sondern: Wer sind Sie, wo wollen Sie hin? tönte es herauf. Nachdem er sich uns noch vorgestellt und auch sein Woher und Wohin bekanntgeben, erhielten wir seinen Standort 39° 18′ Nord und 18° 40′ West. Diese Auskunft kam uns sehr erwünscht, denn es zeigte sich, daß wir etwas nach Süden versetzt worden waren. Die Funkenstation auf den Azoren hatte auf mehrmalige Anrufe keine Antwort gegeben, so daß uns eine drahtlose Peilung nicht möglich war. Kurz nachher passierte an Backbordseite, jedoch weitab, ein zweiter Dampfer.

Das erste Frühstück an Bord mundete sehr gut. Es gab Kaffee mit Milch, Brot mit Butter und fein-

Zeichnung der Führergondel von LZ 126
Links: Höhensteuerstand mit Neigungsmesser, darüber Züge zu den Gasventilen.
Mitte: Seitensteuerstand mit Kompaß.
Rechts: Kartentisch und Maschinentelegraphen.

stem Apfelgelee, verschiedene Sorten Wurst und Käse. Der Appetit war bei der ganzen Besatzung und den amerikanischen Fahrgästen als sehr gut zu bezeichnen. Die Atlantikluft wirkte tatsächlich anregend. Große Morgentoilette wurde nicht gemacht. Wir waren mit etwas wenig Waschwasser abgekommen, und dieses ging schon am ersten Morgen zur Neige. Doch dies beeinträchtigte keineswegs die Stimmung, man war froh, mal für einige Tage dieser Arbeit enthoben zu sein. Es wird nachgeholt, wenn wieder fester Boden unter unseren Füßen ist. Ich denke zurück an meine Segelschiffahrtszeit, wo es an Kap Hoorn oft wochenlang ohne Waschen gehen mußte.

Zum Mittagessen gibt es heute: doppelte Kraftbrühe, Schinken in Burgunder mit Perlbrechbohnen, zum Nachtisch Pudding mit eingemachten Pfirsichen. Die Firma Leibbrand in Schorndorf in Württemberg hatte uns wirklich erstklassige Sachen zur Verfügung gestellt [...].

Kurz vor Mittag war die Insel São Miguel, die östlichste der Azorengruppe, in Sicht gekommen. Wir waren trotz des schlechten Wetters während der Nacht gut vorwärts gekommen. 2.10 Uhr nachmittags passierten wir die Ostecke der Insel Terceira. Hier war die erste Poststation. Zwei dicke Postbeutel flatterten über Angra, dem Hauptort der Insel, herunter, mit Grüßen an die Heimat.

Beim Anblick der Azoreninseln fällt sofort der vulkanische Ursprung derselben auf, kleine und größere Krater, außen und innen fein und sauber bepflanzt. Ein idyllisches Stückchen Erde. Kein Plätzchen unausgenützt, kleine, fein abgezirkelte Felder reihen sich schachbrettartig aneinander. Es gedeiht ja hier auch ziemlich alles; Südfrüchte, Öl und Getreide werden ausgeführt. Es muß sich hier gut leben lassen, keine Hemmnisse politischer Art treten hier dem Allgemeinwohl in den Weg. Wir steigen hoch auf 2000 m, um Gas loszuwerden, und sehen über den Wolken, die 1500 m hoch liegen, den Pico herausragen, einen steilen Kraterkegel, von dem gesagt wird, daß die Bewohner der Insel den Gipfel dieses 2200 m hohen Berges nur ein- oder zweimal im Jahre zu sehen bekommen. Das ganze Jahr ist er in Wolken gehüllt.

Wir lassen die Azoren im Rücken und nehmen Kurs auf New York. Über 2500 km haben wir hinter uns, nun kommt die große Wasserfläche von über 4000 km Luftlinie. Das Wetter ist gut, frohgemut gehen wir an dieses Ende heran.

Um 6 Uhr nachmittags (Montag) auf 38° 50′ N und 32° 10′ W haben wir die Hälfte des Weges hinter uns und rechnen schon aus, wann wir die amerikanische Küste erreichen werden. Aber nie wieder werde ich dieses tun, denn die Nacht (Montag auf Dienstag) zeigte, daß man sich sehr schwer verrechnen kann. Aus dem blauen Himmel wuchsen am Horizont kleine weiße Wolken heraus, wir fahren heran, und bald haben die Wolken uns eingedeckt, grau und schwarz jagen sie heran. Die Temperatur steigt rapide, 22 °C zeigt das Thermometer. Die See aus Südwesten wird bewegter, um 12 Uhr nachts steht unten der schönste Sturm, der uns beinahe von vorne anpackt. Wir bedauern die armen Menschen, welche an Bord von Seeschiffen in dieser stürmischen See sich im Bett festhalten müssen, dazu noch die übrigen schönen Begleiterscheinungen dieses Wellentanzes. Wahrhaftig kein schönes Wetter für einen Seemann. Unser Schiff schüttelt sich wohl in einer heftigen Regenbö ordentlich durch, hält sich aber sonst glänzend, bloß den Leuten an den Steuern wird es beim Parieren dieser Stöße, bei dieser schwülen Treibhaustemperatur ordentlich warm. Rock und Weste wurden ausgezogen, in Hemdsärmeln kurbeln die Steuermänner an ihren Rädern. Am Ende der Wache konnte sich der Mann am Seitensteuer sein Hemd buchstäblich auswringen, Blasen an den Händen zeugten von harter Arbeit. Bei einer besonders nassen Regenbö drang das Wasser durch sämtliche Ritzen der Führergondelfenster. Da ich Hausschuhe anhatte, zog ich Schuhe und Strümpfe aus, und barfüßig fühlte ich mich auf dem nassen Gondelboden sehr wohl.

Um 7 Uhr morgens (Dienstag) konnten wir Windstärke 8–9 registrieren. Mit 35° Abdrift nach

Steuerbord schoben wir unseren Kurs entlang. An astronomische Ortsbestimmung war infolge Fehlens jeglichen Gestirnes nicht zu denken, wir mußten scharf auf die Abdrift aufpassen.

Um 7 Uhr vormittags, 38° 10′ N und 42° 10′ W, fuhren wir durch die dickste und heftigste Regenbö hindurch. Allmählich hatten wir doch genug von diesen Gaben, angestrengt sahen wir nach den erhaltenen Wetternachrichten nach einer besseren und uns förderlicheren Gegend aus. Wir hatten Südwestwind 20–25 m in der Sekunde, ein Schiff westlich von Neufundland meldete östlichen Wind. Auf diese Meldung beschloß der Kommandant nach Norden abzubiegen, um diese Strömung auszunützen.

Um 9 Uhr vormittags gab uns ein Dampfer, der uns in einiger Entfernung passierte, auf drahtlosen Anruf hin seinen Standort: 41° 0′ N und 44° 10′ W. Wie gedacht, hatten wir durch Vergleiche unseres Standortes mit dem des Dampfers eine nördliche Versetzung erfahren; dies war uns nur angenehm, um so schneller konnten wir günstigeres Wetter erreichen. Aus treibendem Golfkraut ersahen wir, daß wir den warmen Golfstrom passierten. Große Flächen schienen mit diesem gelben Kraut wie bewachsen. Sofort nutzen wir diese festen Punkte aus dem Wasser aus, um mit Hilfe des Geschwindigkeitsmessers von Görz die Fahrt und somit auch Windrichtung und Stärke zu bestimmen. Der Wind drehte über Süden nach Südosten, wir hatten die gewollte Strömung erreicht. Mit nunmehr 166 km in der Stunde holten wir ein, was wir während der Nacht versäumt hatten.

Um 4 Uhr nachmittags in 44° 25′ N und 52° 0′ W, nach 60stündiger Fahrt, eilten wir mit gutem Tempo der amerikanischen Küste zu. In der Gegend der Bank von Neufundland gerieten wir in den berüchtigten Nebel. Einige Zeit halten wir uns dicht über dem Wasser, als es zu dick wird, gehen wir über den Nebel. Allmählich haben wir alles durchgemacht, was einem auf See passieren kann: Regen, Sturm, Nebel.

Es ist 6 Uhr nachmittags, während diese Zeilen zu Papier kommen, das Elektromophon spielt den Deutschmeister-Marsch, ein nachfolgender Jazz läßt einige das Tanzbein schwingen, eine andere Gruppe klopft einen Dreimänner-Skat. An die lange Luftfahrt wird man allmählich gewöhnt; während gestern, am zweiten Tag, bei manchen eine Müdigkeit zu verzeichnen war, ist heute wieder alles in bester Stimmung. Man ist in seinem Hause heimisch geworden.

Noch nicht die geringste Störung hat sich an Schiff und Maschinenanlage gezeigt. Die 5 Maybach machen unermüdlich ihre 1400 Umdrehungen in der Minute. Über 15 Tonnen Benzin haben sie schon verspeist, aber es ist ja noch reichlich genug an Bord, wir können noch lange aushalten.

10.18 Uhr abends (Dienstag) kommt voraus das erste Leuchtfeuer an der amerikanischen Küste in Sicht. Es ist das Feuer der Insel von Sable Island. Unser genauer Standort ist nach diesem festen Punkt 43° 42′ N und 59° 48′ W. Der Hauptteil der Aufgabe liegt hinter uns, ein Gefühl der Freude geht durch die wachhabende Besatzung.

Die Seekarte im großen Maßstabe des Atlantischen Ozeans wird beiseite gelegt, die Küstenkarte des betreffenden Gebietes hervorgeholt, nunmehr geht die Navigation nach festen Anhaltspunkten. Der Kurs wird auf Boston angesetzt, die erste große Stadt auf dem Festlande, welche überflogen werden soll. Um 4 Uhr New Yorker Zeit zeigt ein gewaltiges Lichtermeer das Nahen der Stadt Boston an. 4.15 Uhr werden mit Bordscheinwerfer die ersten Grüße hinuntergesandt. Die Stadt liegt zwar noch im Schlafe, doch winken einige Taschenlampen uns willkommen zu. Schon lange vorher waren Schiff und Besatzung von Behörden und Vereinen in einem kaum zu bewältigenden Funkverkehr herzlich begrüßt und willkommen geheißen worden. Eine Rundfunkstation sandte uns sogar in dieser frühen Stunde ein herrliches Konzert zu. Wir hatten somit nach 74¾ stündiger Fahrtzeit die erste amerikanische Stadt erreicht, eine trotz der schlechten Wetterverhältnisse hervorragende Leistung des Schiffes.

Der Kommandant sendet nach New York telegraphische Nachricht, um 8 Uhr die Hauptstadt, das Tor Amerikas, zu erreichen. Auf dem Wege werden die größeren Städte: Providence, New Port, New Haven und Bridge Port überflogen. Die Einfahrt nach New York wird von der Seeseite aus gewählt, wie die Seeschiffe wollen wir über die Quarantänezone durch den Hafen einziehen.

Punkt 7.45 Uhr wird um die gewaltige Freiheitsstatue die Ehrenrunde gefahren. Ein ohrenbetäubendes Getute sämtlicher im Hafen von New York liegenden Schiffe setzt ein, begleitet uns auf dem ganzen Wege, New York bereitet einen unvergeßlichen Empfang. Über dem Hafen und der Stadt liegt ein starker Rauch und Dunstnebel, in niedriger Höhe folgen wir dem Hudson. Rechts davon liegen die himmelstrebenden Steinbauten. Zweimal die Hauptstraße hinauf und hinunter, dann hinauf in engen Kreisen auf 3000 m Höhe, um zu zeigen, daß ein Zeppelin auch ein Meister der Höhe ist. Eine gute Stunde hat die Weltstadt Gelegenheit, sich den Ozeanbezwinger anzusehen.

Vom Ziele trennen uns noch etwa 90 km. Schiff und Besatzung machen sich klar zur Landung. Man geht in die Waschräume, um sich mit dem noch übrigen Trinkwasser gründlich zu waschen und zu rasieren. Alles macht sich fein zum Empfang. Auf dem Landungsplatz ist alles vorbereitet. Um 9.37 Uhr vormittags am Mittwoch, dem 15. Oktober, berührt Z. R. III amerikanischen Boden. In 81 Stunden reiner Fahrtzeit sind über 8000 km, genau 8050 km zurückgelegt worden, mit einer stündlichen Durchschnittsgeschwindigkeit von 99 km. Der Landungsplatz ist streng abgesperrt, man besitzt in Amerika eine große Angst vor dem Wasserstoffgas. Nur Presse und Photographen haben Zutritt. Sofort wird mit dem Einbringen in die Halle begonnen. 10.20 Uhr liegt der Riese wohlgeborgen in der Halle von 300 m Länge, 90 m Breite und 50 m Höhe. Unser Schiff geht in die Hände der amerikanischen Marine über. Das Opfer ist vollbracht. Traurigen Herzens nehmen wir Abschied von dem uns allen lieb gewordenen und an das Herz gewachsenen Schiff. Nach einem mit Worten nicht zu beschreibenden Gewehrfeuer der Photographen und Kinematographen beziehen wir die uns zugewiesenen Quartiere [...], um einige Stunden der Ruhe zu pflegen.

Anderen Tages ersehen wir aus der Presse, welch freundliche, ja geradezu begeisternde Aufnahme unser Schiff gefunden hat. Z. R. III war das Tagesgespräch. An die Besatzung ergingen zahllose Einladungen; herzliche Beweise aufrichtiger Freundschaft für das deutsche Volk zeigten, welche Sympathie deutsche Technik und Tatkraft durch das Luftschiff Z. R. III gewonnen hat.

Diese außerordentlichen Kundgebungen ließen uns den Verlust des Schiffes wohl verschmerzen. Z. R. III ist in guten Händen, möge er als aufrichtiger Sendbote deutschen Friedensbeweises, durch seine schnelle Verbindung zwischen der Alten und der Neuen Welt dazu beitragen, die Schranken zwischen den beiden Völkern niederzureißen und einander durch gegenseitiges Vertrauen näherbringen. Möge es dem deutschen Volke, das durch sein unerreichbares technisches Kunstwerk den Beweis erbracht hat, kulturellem Fortschritt jederzeit zu dienen, auch weiterhin vergönnt sein, seinen Anteil hierzu beitragen zu dürfen, zum Segen des deutschen Volkes wie der gesamten Menschheit

Zeitgenössische Baubeschreibung des LZ 127 Graf Zeppelin

von R. v. Brockdorff

Zurück von der Weltfahrt
LZ 127 Graf Zeppelin landet am 4. September 1929 in Friedrichshafen.

LZ 127 hat eine Länge von 236,6 m bei 30,5 m größtem Durchmesser und 105.000 cbm Wasserstoffgasinhalt. Es hat also die Größe eines Überseedampfers, wiegt aber nur 58 t, also so viel wie eine Barkasse. Ringe und Längsträger sind aus Dur-Aluminium, das mit einem Schutzlack gegen Oxydation überzogen ist.

In 5 Maschinengondeln, die außerhalb des Schiffskörpers im freien Luftstrom mit Duralrohren und Stahlkabeln aufgehängt sind, befindet sich je ein 12 Zylinder VL 2-Motor von 530 PS. Das Schiff erreicht bei Vollgas mit 2650 PS Maschinenleistung 128 km Stundengeschwindigkeit. Die durchschnittliche Reisegeschwindigkeit, bei der die Motoren etwas gedrosselt werden, beträgt zwischen 100 und 110 km in der Stunde. LZ 127 hat je 2 Steuerbord- und Backbord- sowie eine Heckmotorgondel. Die beiden vorderen Seitengondeln hängen etwas höher und weiter außerhalb des Schiffes als die beiden hinteren. Die Heckgondel liegt in der Mitte. Dadurch verteilt sich der Druck gleichmäßig auf das Gerippe, und die hinteren Luftschrauben liegen außerhalb des Luftwirbels der vorderen. Sämtliche Motoren sind für Rechts- und Linkslauf umsteuerbar. Der Antrieb der Luftschrauben ist direkt. Die Gondeln sind durch zusammenklappbare tropfenförmige Leitern mit dem Schiff verbunden.

Die Außenbespannung besteht aus 5mal imprägniertem Baumwollstoff, der mit einem Flammschutzmittel getränkt und mehrfach zelloniert ist. Den letzten Zellonanstrichen ist pulverisiertes Aluminium beigemengt, wodurch das Schiff die silbergraue Farbe erhält. Die Hülle ist mit feinstem Sandpapier zur Verminderung des Reibungswiderstandes poliert. Der Aluminiumanstrich wirft die einfallende Sonnenstrahlung zurück und verhindert die unerwünschte

Erwärmung der Gaszellen. Das Gas dehnt sich bei der Erwärmung aus und wird durch Überdruckventile abgeblasen. Außerdem bewirkt der Aluminium-Strahlungsschutz den Fortfall der zerstörenden Einwirkung ultravioletten Lichtes auf die Stoffhaut.

Der untere Laufgang wirkt durch seinen kräftigen Bau als Kiel. In ihm werden Reserveteile, Post, Gepäck und Proviant untergebracht, auch sind die Mannschaftsräume darin eingebaut.

Die im Innern aufgehängten Traggaszellen werden mit Wasserstoff gefüllt. Zwischen je 2 Hauptringen und ihren Verspannungen liegt eine Traggaszelle von 15 m Länge. Die äußerste Bug- und Heckspitze sind leer. Das Traggas übt einen Druck nach oben aus, der sich auf beiden Seiten gleichmäßig verteilt; auf der Unterseite können die Traggaszellen frei pendeln. Durch das starre Gerüst wird das Schiff mit dem Rücken gehoben und die Form unverändert erhalten, einerlei ob die Gaszellen prall oder schlaff sind. Starrluftschiffe brauchen deshalb keine Ballonetts.

Das Traggas dehnt sich aus, wenn es erwärmt wird oder wenn der äußere Druck auf die Gaszellen durch Aufsteigen in höhere Luftschichten abnimmt. Sind die Zellen erst prall geworden, so blasen sie beim Höhersteigen, welches durch Ballastabgabe oder durch die Motoren bewirkt werden kann, Gas ab. Deswegen ist das Überfliegen hoher Gebirge oder das Hinaufgehen in große Höhen aus militärischen Gründen stets mit Gasverlust verbunden.

Die Überdruckventile sind unten an den Gaszellen angeordnet, damit möglichst nur das schwerere verunreinigte Gas abgeblasen wird, das durch besondere Gasschächte nach oben geleitet und durch den Luftzug am Rücken des Schiffes so schnell verdünnt wird, daß keine Zündungsgefahr auftreten kann.

Die ungefähr 20 m hohen Traggaszellen reichen vom oberen Laufsteg bis zum Schiffsrücken. Der freibleibende 10 m hohe Raum zwischen Kiel und Axialsteg wird von Triebgaszellen eingenommen. Die einzelnen 15 m langen Abteilungen enthalten demnach 2/3 Trag- und 1/3 Triebgas, wofür LZ 127 im ganzen 17 und 12 Zellen hat. Zum erstenmal ist bei ihm der Versuch, die Motoren mit einem Kohlenwasserstoffgas, das das gleiche Gewicht wie die Luft hat, zu treiben, gelungen. Beim Verbrauch von Triebgas ändert sich das Gewicht des Schiffes nicht, und es behält seine Höhenlage bei. Beim Benzinverbrauch dagegen wird das Schiff immer leichter, so daß kostbares Gas abgeblasen werden muß, um das Gleichgewicht zu halten.

Die Traggaszellen bestehen aus durch Aluminiumbronzierung elektrisch leitend gemachter Goldschlägerhaut, die aus dem Blinddarm von Rindern gewonnen wird. Es können keine elektrischen Spannungen mehr auftreten, wie bei sich reibenden Gummizellen, deren Funkenbildung das Unglück bei

Schnitt durch LZ 127 Graf Zeppelin (Modellaufnahme)
Deutlich erkennbar sind die zwei unterschiedlichen Gaszellen: Während oben die Traggaszellen für Wasserstoff liegen, befindet sich in den unteren Abschnitten das sogenannte Kraftgas, das als Brennstoff für die Motoren verwendet wurde. Da das Kraftgas nahezu so schwer wie Luft ist, erfolgte während der Fahrt keine Gewichtsveränderung.

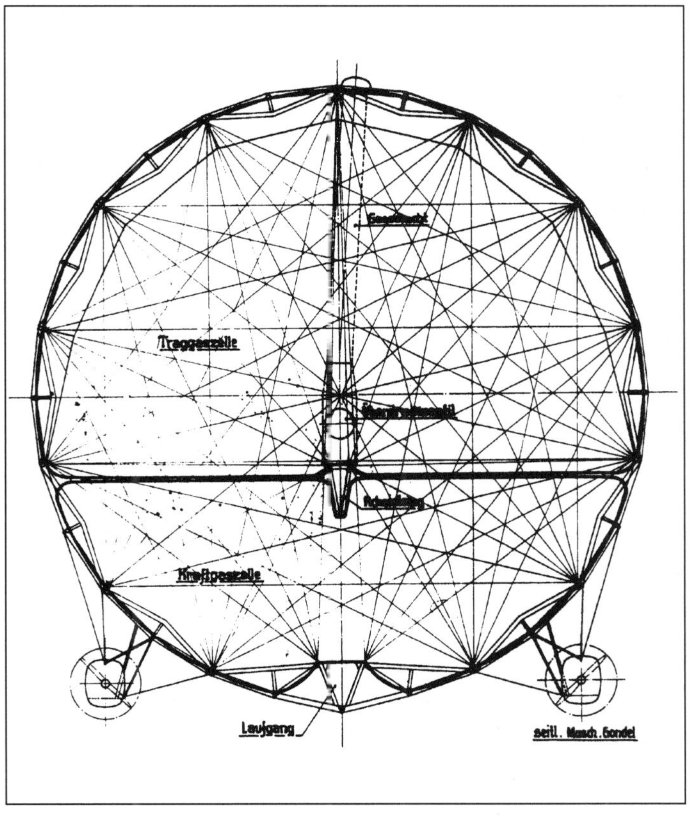

Echterdingen und die Brandkatastrophe der ›Schwaben‹ verursacht hat.

Sämtliche Motoren können wahlweise mit Benzin oder Triebgas arbeiten. Wenn das Schiff durch starken Regen oder Schnee schwer wird, wodurch Belastungen von mehreren Tonnen auftreten können, wird zum Gewichtsausgleich mit Benzin gefahren. Die Verständigung zwischen den 5 Motorengondeln und der Führergondel erfolgt durch Signalapparate. Die zwei- bzw. vierflügeligen Luftschrauben sind aus Eschen- und Nußbaumholz angefertigt.

Rechts im Führerraum liegt das Seiten-, links das Höhensteuer. Unmittelbar darüber hängt der runde Höhenmesser und links davon das Variometer, an dem man sieht, ob das Schiff steigt oder sinkt. Beim Höhensteuer können auch die Temperaturen der Traggaszellen durch elektrische Fernmeldung abgelesen werden. Dem Seitensteuermann steht ein

LZ 127 Graf Zeppelin in Bau in Friedrichshafen

Magnet- und ein rechtweisender Kreiselkompaß zur Verfügung.

Im Navigationsraum wird die Ortsbestimmung vorgenommen. Für astronomische Beobachtungen ist der Rücken des Schiffes durch eine Leiter zugänglich. Durch die Funkanlagen steht das Schiff dauernd mit den Wettermeldestationen in Verbindung und hat durch seine große Fahrtgeschwindigkeit meist Gelegenheit, den Stürmen aus dem Wege zu gehen.

Vorne links im Funkraum ist ein Telefunken-Dreikreis-Langwellen-Empfänger, in der Mitte oben ein 50 Watt Telefunken-Kurzwellensender und darunter rechts der Kurzwellenempfänger angeordnet. Außerdem ist noch eine Funkpeilanlage vorhanden, mit der die Richtung von ankommenden Signalen der Landstationen oder Schiffe festgestellt werden kann. Aus zwei von verschiedenen Richtungen kommenden Peilsignalen kann man den Schiffsort genau so feststellen, als wenn man die Signalstationen sehen und mit dem Peilkompaß anvisieren könnte.

Die Kupferdrahtantennen hängen 20 m für Kurzwellen und 120 m für Langwellen vom Schiff herab. Sie tragen kleine Gewichte, die die Form eines Flugzeugrumpfes haben, so daß sich die Antennen gegen den Fahrtwind einstellen. Vor der Landung werden sie hochgezogen. Der Strom für die Funkanlage und auch der Heizstrom für die Küche wird durch kleine Dynamomaschinen, die außenbords hängen, geliefert. Sie werden durch einen vom Fahrwind bewegten Propeller angetrieben.

Die Küche ist mit einem elektrischen Herd ausgerüstet und sorgt auf kleinstem Raum für ausreichende Verpflegung.

Die Fahrgasträume, mit hellen und großen Fenstern für die Aussicht ausgerüstet, sind modern und behaglich eingerichtet.

Das Sofa kann nachts durch Hochklappen der Rücklehne ähnlich wie bei den Schlafwageneinrichtungen in zwei Betten verwandelt werden.

Der Mannschaftsraum liegt im Laufgang. Für

große Fahrten sind einschließlich des Führers ca. 40 Mann erforderlich, die in 3 Wachen eingeteilt werden, von denen jeweils eine Dienst tut. Das Personal besteht aus einem Führer und 3 Wachoffizieren, 3 Navigationsoffizieren, einem Ballonmeister und einem Zellenpfleger, 3 Seiten- und 3 Höhenrudergängern, 1 Fahringenieur mit Assistent, 2 Fahrmeister, 15 Maschinisten, 1 Elektriker, 3 Funkoffizieren, 1 Verpflegungsleiter, 1 Steward und 1 Koch.

Vor der Abfahrt läßt man kleine Gummiballons mit Wasserstoffüllung steigen. Mit einem Spezialtheodolit wird die Zielrichtung nach dem Ballon verfolgt. Man kann Geschwindigkeit und Richtung des Windes bis zu sehr großen Höhen ermitteln.

Vor dem Start wird das Schiff nochmals genau abgewogen. Kalte Luft ist dichter als warme, sie trägt also besser. Ein Grad Unterschied der Außentemperatur verändert die Tragkraft des Schiffes um 350 kg. Nach dem Auswiegen werden die Leinen losgelassen und das Schiff steigt wie ein Freiballon lautlos und senkrecht bis auf etwa 100 m Höhe. Dann werden die Motoren angeworfen.

Nachdem die Motoren angeworfen sind, kann zu dem statischen Auftrieb des Gases die dynamische Hubkraft durch Höhensteuer und Motoren treten. Sie beträgt bei LZ 127 etwa 5000 kg. Das Schiff fährt gewöhnlich in 400 bis 600 m Höhe, die nur beim Überfliegen von Gebirgen oder bei der Gefahr von Vertikalböen größer gewählt wird. Während beim Freiballon durch den fortwährenden Temperaturwechsel, Sonnenbestrahlung und Wolkenschatten, Wechsel von Tag und Nacht die Höhenlage dauernd wechselt, können die Schwankungen bei motorisch angetriebenen Luftschiffen durch das Höhenruder ausgeglichen werden. Die Fahrhöhe wird an einem Aneroidbarometer abgelesen. Dies zeigt aber nur die

Die Traggaszellen werden gefüllt

Höhenmessung durch Echolot
Die Reflexion des Gewehrschusses von der Erdoberfläche bildete eine Möglichkeit zur Messung der Fahrthöhe über Grund.

Blick in die Elektrozentrale von LZ 127 Graf Zeppelin
Ursprüngliche Versuche, Strom durch Propellergeneratoren zu erzeugen, erwiesen sich als nicht zweckmäßig. Es wurde daraufhin ein Anbau an die Führergondel realisiert, der zwei benzingetriebene Generatoren aufnahm (Vordergrund rechts und links).

Höhe über dem Meeresspiegel und nicht die über dem jeweiligen Gelände an. Deshalb ist auch noch ein Behm-Echolot vorhanden, wobei die Zeit zwischen der Abgabe eines Schusses und der Rückkehr der Schallwelle als Echo gemessen wird. Man kann die Höhe über dem Gelände auf ungefähr 1% genau ermitteln.

Die Anordnung der Motoren-Gondeln und die Form der unteren Vertikal-Stabilisierungsfläche sind deutlich zu erkennen. Man kann im Schiff nur den durch die Eigengeschwindigkeit hervorgerufenen Fahrtwind feststellen, was durch ein elektrisches Log und einen Staudruckmesser geschieht. Die Drehzahl der Motoren – etwa 1500 Umläufe in der Minute – kann in der Führergondel abgelesen werden. Ein Urteil über die absolute Geschwindigkeit über dem Erdboden gibt die Zeit, die der 236 m lange Schiffsschatten braucht, um über einen stehenden Punkt zu laufen.

Das Schiff wird mit der Bugspitze am drehbaren Mastkopf befestigt und die hintere Motoren-Gondel auf einem Schienenwagen verankert. Es kann dann wie eine Windfahne um den Ankermast herumschwingen. Beim Landen werden die Motoren abgestellt und bei schwerem Schiff Ballastwasser, bei leichtem Traggas abgegeben. Wenn der richtige Gleichgewichtszustand erzielt ist, kann man das Schiff mit vorwärts- oder rückwärtslaufenden Motoren genau über dem Landungsplatz zum Stehen bringen. Die Höhe richtet sich nach den Wetterverhältnissen.

Das Schiff wird dann entweder an den 100 m langen Landungstauen oder den viel kürzeren Knebeltauen heruntergeholt.

›Die Schwankung des Schiffes scheint nicht ungefährlich gewesen zu sein.‹

Notizen aus dem Tagebuch von Albert Grzesinski (1928)

… Es stand jetzt fest, daß das Luftschiff am nächsten Morgen starten würde. Die Passagiere sollten um 7.15 Uhr am Luftschiff sein, jedoch das Hotel nicht vor 6.30 Uhr verlassen, damit sie noch eine Nachricht im Hotel erreichte, falls der Start doch erst später stattfände. Um Übergewicht zu vermeiden, gab ich H. meinen Ledermantel und einen Anzug mit. Das Gepäck war bereits seit gestern im Luftschiff. B. fieberte wegen der Mitfahrt. Ich war ruhig und nicht im mindesten aufgeregt. Mir war's, als ob ich nach Köln und nicht nach Amerika flöge. Dieses Gefühl beherrschte mich von Anfang an […].

Donnerstag, den 11. Oktober 1928

Das ganze Hotel wurde um 5.30 Uhr geweckt. Es war wie in einem Bienenhaus. Um 6.30 Uhr wurde gefrühstückt. Um 7 Uhr holte mich Colsman ab. H. und B. fuhren mit. Vorher hatte ich noch ein Telegramm aufgesetzt, das H. nach Abfahrt des Luftschiffes aufgeben sollte. Ebenso sollte er telephonisch veranlassen, daß ich vom Luftschiff aus mit der Polizeifunkstation in Adlershof in Verbindung bliebe. Im Hotel erzählte man sich scherzhaft: Heute müsse geflogen werden! Denn morgen sei Freitag, da könne man doch nicht fliegen und am Sonnabend, dem 13., auch nicht. Die Abergläubischen können also beruhigt sein… Um 5.30 Uhr war schon reges Leben um das Schiff, das ich zum ersten Male aus der Nähe sah. Ich hatte es bisher nur im Fluge über Berlin vom Dach des Ministeriums aus bewundern können. Dann wurde eingestiegen! Über B. war immer noch keine Entscheidung gefallen. Wegen der inzwischen eingetretenen warmen Luft, die nur eine geringere Last als

LZ 127 Graf Zeppelin beim Einhallen in Friedrichshafen
Am fahrbaren Ankermast (Bildrand links) verankert wird LZ 127 in die Halle eingefahren.

kalte Luft trägt, waren aber die Aussichten für ihn gering geworden. Um das Schiff zu erleichtern, hatte Dr. Eckener 2 Hosen Wasser ablassen müssen. Um 7.45 Uhr stieg ich ein. Von einem Reporter wurde noch vor der Tür eine Aufnahme gemacht. Ich hatte mit Br. zusammen Kabine 4 auf der Backbordseite des Schiffes. Um 7.50 Uhr wurde das Schiff von den Arbeitern der Werft aus der Halle gezogen. Der Aufstieg erfolgte sofort. Er gestaltete sich wegen der Belastung etwas schwierig. B., der mit seinem Koffer nebenherlief, um ja den Einstieg nicht zu versäumen, kam leider nicht mit. Eckener rief ihm zu, daß er selbst kaum noch mitkomme... B. blieb traurig zurück. Alles winkte und grüßte. Schon ging es aufwärts und vorwärts!

10 Minuten später war das Schiff hoch über dem Bodensee. Ich lebte ganz im Vollgenuß des Fliegens. Wie anders ist die Fahrt im Luftschiff als im Flugzeug. Das Schiff fliegt ruhig. Man hat tatsächlich das Gefühl, in einem Schiff auf glatter See zu sein. Es schwankt nicht. Es wiegt sich nur leise. Ein leichtes schwebendes Wiegen. Das Geräusch der Propeller ist nicht störend. Es ist fast singend. Ich ging in den Führerstand des Schiffes. Neben Eckener, der auf einem Stuhl saß, waren 4 bis 5 Offiziere der Besatzung anwesend. Je einer bediente das Seiten- und Höhensteuer. Im Vorraum waren Karten für die Orientierung und Navigation ausgebreitet. Ein wunderbarer, weiter Blick nach vorn bot sich hier dem Auge. Ein eigentümliches, doch kein beunruhigendes Gefühl beschlich mich, wenn ich mir vergegenwärtigte, daß wir in 400 bis 500 Meter Höhe über der Landschaft wie in einem Freiballon schwebten. Ich machte einen Rundgang – eigentlich einen Längsgang durch das Schiff, auf dem schmalen, in der Mitte des Rumpfes laufenden Steg, der über der Kabine beginnt und

Die Schlafkojen der Mannschaft
In der Außenhülle war rechts und links vom Laufsteg die Mannschaft untergebracht.
Zeichnung von Theo Matejko.

nach dem Schwanzende führt. Links und rechts liegen die Aufenthaltsräume und Schlafkabinen der Mannschaft, die zum Teil erst nachträglich, nach den Erfahrungen der Deutschlandfahrt, eingebaut worden sind. Dann ging ich wieder in den Führerstand. Weit und schön lag vor mir die sonnige Landschaft Südfrankreichs. Nichts ist diesem Anblick von diesem Platz aus vergleichbar. Die Führung des Luftschiffes ist der Navigation eines Dampfschiffes ähnlich. Nur die Bedienung des Höhensteuers kommt hinzu. Die Instrumente sind alle leicht und dünn gebaut, um Gewicht zu sparen. Eine in den Boden des Führerstandes vor dem Kartenplatz eingebaute Camera-obscura zeigt das laufende Bild der unter dem Schiff liegenden Landschaft in natürlichen Farben. Könnte man das Bild so im Film festhalten, dann wäre die Landschaft unter dem Schiff auf dem ganzen Wege laufend farbig photographiert. Alle Passagiere lagen an den Fenstern ihrer Kabine oder im Salon. Durch die ungewohnte Erscheinung des Luftriesen, vielleicht auch durch das Geräusch der Propeller aufgeschreckt, flüchtete unter uns alles Getier. In den vielen Geflügelfarmen, die wir sahen, flatterten die Hühner ängstlich durcheinander. Auf den Weiden rannten Kühe und Pferde davon. In Frankreich waren Menschen von oben kaum zu sehen [...].

Das Wetter ist heute dem Flug nicht sehr günstig, trotz des herrlichen Sonnenscheins. Wir haben Gegenwind. Die Schiffsgeschwindigkeit betrug bis mittags im Durchschnitt nur 88 Kilometer per Stunde. Wir bogen wegen der Wetterlage nach Süden ab, um durch das Rhonetal zu fahren, statt den kürzeren Weg weiter nach Westen zu wählen und über den Golf von Biscaya Europa zu verlassen. Der jetzt eingeschlagene Weg, der um Spanien führt, verlängert allerdings die Reise um mindestens 800 km. Insgesamt dürften 8400 km zurückzulegen sein. Wir könnten also nach unserer Zeit am Sonntag, dem 14. Oktober, nachmittags 6 Uhr (New Yorker Zeit mittags 12 Uhr), nach 85 Stunden Fahrt am Ziel sein. Das entspricht ungefähr der Zeit, mit der Eckener rechnet.

Um 1.12 Uhr hatten wir Lyon in Sicht. Wir flogen nach Süden, am Westrand der Alpen entlang, mit einem herrlichen Ausblick auf die schneebedeckten Berge, die Gletscher, den Montblanc. Rechts von uns lagen das Militärfliegerlager und die Stadt Lyon. 14.35 Uhr waren wir über Valence, 15 Uhr über Montélimar. Sein Flugplatz lag gerade unter uns. Herrlich das Rhonetal mit seinen ungeheuer ausgedehnten Weinbergen. Der Strom fließt unter uns dahin, weiter südlich sind die Dörfer schon flach gebaut und grau. Kästen mit flachen Dächern. Die Berge rauh und weit das Tal. Wir kommen auf dem Wege zum Mittelmeer nicht über Marseille, sondern fahren westlich davon. Um 13 Uhr erhielt ich von der Direktion der Funkstunde in Berlin ein Glückwunschkabel; das erste Privatradiotelegramm, das auf dieser Fahrt an Bord kam. Ein eigentümliches Gefühl, wenn in 500 m Höhe im fahrenden Luftschiff der Postbote die Tür zum Salon öffnet und ein normal aussehendes, mit richtiger Adresse versehenes, aus dem 1500 km entfernten Berlin kommendes Telegramm übergibt, obwohl weder jemand aus- noch eingestiegen, noch das Luftschiff vorher gelandet ist. 15.48 Uhr waren wir über Avignon, dem ›Gefängnis‹ der Päpste. Um 16.13 Uhr lagen wir über Arles. Ein altes Römerbad mit klassischer Arena. Prachtvoll von oben anzuschauen. Dort hielt man früher schon Stierkämpfe ab. Nach der Überquerung des südlichen Teils des Rhonetals waren wir 16.30 Uhr am Golf von Lion, westlich von Marseille. Die Stadt war nicht zu sehen – doch das Mittelmeer war erreicht. Unter uns lag das große Rhonedelta, das aus der Vogelschau unserem nordischen Wattenmeer gleicht. Schutz- oder Landgewinnungsdeiche waren zu sehen. Ob sie schon verfallen waren oder noch benutzbar, war nicht zu erkennen. Jedenfalls war der Damm oben mit Steinen gepflastert und fahrbar. Einige Häuser, wohl von Deichbeamten oder Fischern bewohnt, lagen verstreut. 17.30 Uhr kamen die spanische Küste und die

Die Zweibett-Kabine von LZ 127 Graf Zeppelin

Die Entwufszeichnung von Heinrich Pallenberg läßt das stilistische Vorbild erahnen – Ozeandampfer und Schlafwagen der Eisenbahnen bedienten sich der gleichen Raumaufteilung.

Gipfel der Pyrenäen in Sicht. Ein Schiff auf dem Meere. Ab 18 Uhr fuhren wir an der spanischen Küste entlang. Die Pyrenäen fallen rauh, steil und zerrissen ins Meer, bilden dadurch viele natürliche und sehr geschützte Häfen. Die Stadt Palamós erreichten wir 18.40 Uhr; 19.15 Uhr die weit größere Stadt Badalona. Bemerkenswert in diesen spanischen Städten sind die rechtwinklig angelegten Straßen. Sie sind schmal und eng. Die Häuser stehen im Geviert und haben verhältnismäßig große Höfe. Von oben könnte man die aufeinanderfolgenden, grün bepflanzten Plazas für Straßenzüge halten. Wir hielten Ausschau nach der Stadt Barcelona, der größten Spaniens mit einer Million Einwohnern. Dort sollte Post abgeworfen werden. Es war dunkel geworden. 19.50 Uhr war die Stadt erreicht, und die Postsäcke wurden abgeworfen. Das hell erleuchtete Barcelona mit seinen breiten, genau rechtwinklig angelegten Straßen und großen, im Lichterglanz erstrahlenden Plätzen bot einen überwältigenden Anblick. Im Hintergrunde lag der Tibidabo, ein Berg, der sich 538 m hoch erhebt und auf dessen Gipfelplateau sich Hotels und Vergnügungsstätten für die Barcelonaer befinden, die den Berg an Sonntagen zahlreich besuchen. Er leuchtete weit ins Land hinein. An der ganzen spanischen Küste, schon lange vor Barcelona, bildeten die kleinen Städte Lichtpunkte, die wie leuchtende Perlen einer Kette anzusehen waren. Doch so schön der Anblick von oben war, die Dunkelheit vermittelte keinen natürlichen Eindruck. Barcelona war der Höhepunkt des Erlebens an diesem Nachmittag. Wir aßen zu Abend nach der Karte (kalte Platte und Kartoffelsalat) gut und reichlich und tranken Tee (der weniger gut war). Nach Orientierung im Führerstand über Stand der Fahrt und nächstes Ziel der Reise ging ich in meiner Kabine zu Bett. Da mein Kabinengefährte infolge eines Beinschadens behindert war, überließ ich ihm selbstverständlich gerne das untere Bett und nahm das obere. Mittags hatte der Schwiegersohn des Graf Zeppelin, Graf von Brandenstein-Zeppelin, die Platzfolge bei Tisch erstmalig arrangiert. Ich hatte den dritten Platz am Fenster, mit schönem Blick auf Landschaft und Meer. Wir waren zu sechst.

Außer mir und Graf Brandenstein saßen am Tisch Lady Grace Drummond Hay, Brandenburg, von Tyszka, der Vertreter der Allianzversicherung und Regierungsrat Dr. Benkendorf. Es gab Suppe in Tassen und Gulasch mit Nudeln. Alles war schmackhaft zubereitet. Getränke, außer Kaffee und Tee, gehören nicht zur Verpflegung. Graf von Brandenstein-Zeppelin hatte zu dritt zu einer Flasche Bordeaux eingeladen. Wir tranken sie in Sicht von Lyon.

Der Herren-Waschraum an Bord von LZ 127 Graf Zeppelin
Sie galten als höchst komfortabel – man beachte den Vorläufer eines Elektrorasierers!

Freitag, den 12. Oktober 1928.

Trotz der besonderen »Lage« habe ich in der Nacht gut geschlafen. Eingewiegt in sicherem Gefühl.

Im Aufenthaltsraum von LZ 127 Graf Zeppelin

Theo Matejko bei der Arbeit. Er galt als Deutschlands bekanntester Pressezeichner der Dreißiger Jahre.

Brandenburg kam erst spät, ohne mich zu stören. Um 5.45 Uhr wachte ich auf. Die Frage: Wo sind wir? ließ mich nicht ruhen. Wir flogen über der afrikanischen Küste. Unter uns der afrikanische Hafen Ceuta. In der Nacht hatten wir die spanische Ostküste und Gibraltar passiert. Stadt und Hafen von Ceuta lagen unter uns, als ich zum Fenster hinaussah. Fabelhaft der Anblick der Lichter, die den Hafen einsäumten und über die Stadt verstreut leuchteten. Ganz schwarz waren das Meer und die Küste, als wollte die Farbe auch schon anzeigen, daß wir den schwarzen Erdteil Afrika vor uns hatten. Wir hatten durch den Flug nach der afrikanischen Küste, der nicht notwendig war, einen kleinen Umweg gemacht und fuhren nun nach Peilung wieder etwas nordwestlich. Gibraltar mit seinen Lichtern lag schon nordöstlich hinter uns. Waschen, Rasieren ganz wie zu Hause, nur in 400 Meter Höhe. Europa lag seit 5.30 Uhr längst hinter uns. Um 7.10 Uhr wurde die Zeit nach dem Sonnenstande das erstemal um eine Stunde zurückgestellt. Um 6.30 Uhr steigt im Osten der Sonnenball auf, klar in der reinen Höhenluft. Das Schauspiel ist begleitet von einer wunderbaren Färbung des Himmels. Die Augen waren wie geblendet.

Wir hatten seit dem Start etwa 2000 km zurückgelegt, waren aber infolge des Südkurses eigentlich erst 300 km nach Westen vorwärtsgekommen. Dr. Eckener verfolgte den Plan, dem schlechten Wetter, das auf dem Nord- und Mittelatlantik tobte, durch Ausweichen nach Süden möglichst aus dem Wege zu gehen. Er hoffte, die Luftströmungen dadurch besser ausnutzen zu können und durch erhöhte Schnelligkeit (Motorgeschwindigkeit plus Windstärke) die Verlängerung des Weges auszugleichen. Das Schiff nahm Kurs auf den 35. Grad n. Br. Das brachte uns mit 108 km Stundengeschwindigkeit vorwärts. Wahrscheinlich geht es aber noch bis Madeira, 32. Gr. n. Br., Höhe Marokko, Tunis, Kairo herunter.

Im Luftschiff über den Ozean zu fliegen hat den Reiz der Neuheit. Das weite, unendliche Meer dort unten. Weit und breit kein Schiff, kein Vogel, kein Land. Nur schnell vorwärts in schwebender Fahrt. Sitzend im Salon auf bequemen Stühlen oder umhergehend, wie es einem paßt. Sich mit den Mitreisenden unterhaltend. Essend und trinkend wie auf festem Boden. Wie in der Eisenbahn, im Dampfschiff. Wie zu Hause! Nur mit einer Geschwindigkeit vorwärts eilend, die in jedem Falle das Vielfache der bisher erreichten darstellt. Es will mir noch immer nicht in den Kopf, daß ich auf dem Wege nach Amerika bin, daß ich in wenigen Tagen in einer neuen, anderen Welt sein werde. Daß dann über 3000 Meilen Land und Meer zwischen den Freunden zu Hause und mir liegen sollen! Mir kommt alles wie ein Märchen vor, aber über dieses Erleben bin ich so froh und erstaunt wie ein Kind. – Unter uns ist das Meer tiefblau. Von Sonne und Wolken wird es in der Farbe dauernd beeinflußt. Eine Farbe, wie man sie vom Schiff nie sieht und nur aus der senkrechten Höhe bemerken kann. An Schaum und Wellengang ist die Windrichtung zu bestimmen. Die hohen Wellen unter uns sind so klein. Es ist überhaupt alles so klein und fern und doch – oder deswegen – so unendlich schön! [...]

Über Madeira soll wieder Post abgeworfen werden. Es wird damit gerechnet, daß wir zwischen 14 und 16 Uhr dort sind.

Im Führerstand ist es wieder wunderbar. Sonne und Licht. Grelles Licht. Man fliegt in unendlichen Fernen. Das Meer da vorn ist so riesenhaft groß und unfaßbar weit. Es ist fabelhaft!

Es wird von den Leuten der Hearstpresse im Schiff viel gefilmt und viel photographiert. Lady Hay, als einziger weiblicher Passagier, ist ein besonders dankbares Objekt. Auch aus dem Luftschiff werden Aufnahmen gemacht. Der Sonnenaufgang heute früh ist gefilmt worden. Der Filmreporter Hartmann arbeitet schon 15 Jahre für die Hearstpresse. Er sendet seine Aufnahmen aus Deutschland unentwikkelt nach Amerika. Professor Dettmann, der Maler, arbeitet für Scherl. Matejko, der Zeichner, für den Ullsteinverlag.

Küchenchef Manz in der Bordküche von LZ 127 Graf Zeppelin

Die Mahlzeiten wurden mehrfach am Tage frisch zubereitet, sie gelangten über die Durchreiche und den Gang in den Speisesaal.

Die Küche des Luftschiffes ist ein kleiner Raum, aber praktisch ausgestattet, mit elektrischer Heizung. Das von den Motoren vorgewärmte Wasser wird in der Küche zum Sieden gebracht. Auch Eis ist im Schiff. Die Frage der Verpflegung der Passagiere, die ganz neu aufgetreten ist, hatte allerhand Schwierigkeiten bereitet, denn das Schiff darf nicht überlastet werden. Auch die Waschwasser- und Trinkwasserversorgung für Passagiere und Besatzung war nicht ganz leicht. Auf späteren Reisen muß das alles besser ein-

geteilt werden. Man spricht von einer Wasserknappheit. Wein ist in Mengen da. Man hätte lieber für Kaffee und Tee sorgen sollen. Die Toiletten sind sehr praktisch eingerichtet. In den Trichter wird ein Pergamenteinsatz gesetzt, der nach Benutzung beim Schließen des Deckels durch den dadurch sich öffnenden Trichter hinabfällt. Hierdurch erübrigt sich die Spülung. Alles ist sauber und geruchlos. [...]

Wir fliegen in 250 m Höhe. – Matejko hat mich gezeichnet, als ich schrieb. Ich glaube, es ist ein gutes Bild geworden. Der Brief mit dem bisherigen Reisebericht soll mit der übrigen Post über Madeira abgeworfen werden. Wir steuern jetzt west-südwestlichen Kurs direkt auf Madeira zu. Das Schiff läuft infolge Nordostwind im Durchschnitt 120 km die Stunde. [...] Matejko malt gerade ›Die zahlenden Passagiere‹. Das ist der Deutsch-Amerikaner Dr. Reiner, der in Heidelberg und New York wohnt. In Heidelberg hat er eine große Besitzung, von der er viel erzählt. Er ist Textilmaschinenfabrikant, produziert in Deutschland und liefert nach Amerika. Die Fahrt kostet ihn 3000 Dollar. Der zweite zahlende Gast, ebenfalls Amerikaner: Mister Gelfillan, wohnt in der Schweiz, will nach Amerika. Ist ein etwas unbeschriebenes Blatt. Kein Mensch weiß zunächst, zu welchem Zweck er mitgefahren ist. Er hält sich sehr zurück. Soll ein starker Zigarrenraucher sein und leidet unter dem absoluten Rauchverbot. Das sind die beiden zahlenden Passagiere. Alle anderen sind dienstlich oder im Interesse des Luftschiffbaues mitgefahren. [...]

12.45 Uhr war ganz in der Ferne, westlich vor uns, mit ihren hohen Bergspitzen die Vorinsel von Madeira zu sehen. 14.20 Uhr waren wir bereits über Vorinsel und Leuchtturm. Die Vorinsel ist im Süden offenbar ganz neu für Weinbergswirtschaft besiedelt. Man kann sehen, wie in die Berge hinein Höhlen gebaut sind. Wahrscheinlich künstlich angelegte Weinkeller, oder Wohnungen? Wunderbare Wasserfarben unmittelbar an der Insel. Von dunkelblau bis hellgrün. Übergehend dann in den weißen Gischt der Brandung. Kleine Felsenspitzen sind der Insel überall vorgelagert. Sie ragen aus dem Meer hervor. Eine Fischer-Flottille, etwa 30 Boote, liegt vor Anker, Segelboote und ein Frachtdampfer. Und dann Madeira! – Ost- und Südabhang, bis oben, an den 1800 m hohen Berg, dicht von Weinbauern besiedelt. Jeder bewohnt sein Häuschen auf diesem ›fröhlichen Weinberg‹. Malerisch diese Unzahl der Häuschen mit ihren roten Dächern inmitten der grünen Rebenstöcke am Bergabhang! Eine ungeheure rotgetupfte grüne Dekke. Dann die Hauptstadt der Insel: Funchal. Wunderschön anzusehen aus dieser luftigen Höhe. Überall gute Straßen. Sie laufen um die ganze Insel, verbinden die Gehöfte miteinander.

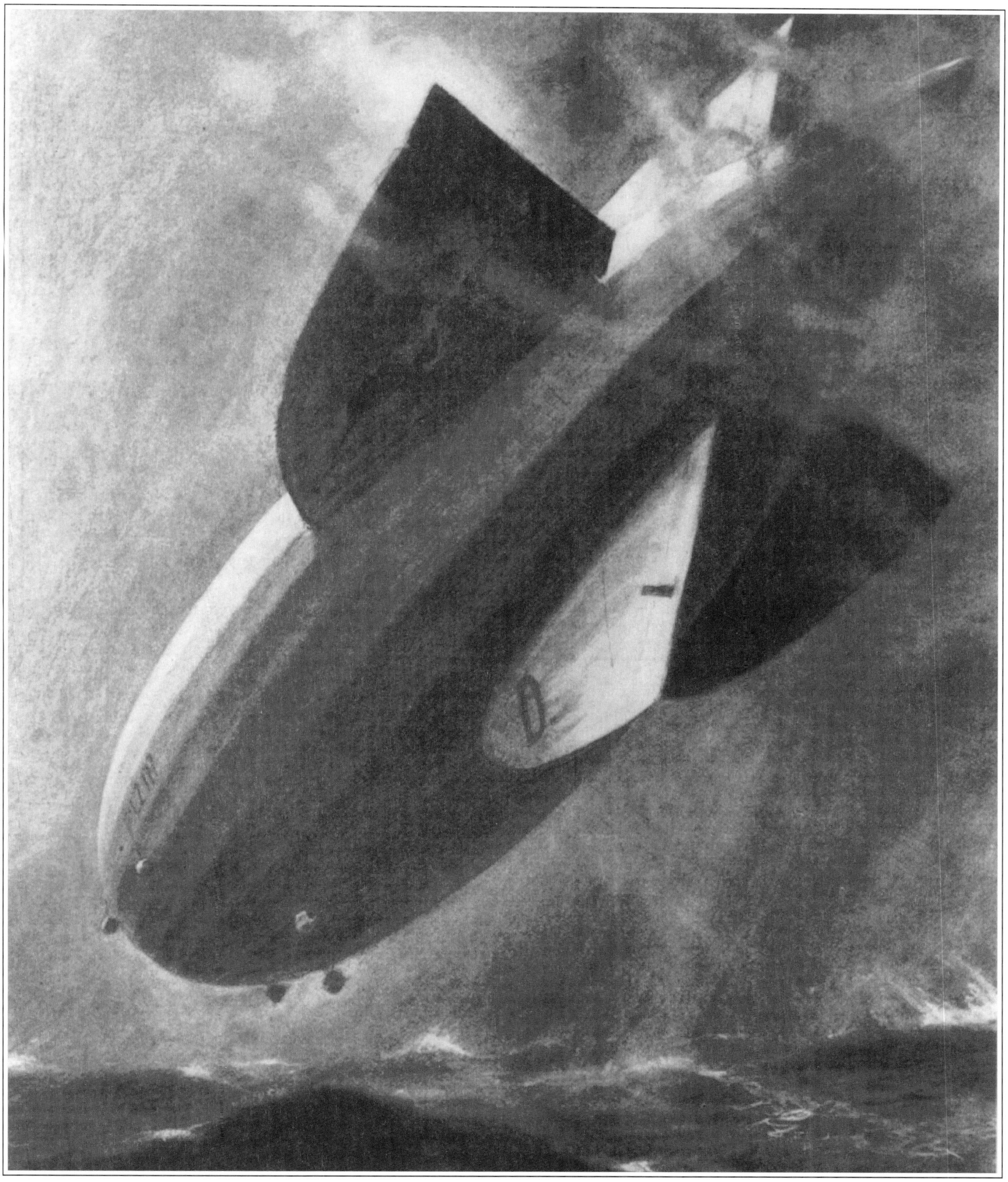

LZ 127 Graf Zeppelin bei seiner ersten Atlantiküberquerung
Im Sturm ist die Bespannung der Heckflosse zerrissen. Sie wird in der Luft unter der Leitung
von Eckeners Sohn Knut notdürftig geflickt. Zeichnung von Theo Matejko.

Um 14.45 Uhr werden über Funchal 3 Beutel mit Post abgeworfen. Sie sind an den deutschen Konsul adressiert. Einer soll ins Wasser gefallen sein. [...]

Sonnabend, den 13. Oktober 1928

In der Nacht bin ich einmal aufgewacht und wußte nicht, wo ich war. Dann fragte ich mich immer wieder, ob es denn möglich sei, daß man so reisen könne...

In der Nacht waren wir in Südwinde gekommen. Unsere Geschwindigkeit hatte sich etwas vermindert. Das hielt bis in die Frühe an. Der Seitenwind hindert aber nicht. Er schiebt sogar ein bißchen. In Friedrichshafen hatte ich Brandenburg in seiner Eigenschaft als Fachmann nach den Gefahren gefragt, die dem Luftschiff auf seiner Fahrt drohen könnten. Sie sind mehrfacher Art: die Hülle kann aufreißen, was durchaus möglich ist. Das Schiff hat nur eine Baumwollbespannung. Eine Aluminiumhülle wäre zu schwer. Das Schiff kann durch ausströmende Blaugase, wenn es nicht dauernd gut durchlüftet ist, explodieren. Das war übrigens einer der Beanstandungspunkte der Reichsanstalt für Luftüberwachung vor dem ersten Werkstättenflug von Friedrichshafen aus. Der Mangel ist abgestellt. Dann kann das Luftschiff in gewisser Höhe, wenn die Luftdichtigkeit in den Gasbehältern mit der Dichtigkeit der atmosphärischen Luft nicht mehr ganz übereinstimmt – was dauernd kontrolliert werden muß –, platzen. Ferner können die Motoren aussetzen oder die Steuer versagen; dann treibt das Schiff führerlos wie ein Freiballon umher. Im günstigsten Falle können wir dann in der Wüste Sahara landen! Auch eine Reiseaussicht.

[...] Schwimmen kann der Zeppelin nicht. Muß er niedergehen, so geht er wahrscheinlich sofort unter, weil ihn die schweren Motoren ins Wasser ziehen. Ein Treiben auf den Gasballons wird kaum möglich sein. Aber Schlimmes kann auch einem anderen sogenannten ›sicheren‹ Verkehrsmittel zustoßen. Da ist ja auch gerade genug, besonders in letzter Zeit, passiert.

Der Betrieb auf dem Schiff klappt offenbar gut. Die Mannschaft scheint eingearbeitet. Wir fahren mit 5 Motoren von zusammen 2600 PS. Es arbeiten meist nur 1800 PS. Die Motoren werden während der Fahrt nachgesehen und überholt. Eine Arbeit, die in den Außengondeln von der Mannschaft zum Teil frei über dem Wasser gemacht werden muß. Herr Hartmann sagte mir, daß er eine photographische Aufnahme gemacht hat, die 3 Mann auf der Gondel freistehend arbeitend zeigt.

Mit dem Steward, Herrn Lehmann, ist man an Bord offenbar nicht ganz zufrieden, weil er angeblich so unfreundlich ist. Ich glaube, man tut ihm Unrecht. Man erkennt nicht, welch ungeheure Arbeit auf ihm lastet. Er ist allein und hat nur den technischen Hochschüler, Herrn Haring, zur Seite, der völlig ungeübt ist. Die beiden müssen für die 40 Mann Besatzung und die 20 Passagiere Essen und Trinken zubereiten. Die Verpflegung der Passagiere wäre nicht so schwierig, da sie ja zu geregelten Tageszeiten essen. Die Besatzung nimmt aber die Küche infolge der ständig wechselnden Wachen den ganzen Tag bis in die späten Nachtstunden in Anspruch.

Haring, ein williger und netter Junge, ist Österreicher aus Klagenfurt. Hat in Wien und Graz auf der Technischen Hochschule studiert, dann ist er als Volontär auf den Zeppelinwerken beschäftigt worden. Macht nun auf Bitten seines Vaters bei Dr. Eckener diesen Flug gewissermaßen in doppelter Eigenschaft mit: einmal als Techniker zum Studium und zur Vervollkommnung seines Könnens, dann als Hilfssteward und Küchenjunge. Er hat manche Nacht kaum ein paar Stunden geschlafen. Hat geschwitzt von morgens bis abends. Und war doch immer munter und fröhlich.

Um 8 Uhr wurde die Uhr wieder, zum dritten Male, um eine Stunde, auf 7 Uhr, zurückgestellt.

Kaum waren die vorstehenden Sätze geschrieben – um 8.30 Uhr Schiffszeit –, als wir in ein Unwetter kamen und erkennen mußten, was schwere Böen im Zeppelin heißen. Ich wollte gerade meine Uhr eine

Stunde zurückstellen, um sie um 8.30 Uhr mit der Schiffszeit in Übereinstimmung zu bringen, als das Schiff sich erst ganz tief nach vorn neigte. Es ging aus 400 m Höhe auf etwa 200 m herunter, stellte sich dann sofort wieder hoch, um gewissermaßen vom Meer hinwegzukommen. Dabei stürzten alle Gefäße und Gegenstände samt Inhalt von den Tischen und über die beim Frühstück sitzenden Passagiere. Auf mich kamen Teller, Sahnentopf, Wurst, Butter und belegte Brote. – Das Tablett stand gerade vor mir auf meinem Tisch. Kein Wegspringen schützte vor den einstürzenden Ereignissen! Es war nicht gerade schön. Es wurde alles schnell abgeräumt und aufgewischt. Doch es hat viel Scherben, auch in der Küche, gegeben. Und einen Erinnerungsfleck auf meinem braunen Anzug. Allzu große Bedeutung wurde diesem Ab und Auf aber nicht beigemessen. So etwas kommt ja beim Flugzeug ständig vor. Einige waren etwas betrübt wegen der Flecken auf den Kleidern.

Theo Matejko zeichnet die Schrecksekunden
›Können die da vorn das Schiff nicht mehr aufrichten?‹.

Wohl auch etwas besorgt. Denn inzwischen stürmte und regnete es draußen. Nach dem Sonnenschein und der schönen Fahrt überraschend und unbequem.

Die Schwankung des Schiffes scheint nicht ungefährlich gewesen zu sein. Als ich mich vorn in der Führergondel aufhalten wollte, wurde ich von der Leitung gebeten, jetzt zurückzugehen. Das war bisher nicht vorgekommen. Bald danach, gegen 9 Uhr, kam Dr. Eckener und teilte uns im Salon mit, daß ihm ein solches Unwetter noch nicht begegnet sei. Innerhalb 2 Minuten habe der Wind von Südwest nach Nordwest gedreht und das Schiff sei dadurch in eine schlimme Böe hineingekommen. Dabei sei ein Drittel der Stabilisierungsfläche gerissen, die gerade jetzt wieder befestigt werde. Das Schiff müsse, um diese Arbeiten zu ermöglichen, eine kurze Zeit mit halber Kraft laufen und die Motore abstoppen. Herr Brand sagte zu mir, daß das gleiche Manöver, welches der Zeppelin soeben gemacht hatte, die Ursache von Nobiles Unglück mit der ›Italia‹ gewesen sei. – Ich glaubte jedoch, daß die Schiffsleitung, aus den gestrigen Gesprächen zu schließen, dies Unwetter heute kommen sah. Es handelt sich um das angekündigte, von Norden kommende, bis auf den 30. Grad n. Br. herunterreichende Tief, das heute, um weiter westwärts zu kommen, durchstoßen werden mußte: Wir konnten nicht dauernd südlich fahren. Wir erreichten das Tief um 8.30 Uhr und haben es auch jetzt noch nicht ganz hinter uns, obwohl das Wetter bereits viel ruhiger ist. Es regnet noch stark. Der Regen auf den südlichen Breiten ist besonders heftig. Wir kennen in Europa nichts dergleichen. Doch es ist kein Schaum mehr auf den Wellen. Noch vor einer halben Stunde waren die hohen Wellenkämme, soweit das Auge reichte, ganz weiß. Die Stimmung der Passagiere ist etwas gedrückt. Wir hatten bisher vielleicht zu schönes Wetter. Es scheint, das Wetter will uns jetzt vor zu kühnen Träumen warnen. Zur ›Belebung‹ der Stimmung kam der Steward Lehmann und erzählte, daß das noch gar nichts sei! Es werde noch viel schlimmer kommen… Die ›beruhigende‹ Wirkung dieser Voraussage stellte Herr Matejko mit bitterer Ironie fest.

Die Stimmung ist weiterhin besorgt. Ich versuchte am Führerstand die Situation festzustellen. Es gelang nicht ganz. Einige Herren der Führung sagten bestimmt nicht die volle Wahrheit. Vielleicht kennen sie nicht den vollen Umfang des Schadens. Viel-

Terrestrische Navigation an Bord von LZ 127 Graf Zeppelin
Bei Bodensicht war die terrestrische Navigation eine wesentliche Stütze der Standortbestimmung. Zum Werkzeug gehörte Karte, Stechzirkel, Stoppuhr und Handbuch.

leicht sind sie sich selbst nicht darüber klar, ob noch Schlimmeres zu erwarten ist. Aber es ist töricht von der Leitung, den Passagieren etwas verheimlichen zu wollen. Ist's schlimm, erfahren wir es ja doch, ist's nur eine leichte, bald zu behebende Havarie, kann man es erst recht sagen. Verheimlichungen in Fällen von Gefahr sind zu allen Zeiten töricht gewesen, haben das Unglück immer nur noch größer gemacht.
Wir alle haben uns dem Luftschiff und Dr. Eckener vorbehaltlos anvertraut! Können wir nicht von ihm das gleiche Vertrauen beanspruchen?...

Das Schiff hat inzwischen manövriert, um aus dem schlechten Wetter, insbesondere aus dem Regen, herauszukommen. Darauf mußte das Kommando bedacht sein. Geht bei der Größe des Schiffes ein starker südlicher Regen auf das Schiff nieder, dann saugt seine Oberfläche eine ungeheuere Wassermenge auf. Das Schiff trocknet aber wieder verhältnismäßig leicht infolge der ständig hohen Temperatur und des starken Luftzuges, den die Geschwindigkeit des Schiffes verursacht. Es fährt auch schneller als das Unwetter, das hinter ihm herkommt, und es durchfährt den Sturm schnell, der ihm entgegenkommt. Schlimmer ist es allerdings in nördlichen Breitengraden, wenn Regen oder Nebel sich in Eis verwandeln und das Schiff mit einer dicken Kruste bedecken, die naturgemäß ein sehr großes Gewicht hat. Aber auch dagegen soll es Gegenmittel geben.

Jetzt hat das Schiff stark nord-nordwest gedreht und hält 12.25 Uhr nordwestlichen Kurs. Nachträglich wird bekannt, daß Dr. Eckener an das Navy-Departement in Washington gefunkt hat, um die Entgegensendung eines Torpedobootes für alle Fälle zu

Navigation über der Ostküste Nordamerikas
Das Handwerkszeug – Meßblätter, Rechenschieber, Zirkel und Tabellen, Lupe und Stoppuhr an Bord von LZ 127 Graf Zeppelin.

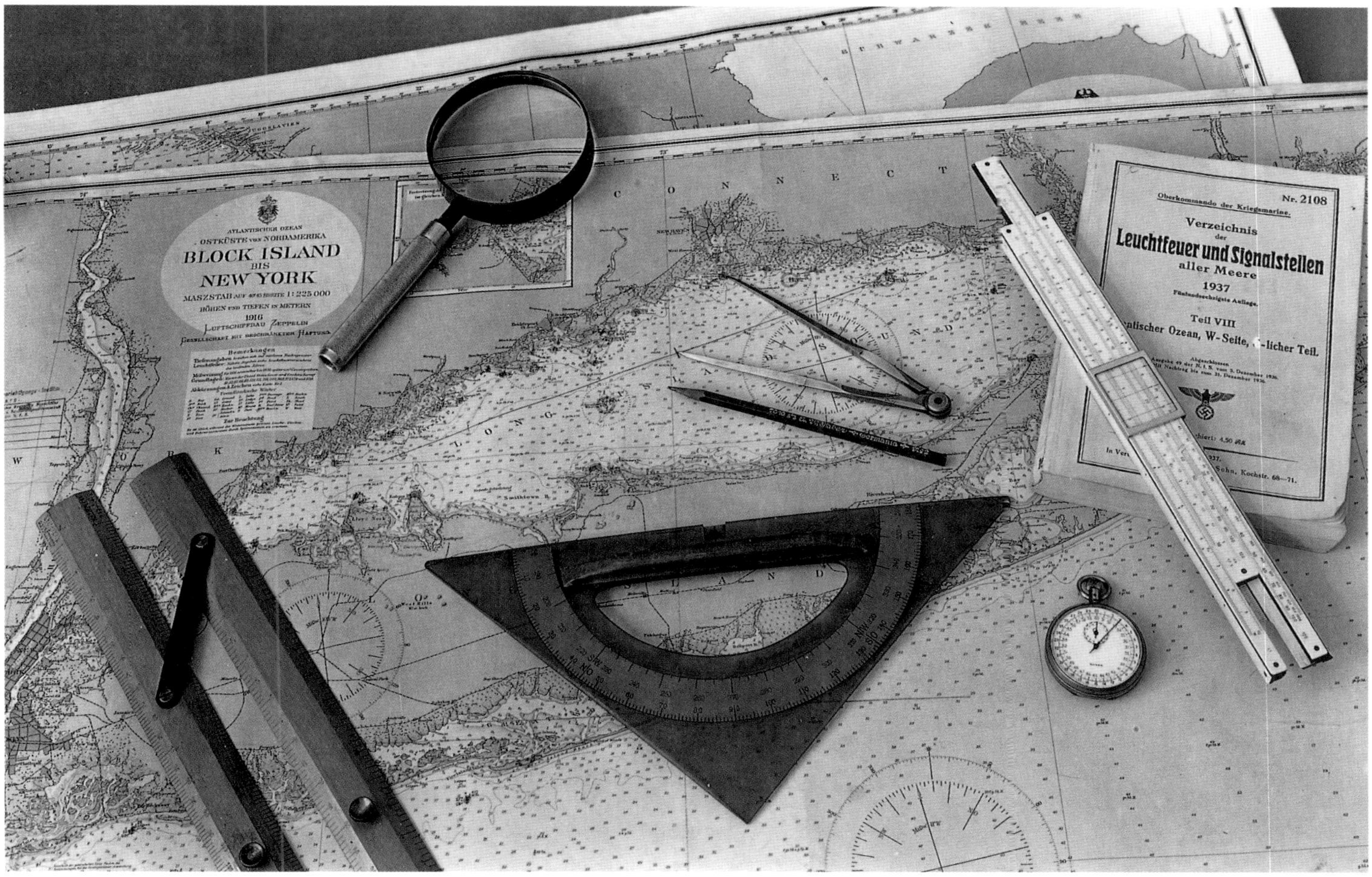

erbitten. Es geschah aus Vorsicht für die Passagiere, wie man mir später sagte. Nicht wegen der Besatzung, die eine solche Maßregel keinen Augenblick für notwendig gehalten hatte.

Das Torpedoboot ist wieder abbestellt worden. Werden wir nun doch bei unserem Eintreffen über den Bermudainseln Torpedoboote oder gar Kriegsschiffe zu sehen bekommen? Wird sich ein neues Schauspiel bieten? Die Nachricht von der Anforderung eines Torpedobootes wird sicherlich von Washington nach Berlin gekabelt werden und in Deutschland große Unruhe hervorrufen. Vielleicht werden heute mittag in Berlin gar Extrablätter mit der Nachricht verbreitet, daß das Luftschiff ›Graf Zeppelin‹ sich in ›SOS‹ (höchster Not) befindet und um Hilfe gebeten hat. Doch so ist es nicht. Wir fahren nur erheblich langsamer, werden statt Sonntag wahrscheinlich erst Montag mittag oder abend in Lakehurst sein. Das ist unangenehm. Wegen des Wassers, das zu Ende gehen soll, und wegen der Verpflegung und der Getränke, die bisher nicht rationiert worden sind. Vorsicht wäre zweckmäßig gewesen.

Um Deutschland und Amerika über die tatsächliche Situation zu informieren, ist mit Einwilligung Dr. Eckeners durch die Vertreter von Ullstein und Scherl eine Meldung über Washington nach Berlin gegeben worden. Ich selbst habe ein Radiotelegramm nach Hause aufgegeben. Ich habe bereits am ersten Tage den Eindruck gehabt, daß die Fahrt hinsichtlich der Nachrichtenübermittlung nicht gut organisiert ist. Die Ursache ist das ›Pressemonopol‹, für das die Zeppelingesellschaft verantwortlich ist. Dies Abkommen ist recht unüberlegt und wohl nur aus dem seinerzeitigen Geldmangel der Gesellschaft zu erklären. Es gefährdet die Sicherheit von Schiff, Mannschaft und Passagieren. Es verhindert die regelmäßigen, offiziellen Standortmeldungen der Schiffsleitung, die bei einer solchen Fahrt unbedingt nötig waren. Auch der Wetterdienst scheint versagt zu haben. Wahrscheinlich wegen hartnäckiger Weigerung des Kommandos. Ich schließe das aus Mitteilungen von Dr. Benkendorf und Herrn von Wiegand. Statt sich der vorzüglichen deutschen amtlichen Wetterdiensteinrichtung zu bedienen, die einen Sonderdienst für die Fahrt einrichten und viermal täglich Wetternachrichten geben wollte, hat sich Dr. Eckener auf seinen sicherlich guten Wetterinstinkt und seine sichere eigene Wetterkunde verlassen. Auf Grund ständig zusammengeholter Meldungen ist der jeweilige Kurs immer wieder neu bestimmt worden. Dadurch wurde auch die Funkstation des Schiffes über Gebühr ständig belastet und war nicht ausreichend frei für Sendung und Empfang anderer Nachrichten. Auch die Leute vom ›Monopol‹ litten darunter. Allerdings hätte bei Inanspruchnahme des amtlichen Wetterdienstes der jeweilige Standort des Schiffes angegeben werden müssen. Das hätte dem Monopolvertrag widersprochen. Doch das Monopol rächt sich selbst. Mit Ausnahme der Leute von Hearst, die aber auch unzufrieden sind, bekommen Scherl und Ullstein ihre Nachrichten nur teilweise und nur mit Verzögerung durch.

Der Zeppelin ist eigentlich ein Seeluftschiff. Er kann auf die Dauer nur in niedriger Höhe fahren, und das ist nur über See möglich. Auf dem Lande müßte es wegen der Berge in größeren Höhen fliegen, wodurch es ständig nicht wieder zu ergänzende Gasverluste erleiden würde. Seine Manövrierfähigkeit würde dadurch behindert. Die Moral von allem ist: ein solches Luftschiff kann und darf ohne besonders strenge amtliche Kontrolle und Abnahme, die sich auf seine Einrichtungen und Hilfsmittel zu beziehen hat, nicht in Betrieb genommen werden.

Heute früh hat mir das ›8-Uhr-Abendblatt‹ durch seinen Chefredakteur Hermann Zucker radiotelegraphisch die Bitte übermittelt, seinem New Yorker Korrespondenten Dr. Curt L. Heymann in Lakehurst über meine Reiseeindrücke ein Interview zu geben. Ich bin mir noch nicht klar, ob ich dem Wunsche entsprechen oder mich an die Monopolerklärung halten soll.

Funkkabine von LZ 127 Graf Zeppelin
Die Funker Dumke und Dobe bei der Arbeit. In Zusammenarbeit mit Telefunken wurden spezielle Geräte entwickelt. Die im Zeppelin Museum Friedrichshafen verwahrten Geräte sind heute noch funktionstüchtig.

Soeben, 13 Uhr, wird gemeldet, daß die Havarie behoben, das Wetter wieder gut sei und wir mit 100 km vorwärts kommen. Dabei hilft der Wind offenbar mit. Die Motore laufen wieder regelmäßig.

Um 13.30 Uhr, inzwischen ist die Uhr zum 4. Male um eine Stunde zurückgestellt worden, wurde zu Tisch gerufen. Da wegen der gedrosselten Motoren in der Küche nicht gekocht werden konnte, wurde kalt gegessen. Aus gemeinsamer Schüssel belegte Brotschnitten. Dazu verdünnte Büchsenmilch. Alles war reichlich. Alle waren wieder guter Dinge. Um 13.45 Uhr stand das Luftschiff in 450 m Höhe auf 34,30 Gr. n. B. und 47,20 Gr. w. L. Wir sind noch 2600 km von Lakehurst entfernt und können frühestens am Sonntag 18 Uhr New Yorker Zeit dort sein. Die Maschinen laufen auf 90 km. Ein Nordostwind treibt uns voran, daß wir z. Z. wieder schätzungsweise 110 Stundenkilometer fahren. Vom Führerstand zeigt sich nach Nord und West blauer Himmel. Schönes Wetter in Sicht.

Der Schaden an der unteren Stabilisierungsfläche auf Backbordseite ist inzwischen durch Binden der angerissenen Stellen mit Tauen repariert worden. Die Reparatur ist eine Bravourleistung der Mannschaft. Dr. Eckeners Sohn, Knut Eckener, vollbrachte eine Tat! Die Arbeit mußte während der Fahrt, außen freischwebend, gemacht werden. Jetzt schien es klar, daß das Schiff nur mit knapper Not dem Untergange entgangen ist. Wahrscheinlich ist es durch Ungeschick und Unaufmerksamkeit des gerade am Steuer befindlichen Offiziers in seine schlimme Lage gekommen. Unter den Passagieren herrscht allgemein die Ansicht vor, daß in der Nachrichtensendung von der

Leitung vieles versäumt worden ist. Auf meine Frage rechtfertigte sich ein Offizier des ›Graf Zeppelin‹ mit der Erklärung, daß es auch für die Leitung des Schiffes nicht leicht war, die Meldung über die Havarie an der Backbordseite nachzuprüfen. Er habe erst selbst feststellen müssen, daß nur unten an der Backbordstabilisierungsfläche die Haut gelöst sei. Auch wenn die ganze Haut aufgerissen wäre, hätte das Schiff noch fahren können. Der Schaden sei dann mit großer Mühe repariert worden. Es müsse aber noch immer so gefahren werden, daß der Wind nicht von vorn an die lädierte Stelle käme. Gefahr bestände nach wie vor. Zunächst habe es aber schlimmer ausgesehen. Wenn Dr. Eckener Washington anrief, so sei es aus Vorsicht geschehen. Man sei in erster Linie auf die Passagiere bedacht gewesen. Ein anderer Herr der Leitung machte auf meine Frage nach dem voraussichtlichen Wetter in der Nacht die Bemerkung: »Wahrscheinlich gut, verdient hätten wir's ja nicht.« Womit er wohl sagen wollte, daß wir heute früh (zwischen den beiden ›Tiefs‹) mit blauem Auge davongekommen seien, obwohl der Steuermann recht ungeschickt manövriert habe.

Aus Amerika sind von allen Seiten, von Einzelpersonen, Korporationen und Städten, Begrüßungstelegramme angekündigt. Hunderte, wie es heißt. Das ist vielversprechend. Es zeigt, mit welcher Freude wir in Amerika erwartet werden. Doch vor lauter Begrüßungstelegrammen können wir nun andere Telegramme, die viel wichtiger und für unsere Fahrt notwendiger sind (Wetternachrichten und Peilen) weder empfangen noch senden. Die Radiostationen der amerikanischen Küste nehmen nichts an! Sie wollen erst ihre Aufträge erledigen. Wir müssen also empfangen und können nicht senden. Die Begeisterung der Amerikaner blockiert uns faktisch. Allzu heftige Liebe ist immer schmerzhaft und hinderlich! Wir überlegen, ob wir nicht bitten sollen, von der vielen Begrüßung abzusehen und die Aufnahmestellen zu ersuchen, nebensächliche Radios nicht mehr anzunehmen, kommen aber zu der Überzeugung, daß das kaum möglich ist und auch nicht zum Ziel führen würde.

Um 20.30 Uhr wurde Abendbrot gegessen: Brot, Butter, warme Würstchen, Tee. Um 22.30 Uhr ging ich zu Bett, ohne eigentlich müde zu sein. Hier ist man überhaupt nicht müde. Höchstens schlapp und faul. Mich hat auch nur das schlechte Grammophon, das irgend jemand den Zeppelinpassagieren für die Fahrt gestiftet hat, in meine Kabine gejagt. Aber einige haben so etwas gern. Sie konnten gar nicht genug bekommen. Sie saßen vor dem Jammerkasten, zogen ihn immer wieder auf und legten neue Platten ein. Ich flüchtete zunächst zum Führerstand. Dann ins Bett. Vor uns fuhr um 20.42 Uhr ein Frachtdampfer. Wahrscheinlich der Linie Lissabon–Südamerika. Wir flogen gerade über ihm. Verständigung, auch mit Morseapparat, war nicht möglich. Es war auch nicht zu erfahren, wer er war. Wir beleuchteten ihn scharf mit Scheinwerfern. Es sah in der Nacht gespenstig aus. Prof. Dettmann hat von dieser Szene ein Bild gemalt.

Das Meer ist öder als die Wüste Sahara. Seit Madeira haben wir mit Ausnahme der Küstenfahrzeuge nur gestern früh einen Italiener gesehen. Um 21.30 Uhr flogen wir in 400 m Höhe. Wir waren über 38,8 n. B. und 58,2 w. L. Noch 1667 km von Lakehurst entfernt! Bei einer Durchschnittsgeschwindigkeit von 100 km die Stunde könnten wir unter Berücksichtigung der Berlin-New Yorker Uhrdifferenz auch noch am Sonntag, dem 14. Oktober, um 14.30 Uhr am Ziel sein. Wir fahren jetzt wieder sehr gut vor dem Wind, zum Teil mit 120 km Geschwindigkeit. Die Peilung scheint Schwierigkeiten zu bereiten. Es wird sehr oft gepeilt. Die Ergebnisse sind verschieden.

Um 22 Uhr fragte mich im Auftrag von Hearst Herr von Wiegand nach meiner Auffassung von den Ergebnissen des heutigen Tages. Ich antwortete ihm ungefähr dies:

»Der heutige Tag hat gezeigt, daß das Luftschiff noch nicht ganz seine Tauglichkeit als geeignetes, sicheres Verkehrsmittel bewiesen hat. Die große Empfindlichkeit der Hülle ist ein Hemmschuh. Es muß versucht werden, sie widerstandsfähiger zu machen. Der bisherige Verlauf der Reise, die ruhig, angenehm und sehr schnell vonstatten ging, hat im übrigen schon gezeigt, daß der Gedanke, im Luftschiff regelmäßig den Ozean zu überqueren, durchaus ausführbar ist. Seine Verwirklichung wird eines Tages ein Vorteil für die reisende Menschheit sein.«

Begeisterte Deutsche haben uns nicht nur ein schlimmes Grammophon, sondern auch ›geschmackvollere‹ Sachen geschenkt. Gaben von Schokoladenfirmen wurden verteilt. Eine Nürnberger Bäckerei hat uns einen großen Pfefferkuchen verehrt. Leider war nicht viel mit ihm anzufangen. Er war zum Essen zu hart. Zum Aufheben zu groß. So pickte sich jeder im Vorübergehen seine Rosinen aus diesem Kuchen.

Um 24 Uhr wurde die Uhr zum 5. Male um eine Stunde zurückgestellt. Nur noch eine Stunde trennt uns jetzt noch von New Yorker Zeit.

Sonntag, den 14. Oktober 1928

Die Nacht ist schnell vergangen. Ich war schon um 4 Uhr wach. Döste etwa 2 Stunden vor mich hin. Dachte über alles nach, was ich in den letzten acht Tagen erlebt hatte. Es war wie ein Traum. [...]

Dr. Eckener ist schon auf den Beinen. Setzt sich einen Augenblick zu mir. Erzählt, wie schwierig es ist, durch Peilung die Lage des Schiffes zu bestimmen. Von einer amerikanischen Station wäre gestern der Standort des ›Graf Zeppelin‹ 230 Meilen westwärts von der Annahme der Schiffsführung festgestellt worden. Man habe sich dann auf 80 Meilen weiter westlich geeinigt. Heute früh soll das Schiff nach Mittei-

LZ 127 Graf Zeppelin: Schnittzeichnung der Fahrgasträume
In der ›Berliner Illustrirten‹, die mehrfach Zeichnungen von Theo Matejko von seiner Fahrt nach Nordamerika brachte, erschien auch diese informative Schnittzeichnung.

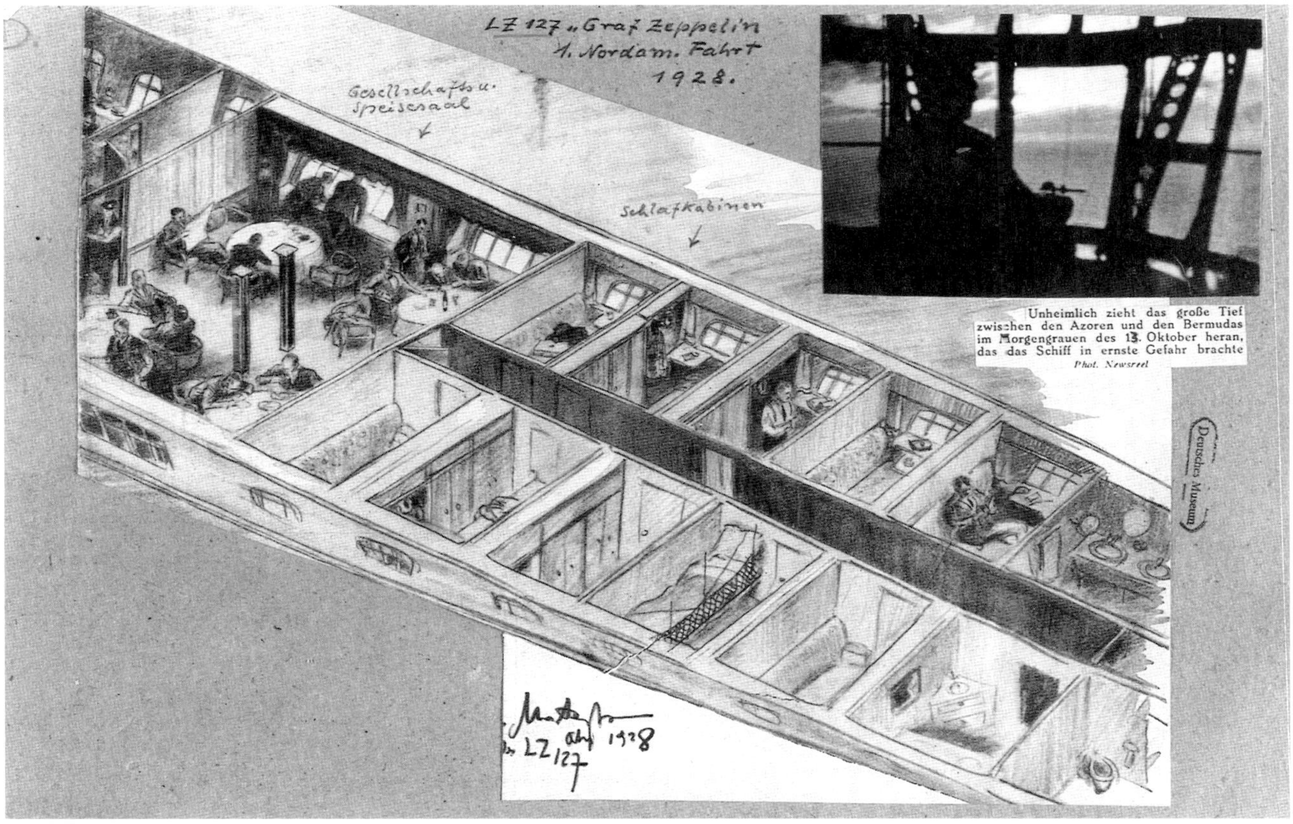

lung einer anderen Station wieder 130 Meilen weiter östlich liegen. Wir fahren etwas gegen den Wind. [...]

Der Flug geht langsam. Starker Westwind. Gegenwinde bei schönem Wetter. Bei 60 km Motorengeschwindigkeit haben wir nur eine effektive Geschwindigkeit von 30 km. [...] Gegen Mittag ist verstärkter Westwind zu erwarten. Also wird Lakehurst heute bestimmt nicht mehr erreicht. Dr. Eckener will direkt nach Lakehurst fliegen. Ich hatte ihm geraten, über Kap Hatteras Amerika anzusteuern und dann über Washington nach New York und Lakehurst zu fliegen; dann wäre doch gleich der Bundeshauptstadt und dem Präsidenten der Vereinigten Staaten Reverenz erwiesen. Aber Commander Rosendahl riet von diesem Wege ab, da die Wind- und Wetterverhältnisse in dieser Gegend nicht günstig sind. Man will also doch lieber gleich vom Meer aus auf Lakehurst zusteuern. – Die Entfernung von den Bermudainseln, in deren Nähe wir uns zu befinden glauben, bis Lakehurst beträgt noch 660 Meilen (1223 km).

Die Temperatur ist andauernd warm und angenehm. Um 9 Uhr 23 Grad Celsius. Aus der Höhe auf das Meer zu schauen ist nimmer ermüdend. Der Eindruck der Erhabenheit, die Ehrfurcht vor der Größe dieses Fluges wird stärker, je länger wir fliegen. Strahlender Sonnenschein. Spiel der Wellen. Farbenwechsel des Meeres. Hellblau oder grün ist die See, wenn die Sonne darauf scheint. Fast schwarz und moorig, wenn Wolken die Sonne verdunkeln. Dann scheint das Meer zu brodeln. Auf den Wellenkämmen schwimmt schon Tang vom Saragossameer, das vor Mittelamerika liegt. Der Tang ist gelb und knotig. Zieht in langen Fäden, parallel zueinander, daher. Haifische gibt es. Ein großer Hai ist heute früh von Dr. Krüger gesichtet worden. Ich schaue nach Haifischen aus. Habe noch keinen entdeckt. Doch das Auge freut sich dabei am Spiel des Meeres. Das Licht ist merkwürdig hell und grell. Blendet so stark, daß die Augen schmerzen.

Heut früh gab es nach langem Warten Kaffee in Gläsern. Erst mußte natürlich die Mannschaft versorgt werden, was bei der verminderten Heizkraft in der Küche etwas schwierig war. Zwieback, Brot, Butter, Kuchen, Torte. An den ersten beiden Tagen gab es noch Brötchen aus Friedrichshafen. Wir waren alle froh, als sie gegessen waren. Nach dem ersten Glas Kaffee bekam ich noch ein Glas Milch. Kaffee war nicht mehr da. Das Glas Milch sollte mir heimlich verabreicht werden. Ich sollte in die Küche kommen und es dort trinken. Das lehnte ich ab – und dann wurde es mir doch und selbstverständlich auch anderen gebracht.

Es scheint mit einigen Nahrungsmitteln zu Ende zu gehen. Dr. Eckener sagte mir heute früh, daß der Proviant gekürzt werden müsse. Ich antwortete ihm, daß das nichts schaden würde. Im Gegenteil: es ist bisher zu reichlich gewesen. Doch dies für spätere Fahrten: die Verteilung der Lebensmittel und Getränke muß rationeller sein. Statt Wein und Sekt, bei denen auch die Flaschen wiegen, muß mehr Wasser, Kaffee und Tee mitgenommen werden. Sekt ist wahrhaftig nicht nötig. Auf Wein kann die paar Tage verzichtet werden. Wir müssen ja – was für einige eine größere Entbehrung ist – auch auf das Rauchen verzichten. Einigen ist das Rauchverbot die größte Strafe. Man sinnt auf Abhilfe und sucht Ersatz. Brandenburg raucht ›Dr.-Eckener-Zigaretten‹; das sind Bernsteinspitzen (echte oder imitierte) mit Mentholfüllung. Mir macht das Rauchverbot nichts aus. Ich brauche auch keinen Alkohol. Ich habe so viel Freude an der Fahrt, daß sie mir auch durch größere Unbequemlichkeiten nicht beeinträchtigt werden könnte. Angesichts des trockenen Amerika hat Steward Lehmann den Passagieren den Weinrest zum Kauf angeboten. Ich habe von dem Angebot keinen Gebrauch gemacht. Andere um so mehr. Herr Gelfillan tat sich gütlich.

Ich höre von allen, daß sie sich auf der Fahrt

Im Laufgang der Hülle von LZ 127 Graf Zeppelin ▷
Die Passagiere konnten unter Aufsicht im Inneren des Luftschiffs die Mannschaftsquartiere links und rechts besichtigen.

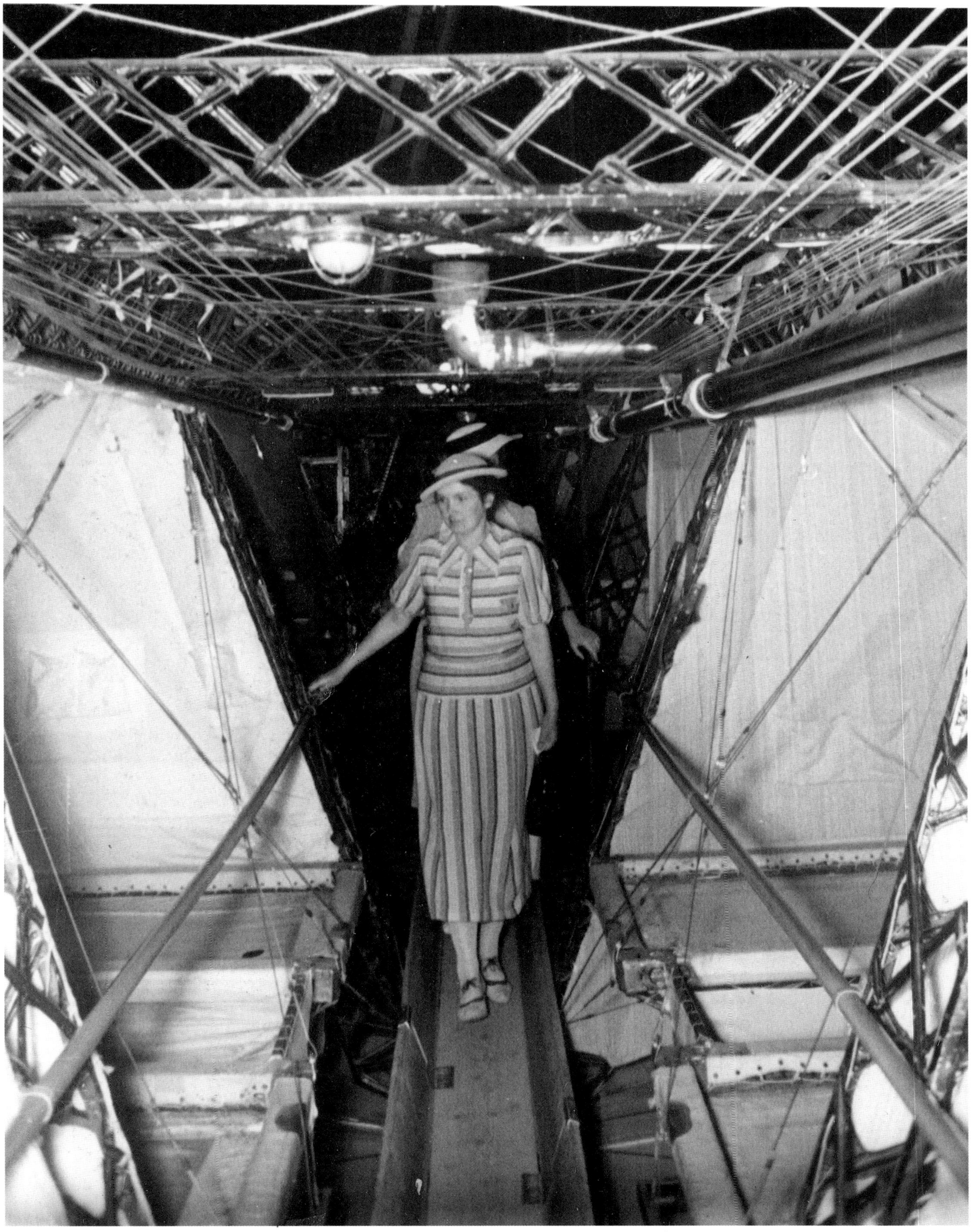

erholt haben. Bestimmt. Klima, reine Höhen- und Meeresluft, Ruhe und Sonne! Die Fahrt mit dem ›Graf Zeppelin‹: eine Luxuserholungsreise.

Wir kommen also heute nicht nach Lakehurst. Wahrscheinlich erst morgen abend. Pessimisten sprechen gar von Dienstag. Fliegen nur im 30-km-Tempo. Von Benkendorf und Ingenieur Bock von der Telefunken haben es durch Schattenmessungen festgestellt.

Herr Matejko und Prof. Dettmann zeichnen und malen. Matejko steigt auf der Suche nach interessanten Bildern überall herum. Ist wiederholt in den Motorgondeln gewesen und hat glänzende Skizzen mitgebracht. Fabelhaft der Maschinist am Motor. Matejko hat sich einen geschlossenen Anzug beschafft, um leichter überall hinzukommen. Jetzt war er wieder in der Gondel, um die Spuren der Havarie an der Stabilisierungsfläche zu zeichnen. Auch die Bilder von Prof. Dettmann sind sehr gut. Zwei sind besonders bemerkenswert: Die Szene am 13. 10. morgens in der Kajüte bei der starken Schiffsbewegung und das Bild des Frachtdampfers vor Bermudas im Lichtkegel unserer Scheinwerfer. [...]

Blick in die Zweibett-Kabinen an Bord von LZ 127 Graf Zeppelin
Um sich auch unter Tag zurückziehen zu können, konnte das obere Bett weggeklappt werden. Es entstand so ein bequem eingerichtetes Zimmer mit Sofa.

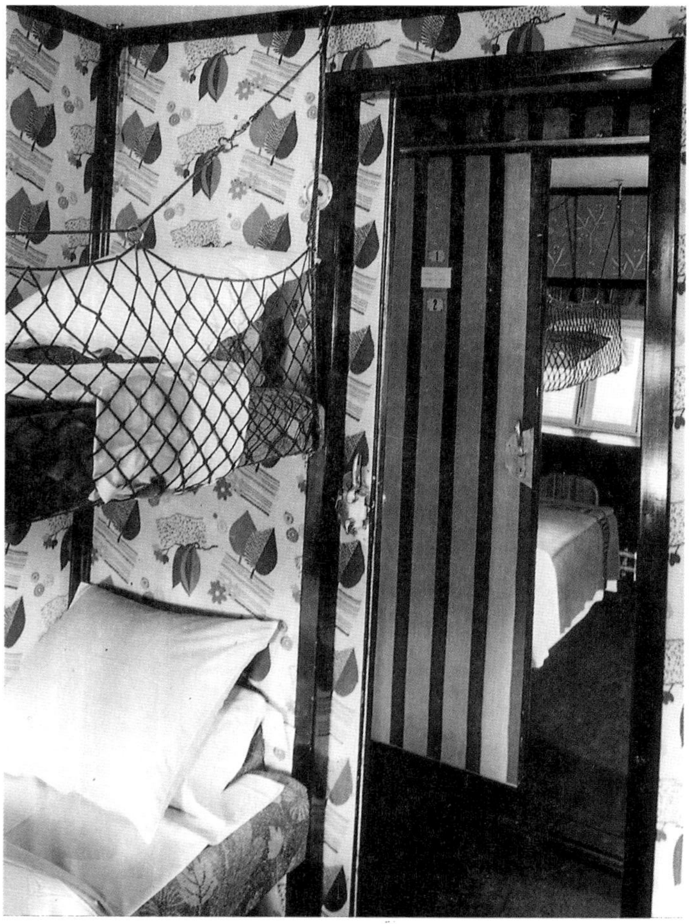

Die Standortfeststellung klappt nicht. Wir haben unseren Stand offensichtlich ständig zu weit westlich und auch eine zu große Geschwindigkeit angenommen. Diese Erkenntnis reflektiert auf die Passagiere. Es hatte sich schon alles auf die heutige Landung in Lakehurst gefreut. Ein Telegramm aus Lakehurst kam: Dr. Kiep als Vertreter des deutschen Botschafters von Prittwitz, der selbst auf Urlaub ist, warte bereits. Auf dem Kartenblatt im Führerstand sind auf Grund nachträglicher, genauerer Feststellungen erhebliche Wegmeilen wieder wegradiert worden.

Um 11.30 Uhr aus Zeitvertreib oberhalb der Führergondel auf Erkundigungen ausgegangen und im Gestänge des Luftschiffes umhergelaufen.

14 Uhr. Wir sollen auf den 30. Gr. n. B. heruntergegangen sein, um wieder einem von Norden kommenden Tief auszuweichen (?) und um den Westwinden zu begegnen. Danach würden wir jetzt etwas südlich der Bermudainseln fahren.

Um 15.30 Uhr sollten nach einer Mitteilung aus der Führergondel die Bermudainseln in Sicht sein, die wir doch überfliegen wollten. Um 16.30 Uhr sollte, wenn irgend möglich, Post abgeworfen werden. In Amerika sollte es möglichst vermieden werden, Post abzuwerfen. Die postalischen Erfahrungen, die man vor 4 Jahren bei der Ablieferung des Reparationsschiffes ZR III gemacht hatte, waren nicht gerade ermutigend. Trotzdem schrieb ich eine Karte. Doch alles war vergebens. 16.50 Uhr erklärte man uns, wir führen gerade südlich an den Bermudasinseln vorbei. Die Inseln selbst seien ganz entfernt in nördlicher Richtung zu sehen.

Immer noch West- und Gegenwind. Wir suchen südwestlich auszuweichen, um das Tief zu umgehen und um dann später mit Süd- oder Südostwind nach Norden fahren zu können. Ich sehe Stunde um Stunde aus dem Salonfenster. Suche Haie – finde aber keine! Die Temperatur ist fast tropisch: auf dem Wasser in unserer Höhe und bei Fahrt den ganzen Tag 26–28 Grad Celsius.

Ich hatte meinen großen Koffer holen lassen, um meinen Abendanzug anzuziehen und um Wäsche zu entnehmen. Schließlich hat man als erster Ozean-Luftpassagier den Ehrgeiz, ›frisch gewaschen und gekämmt‹ amerikanischen Boden zu betreten. Die Nachricht, daß wir möglicherweise erst am Dienstag früh in Lakehurst sind, hat mich aber dann veranlaßt, nicht auszupacken. Auch wegen der Rückfahrt muß ich nun anders disponieren. Der Rückflug kommt nicht mehr in Frage. Auch der 18. Oktober als Rückfahrtag per Schiff klappt nicht mehr. Zum Glück fährt am 20. Oktober der Dampfer ›Berlin‹ vom Norddeutschen Lloyd.

Ich hatte mich in meiner Kabine hingelegt und war fest eingeschlafen, als mich Herr Brandenburg mit der Mitteilung weckte, daß wir soeben die Bermudainseln und eine große, hell erleuchtete Stadt überflogen hätten. Auch Post sei abgeworfen worden. Hol's der Teufel! Ich sprang auf. Ich hatte meine Post zurückbehalten, weil wir angeblich die Höhe von Bermudas bereits vor 2 Stunden erreicht und südlich der Inseln vorübergeflogen waren. Auch waren danach die uns vorhin gemachten Angaben falsch. Ich sah etwas verschlafen zum Fenster hinaus. In der Ferne konnte ich noch Lichter und einen Leuchtturm sehen. Die Stadt lag bereits weit hinter uns. Dann sind das also vorhin 16.50 Uhr doch nicht die Bermudainseln gewesen. Das Land, das angeblich nördlich lag, war nur ein Nebelstreif. Immerhin, wir haben Bermudas endlich erreicht und wissen nun bestimmt, wo wir sind. Wir wissen genau, wie weit wir noch von der Ostküste der Vereinigten Staaten entfernt sind. Allerdings deutet das auf eine noch langsamere Fahrt. Wenn der Wind nicht dreht, kommen wir vielleicht doch erst am Dienstag nach Lakehurst.

Zum Abendessen warme Würstchen mit Zwieback. Später als Getränk ein Glas verdünnte Büchsenmilch.

Nach dem Abendessen suchte ich ein Gespräch mit dem ersten Offizier des ›Graf Zeppelin‹, Herrn Lehmann, um ihn auf die Unstimmigkeiten aufmerksam zu machen, die hinsichtlich der Navigation und Schnelligkeit des Luftschiffes während der letzten beiden Tage zweifellos festzustellen sind. Zuerst stritt er alles ab. Erst als ich sehr energisch darauf hinwies, daß doch nicht bestritten werden könne, daß sich die Schiffsleitung erstens in der Schnelligkeit des Schiffes vielfach getäuscht habe, denn sonst konnten so weit nach Westen vorliegende irrtümliche Platzbestimmungen nicht vorkommen, und daß zweitens die Ortsbestimmungen oft ungenau waren, gab er es zu. Ich wies ferner darauf hin, daß mir von einem Offizier um 15.30 Uhr gesagt worden war, daß wir in

Blick in den Gang zu den Kabinen auf LZ 127 Graf Zeppelin

einer Stunde die Bermudainseln haben werden und daß Post abgeworfen werden solle. Um 16.50 Uhr sei mir von demselben Offizier auf meine Frage geantwortet, wir wären südlich an den Bermudas vorbeigefahren, sie lägen gen Norden und seien ganz in der Ferne sichtbar gewesen. Sie waren zu der Zeit weder in Sicht, noch war irgend etwas von dem Gesagten richtig. Wohl seien wir aber dann um 19 Uhr wirklich über die Bermudas geflogen. Eine derartige ›Orientierung‹ sei doch wirklich nichts Erhebendes und Vertrauenerweckendes. Herr Lehmann sagte mir, daß er solche Auskunft natürlich nicht billige, und gab dann einiges von den Irrtümern, in denen sich die Schiffsleitung tatsächlich befunden hatte, zu. Er suchte auch die Ungenauigkeiten und Ungewißheiten während der letzten Tage zu erklären. Auf meine Bemerkung, daß wir in Lakehurst wohl 5 Minuten vor Ende des Brennstoffs ankommen werden, versicherte er bestimmt, daß wir noch genügend Betriebsstoff hätten. Doch Tatsache ist: daß wir am Montag, dem 15. Oktober, morgens 7.50 Uhr Schiffszeit, genau 101 Stunden in der Luft sein werden und dann bei voller Fahrtausnutzung der Motoren nur noch für 19 Stunden Brennstoff haben können. Aber diese pessimistische Annahme war auch wieder nicht richtig. Die Motoren haben auf der Fahrt nicht voll gearbeitet und daher auch nicht so viel Brennstoff verbraucht. Die Führung des Schiffes schien jetzt wieder guter Hoffnung zu sein, nachdem wir das Unwetter hinter uns hatten. Während der ganzen Fahrt war die Schiffsleitung bestrebt, Unwettern aus dem Wege zu gehen. Mit Ausnahme des 13. Oktober, morgens, als ein Durchstoß nicht zu vermeiden war, ist ihr das auch tatsächlich gelungen. Wir waren aber durch diese Manöver sehr weit nach Süden abgekommen.
So konnte es also nicht weitergehen. Wir mußten nach Nordwesten drehen und kamen dadurch gegen 20.20 Uhr in ein schweres ³/₄stündiges Unwetter mit Böen und starkem Regen. Das Schiff bäumte sich vorübergehend wieder. Dann ging aber die Fahrt glatt.

Die Stimmung unter den Passagieren ist wieder gedrückt. Das Hin und Her des letzten Nachmittags und der allgemeine Eindruck, daß man am letzten Tage eigentlich nicht recht nach Westen vorwärts gekommen sei, waren die Ursache. Herr Prof. Dettmann setzte sich nach dem Abendessen zu mir, um sich mit mir über eine zweckmäßigere Flugschiffskonstruktion zu unterhalten. Ich hatte für diese Unterhaltung gar keinen Sinn, brach das Gespräch ab und ging nach vorn.

Montag, den 15. Oktober 1928

Die Nacht war ruhig. Das Wetter, aus den Bewegungen des Schiffes zu schließen, böig. Bei den Passagieren schien große Unruhe zu herrschen. Ich war um 2 Uhr wach und dachte an zu Hause.

Postabwurfbeutel, ca. 1910
Eingehüllt in die auffälligen Abwurfbeutel wurden wichtige Nachrichten aus dem Luftschiff geworfen. Finder konnten vergleichsweise hohe Prämien für eine zügige Ablieferung beim nächsten Postamt erwarten.

Um 4.20 Uhr stand ich auf. Es war zum Rasieren und Waschen immer noch genug Wasser da. Ich zog es vor, mich so früh zurechtzumachen. Man kann dann, ohne warten zu müssen, an die Waschgelegenheit. Die beiden Stewards sind für unser Wohl besorgt. Herr Haring ist aufopfernd in seiner Fürsorge. Heute ganz früh bot er Milch an. Ich ließ sie mit lauwarmen Wasser mischen, nahm etwas Salz dazu, um sie schmackhafter zu machen. Aß ein Päckchen Zwieback. Um 6 Uhr früh saß ich im Salon und schrieb. Herr Ingenieur Bock war schon auf und hatte bereits mit der Führung konferiert. Um 4 Uhr hatte ein vorübergehender Dampfer, mit dem das Luftschiff in Verbindung kam, unseren genauen Standort angegeben. Wir waren über 32,20 n. B. und 70,50 w. L. Also nur noch etwa 300 Meilen (540 km) vom Festlande entfernt. Herr Dr. Benkendorf teilte um 6.15 Uhr mit, daß sich seine gestrige Wetterprognose als richtig erwiesen habe. Wir liegen gut. Werden voraussichtlich 11 Uhr über Norfolk, also schon über dem Festland sein. Um 6.30 Uhr kam er nach einer Rücksprache mit der Leitung und auf Grund eigener Beobachtungen zu der Feststellung, daß wir ausgezeichnete Fahrt machen. Wir liegen in einer Höhe von 600 m und fliegen mit Rückenwind. [...]

Dr. Eckener setzte sich auf eine halbe Stunde zu uns. Wir unterhielten uns wieder über die Fahrt und die nächsten Aussichten. Auch nach seiner Meinung geht alles glatt. Die erste transozeanische Passagierbeförderung per Zeppelin wird weiter gut verlaufen. Wir wollen doch über Washington fliegen. Ob auch über New York, ist noch nicht sicher. Brennstoff ist noch genügend vorhanden, aber die Gegend um New York ist sehr neblig. Wir können es möglicherweise erst zur Dämmerung erreichen. Kommander Rosendahl rät aber, länger als erforderlich in der Luft zu bleiben. Wenn wir heute abend in Lakehurst landen, haben wir den von dem französischen Luftschiff ›Dixmuiden‹ aufgestellten Rekord von 118 Flugstunden nicht gebrochen. Ich sagte zu Dr. Eckener, daß man mit Rücksicht auf einen neuen Weltrekord doch weiterfliegen und erst am Dienstag früh in Lakehurst landen sollte. Um 6.45 Uhr begegneten wir einem zweiten Dampfer. Das Schauspiel eines herrlichen Sonnenaufganges leitete den letzten Flugtag ein.

Um 8 Uhr fahren wir in 400 m Höhe. 35,30 n. B. und 73,30 w. L. Die Lufttemperatur beträgt 18 Grad Celsius.

Das Meer wird belebter. Um 8 Uhr sichteten wir einen norwegischen Frachtdampfer. Gegen 9 Uhr hatten wir zwei amerikanische Frachtdampfer unter uns. Um 9.20 Uhr eine Segelfregatte. Um 10 Uhr auf Backbordseite wieder zwei amerikanische Frachtdampfer. Wir kommen in das Gebiet der Küstenschifffahrt. Wie klein und winzig sieht diese ›Welttonnage‹ von oben aus.

Um 9 Uhr gibt es ein Glas Kaffee, Weißbrot mit Butter und Käse. [...]

Ausgezeichnete Stimmung an Bord. Das Schiff läuft 90 km. Alles ist froh, daß bald Land in Sicht ist und lugt lebhaft aus. Um 10 Uhr wurde angeblich an Backbord Land festgestellt. Doch man hatte weiße Mäuse gesehen... Man ist froh, daß die Fahrt nun bald zu Ende geht. Und doch: welch ungeheure Leistung des Schiffes! Bis Lakehurst werden wir etwa 10 000 km zurückgelegt haben. Die Strecke Gibraltarnordamerikanische Küste ist in 4 Tagen durchfahren worden. Ein Dampfschiff braucht 8–10 Tage. Außerdem sind in diesen Tagen vom ganzen Atlantik schwere Stürme gemeldet. Sie haben die großen Schiffe stark verspätet. Wir aber konnten dieses Unwetter umfahren (trotz der Havarie!) und hatten dadurch fast während der ganzen Fahrt gutes Wetter. [...]

Um 10.45 Uhr ist endlich Land in Sicht. Um 11.15 Uhr überfliegen wir, nachdem das vorgelagerte Wattenmeer passiert ist, Kap Charles Leuchtfeuer, etwas nördlich von Kap Hatteras. Dann die Chesapeake Bay. Halten Kurs direkt auf Washington, wo wir um 1 Uhr sein sollen. 11.24 Uhr begrüßt uns der erste amerikanische Doppeldecker!

Über amerikanischem Boden nach Überquerung des Ozeans beauftragten mich die Passagiere, dem

Das Bordgeschirr von LZ 127 Graf Zeppelin
Heute rare Sammlerobjekte: Das von Heinrich in Selb exklusiv für Zeppelin hergestellte Tafelservice.

Führer des ›Graf Zeppelin‹, Dr. Eckener, zu dem Erfolge zu gratulieren. Ich kam dieser Aufforderung um 11.25 Uhr nach, als gerade Herr von Wiegand bei Dr. Eckener war, um sich wegen der mangelhaften Möglichkeit, Nachrichten an die amerikanische Presse zu geben, zu beschweren. Ich nahm zunächst an, daß auch er gratulieren wollte und sagte kurz: »Ich komme für die deutschen Passagiere.« Er gratulierte dann auch für die Amerikaner mit einem kurzen »Wir auch!« Dr. Eckener dankte und sagte scherzhaft, daß der Erfolg doch nicht ganz unbestritten sei. Er meinte damit wohl die Länge der Flugzeit des ›Graf Zeppelin‹ und den nicht gebrochenen Weltrekord.

Merkwürdig, daß einem anders zumute ist, wenn man wieder Boden unter sich sieht! Jeden Baum, jedes Haus dieser neuen, unbekannten Welt beobachtet man. Das Gefühl der Geborgenheit (übrigens mit Unrecht! Eine Katastrophe über Land kann ja die gleichen schlimmen Wirkungen haben wie über dem Meere) läßt alles rosig erscheinen.

Mein Radiotelegramm am 13. Oktober kostet 9 Dollar und 10 Cents. Der Betrag wird kassiert. An Getränken habe ich nur eine Schuld von 12 Reichsmark für die Flasche Sekt zu begleichen.

Jetzt klärt es sich auf, warum es in der letzten Nacht im Luftschiff so unruhig war. Die gestern abend verabreichte Milch mit Wasser hat bei verschiedenen Passagieren revolutionierend gewirkt.

Um 11.15 Uhr New Yorker Zeit essen wir Herrn Kleffels Büchsenvorrat an Bodensee-Blaufelchen und trinken dazu über amerikanischem Boden (zur Feier der Prohibition) Kirsch und Boonekamp.

Steward Lehmann macht die freudige Mitteilung,

Das Bordservice von LZ 127 Graf Zeppelin
Die Kennzeichnung ›LZ‹ verweist auf die Zeit vor 1935. Später wurde ein eigens für die Deutsche Zeppelin Reederei entworfenes Service verwendet.

daß das Geschirr des ›Graf Zeppelin‹ den Passagieren von der Porzellanfabrik, Firma Heinrich in Selb in Bayern, die es geliefert hat, zum Andenken geschenkt wird. Es soll mir nach Berlin nachgeschickt werden.

Unter uns Einzelsiedlungen. Von Land umsäumte Häuser. Sehr hügliges Gelände. Auf dem tristen Boden überall Spuren maschineller Landbestellung. Auch auf den kleinsten Parzellen. Wir kommen an den Delaware River, Schauplatz von ›Onkel Toms Hütte‹ und glückseliger Indianergeschichten aus der Schulzeit. Das erste Gefährt, das ich in Amerika, dem Land des Automobils sehe, ist – Pferd und Wagen. Um 12.15 Uhr kommt eine größere Stadt in Sicht. Es ist schon Washington. Wir sehen das Kapitol. Dort ist das Weiße Haus. Ohrenbetäubendes Sirenengeheul empfängt uns. Dutzende Flieger kommen entgegen. Ganz Washington scheint auf den Beinen zu sein und winkt uns zu. Auf Straßen, Plätzen, Schulen, Fabrikhöfen, Dächern stehen Menschen dicht gedrängt. Autos halten, Fahrer steigen aus und sehen nach oben. Alles ist begeistert. Öffentliche Gebäude sind geflaggt. Ein ungeheurer Empfang. Ein imposantes, ergreifendes Erlebnis. Wir fliegen in einer langen Schleife über Washington. Schon liegt die Stadt wieder hinter uns. Das Land wird wieder hüglig. Bedeckt mit Wäldern, Gärten, Parks. Überall Rennbahnen, gute Autostraßen. In der Mitte sind sie dunkel, mit Teer belegt. An den Seiten heller Streifen zum Parken. Als Wegzeichen sind Striche gezogen. In der Mitte der Kurven laufen zur Verkehrssicherung weiße Linien. Zwischen den Städten liegen Streusiedlungen mit einfachen Typenhäusern. Uniform und eintönig. Einfache Holzhäuser mit Holzdächern. Maschinelle

Bodenbestellung. Hinter Baltimore mit 5 Pferden bespannte Düngerstreumaschinen.

13.05 Uhr: Baltimore. Noch größere Begeisterung als in Washington. Noch mehr Sirenen heulen. Auch die Lokomotiven pfeifen. Die Lokomotivführer klettern auf die Tender und winken. Baltimore scheint Washington zu gleichen. Ein Haus sieht aus wie das andere. Die Zahl der Flugzeuge, die uns begleiten, wächst. Im Schiff ist die Stimmung gehoben. Der längst vorbereitete ›Klub der Ozeanflieger‹ wird über Baltimore gegründet. Von Wiegand ist Präsident. Brandenburg, Herrera und Rosendahl werden Vizepräsidenten. Dr. Reiner Schatzmeister. Dr. Eckener wird selbstverständlich die Ehrenpräsidentschaft angetragen, die er annimmt. Die Gründung wird hier in der Luft würdig mit Wein und Sekt begossen! Es ist also immer noch zu trinken da. Man trinkt auf Lady Hays Wohl; der ersten Frau, die im Luftschiff über den Ozean fliegt, wird gratuliert. Sie ist tief gerührt.

Philadelphia. Um 14.25 Uhr sind wir über der Stadt. Noch mehr Sirenengeheul empfängt uns. Alle Fabrikpfeifen, Schiffspfeifen, Lokomotiven in der ganzen Stadt ertönen. Ein unheimlicher Höllenlärm. Auch hier wieder Straßen, Dächer, Plätze, Fabriken, Schulhöfe, Gärten. Alles dicht besetzt mit Menschen. Alles läuft durcheinander. Alles will den ›Zepp‹ sehen. Alles winkt und jubelt uns zu. Unter uns die gewaltige Stadt. Die ersten Hochhäuser der City. Philadelphia zieht sich am Delaware River entlang. Ein unendliches Meer typisierter Wohnstätten und Häuser. Von oben sehen sie wie zusammengestellte, gut ausgerichtete Möbelwagen aus. Der Montag ist offenbar in Amerika Waschtag. Überall hängt auf den Höfen Wäsche zum Trocknen. Vor Philadelphia (im Zeichen der ›Abrüstung‹) eine Werft: Über 100 Torpedobootzerstörer und 25 U-Boote liegen da im Wasser. Wie Ameisen kommen die Menschen aus den Häusern und stehen auf den Straßen.

Auch Philadelphia liegt schon hinter uns. Am Rande der Stadt sind ganze Straßenzüge mit Reihenhäusern im Bau. Sie werden nach Schema F errichtet. Eine Häuserfabrik. Wahrscheinlich kann man in Amerika das Haus mit vollständiger Einrichtung im Warenhaus bestellen.

Auf dem Delaware River reger Schiffsverkehr. Werften und Fabriken an beiden Ufern. Starker Autoverkehr auf den ›Landstraßen‹. Die ersten Autofriedhöfe werden sichtbar. Überall noch viel Platz zum Wohnen. Nur Streusiedlungen überall.

Da es noch früh am Tage ist, soll New York nun doch noch überflogen werden. Viele Flugzeuge begleiten uns. Ich habe insgesamt 14 gezählt. Darunter eine Junkersmaschine, Typ W 33, mit der Aufschrift ›Hurrah‹. Der »Gesang der Arbeit«, wie Prof. Dettmann treffend das Heulen der Sirenen bezeichnet, ertönt auch auf dem Wege nach New York ununterbrochen zu uns herauf. 15.35 Uhr sind wir über Staaten Island, 15.50 Uhr über Long Island, 15.56 Uhr genau über der Freiheitsstatue.

Nun liegt New York vor uns. Manhattan! – Der Anblick der Stadt ist unbeschreiblich. Die Begeisterung der Menschen, die alle Plätze wieder dicht besetzt halten, ist riesenhaft. [...]

LZ 127 Graf Zeppelin über New York ▷
Insgesamt 590 Fahrten mit rund 1,7 Millionen Kilometern Strecke machten LZ 127 Graf Zeppelin zum erfolgreichsten Zeppelin-Luftschiff.

Die Schlagzeile des Jahres 1929

Ein deutsches Luftschiff fährt um die Welt!

von Max Geisenheyner

15. August. Morgens vier Uhr. Halbe Dämmerung. Durch die noch dunklen Straßen wandern Tausende der Halle zu. Dazwischen die Autos, die Motorradfahrer, die Radler. Der Eingang zur Werft schwarz von Menschen. Von weither leuchten die Scheiben der Halle in einem matten, bläulichen Licht, als inszeniere Max Reinhardt dort ein neues Mirakel. Die Scheinwerfer ziehen dünne lange Streifen über das Gelände und über tausend Köpfe. Was Karten hat, drängt von der Rückseite in die Halle. Immer wieder prallt jeder unwillkürlich zurück vor dem Anblick dieser seltsam erleuchteten, gewaltig blinkenden Schwanzfeder, an die sich der Leib des Schiffes anschließt. Dazu glühen Tausende von kleinen Birnen, schweben die dunklen Motorgondeln hoch in der Luft, kreisen einige Propeller und erfüllen den Raum mit dem Toben einer Meeresbrandung. An der Passagiergondel werden die Namen der Mitfahrenden ausgerufen: deutsche, französische, englische, amerikanische Namen. Kapitän von Schiller ruft den meinen. Ich stehe bepackt mit zwei Mänteln, einem roten Sweater, einem Fernstecher, einer Aktentasche und acht Tafeln Schokolade da und gucke immer noch den Zeppelin an. Schiller lacht und haut mir eine auf die Schulter. Er kennt seine Pappenheimer. Er macht übrigens alles, verteilt die Kabinen, stellt die Fahrkarten aus, beantwortet die dümmsten Fragen mit leuchtendem Augenaufschlag, ist immer vergnügt, ein Idealist, der vor keiner Handreichung zurückschreckt, wenn sie nur seinem geliebten Zeppelin dient.

Er erlaubt mir noch ein paar Händedrücke, mit jedem, der um die Leiter herumsteht. Auch Küsse werden schnell und restlos ausgetauscht. Dann geht's die kleine Himmelstreppe ins Wolkenschiff empor. An den Schiebefenstern des Salons drängen sich die Köpfe, Hände werden hinausgestreckt, noch einmal berühren sich die Fingerspitzen: Gute Reise, auf Wiedersehen, bon voyage! Good bye! Und schon ist das Schiff halb auf der Wiese. Schon werden die Haltetaue eingezogen, schon stehen die Besucher zwanzig Meter entfernt. Man winkt noch einmal mit der Hand und kann vor Erregung nichts mehr rufen. Die Maschinen brausen. Ich sehe auf die Uhr. Es ist Punkt halb fünf. Kerzengerade steigt das Schiff empor! Unten ist niemand mehr zu unterscheiden, und wie ich mir durch die Haare fahre und mich umdrehe, sind wir schon jenseits des Bodensees. Die weite Fläche der Erde hebt sich in Buckeln aus weißen Nebelschleiern. Die Sonne hängt wie ein rosaroter Lampion im blaugrünen Himmel. Wie ich an mir heruntersehe, sind meine Stiefel so groß und die Häuser da unten so klein. Ich habe beinahe Angst, ich könnte sie zertreten. Es ist Zeit, seine Sachen in die Kabine zu bringen, denn es sieht in dem kleinen Salon wüst aus. Ich habe Kabine 4, das obere Bett. Ich werde hier zusammen mit Gustav Kauder, der unten liegt, in idealer Konkurrenz schnarchen. Der Abgesandte der Sowjetrepubliken, Karklin, schläft zusammen mit dem reizenden Spanier, Dr. Megias, dem Leibarzt der Königin von Spanien, was ihm hoffent-

Max Geisenheyner (1884–1960)
Der Journalist und Schriftsteller war als Reporter der »Frankfurter Zeitung« bei der ersten Zeppelin-Erdumkreisung dabei. Die Fahrt hatte in Lakehurst/USA begonnen; Geisenheyner stieg in Friedrichshafen zu. Das Foto zeigt ihn kurz vor der Abreise mit dem Paß unter dem Arm.

LZ 127 Graf Zeppelin beim Start in Friedrichshafen

Mit dem Kommando »Hoch die Gondel!« haben die Haltemannschaften das Luftschiff in sein Element gebracht. In der Führergondel ist die Schiffsführung gut zu erkennen.

lich nichts schaden wird. Commander Rosendahl, selbst fähig, einen Zeppelin zu lenken, hat sich den Oberhäuptling der Hearstpresse, Herrn von Wiegand, als Schlafgenossen erworben. Der junge Leeds, unser Milliardärssohn, hat Leutnant Ricardson von den amerikanischen Marinefliegern zum Genossen. Eine Villa für sich allein hat nur Lady Drummond bezogen. Man hängt seine Kleider in einen der beiden zehn Zentimeter tiefen Wandschränke, deren Türen aus buntgemustertem Stoff bestehen, tut die Mäntel daneben an die Haken, legt den Kleinkram ab. Der Kabinengenosse bemerkt mit erstaunten, großen, sanft ironischen Augen, daß für ihn eigentlich kein Platz mehr übriggeblieben ist. Und er beschließt schon jetzt, das gegenseitige Verhalten auf leichte Frotzelei einzustellen, die uns während der ganzen Fahrt nicht verlassen hat und außerdem sehr gut bekommen ist. Im Salon wird bereits mit Kaffeetassen geklappert. Die Passagiere spitzen die Ohren, kommen aus ihren Zellen und setzen sich in langsamen Trab zu den Tischen. Auf einem der großen Fensterbretter steht Leeds' Grammophon. Ein stattliches amerikanisches Instrument, in Messing konstruiert. Es ist noch nicht einmal fünf, und schon rollt eine Platte unter der Nadel. Muß es ein? Seien wir großzügig und zum Vergeben bereit. Auf irgendeine Art und Weise wird man schon einmal die Nadeln beiseite schaffen können. [...]

Ich sehe aus dem Fenster. Unten wird soeben das blaue Band der Donau sichtbar. Um halb sechs Uhr taucht Ulm auf. Als führe man mit der Hand über eine große Fläche – so schnell sind wir über die Stadt geflogen. Zierlich kauern sich die Häuser im Morgengrauen um den mächtigen Dom. [...]

Nach dem Kaffee sieht es im Salon wie in einer Werkstatt für die reifere Jugend aus. Karten hängen an der Wand, Fähnchen aller Länder stehen auf den Tischen, jeder hat Neugier im Blick und stellt irgend etwas Spielerisches an. Der eine montiert an seinem Photoapparat herum, den er erst gestern gekauft hat und von dem er glaubt, daß man mit ihm photographieren kann, ohne es gelernt zu haben. Der führt ein Tagebuch, jener lernt die Sternbilder auswendig, um nachts mit seinem Wissen zu prunken, ein dritter legt Patience, ein vierter mißt mit dem Bleistift die Entfernungen auf der Landkarte, die fünften, sechsten, siebenten und achten schreiben stets und ständig Ansichtskarten. Einer aber hat eine ganze Kiste voll kleiner Beutel mit langen Fahnen daran mitgebracht in dem Glauben, er könne alle paar Stunden einen Postabwurf machen. [...]

Wir nehmen Kurs auf Berlin. Schön ist das deutsche Land! Wie sauber eingeordnet Städtchen um Städtchen, Dörfer um Dörfer in die sauber gepflegte Landschaft. Aus der Nähe, vom Horizont her, vom Osten und Westen, winken die dunklen und hellen Fahnen der Eisenbahnen. Wo wir hier auch landen würden: hier könnten wir einen Sommerspaziergang bis zur nächsten Station machen. In Rußland hätten wir bei einem solchen Zwischenfall vielleicht einen recht anständigen Fußmarsch von fünfhundert Kilometern vor uns. Aber wir denken gar nicht an solche Dinge. Wir wollen gar nicht niedergehen. Wir wollen fahren und fahren, Tag und Nacht. Kurz nach neun Uhr Leipzigs mächtige Fächerfläche. Vom Augustusplatz winkt der erste kleine Wolkenkratzer. Der Bahnhof zeigt seine imposanten Hallen, der Konnewitzer Wald leuchtet, die Pleiße glitzert wie ein schmales silbernes Äderchen. Eine halbe Stunde darauf Wittenberg, nicht lange danach Potsdam. Alle Sehenswürdigkeiten auf einmal: Sanssouci, das Schloß, die Orangerie, die Brücken, die Pfaueninsel, die Seen, die Motorboot- und Segeljachthäfen. Sehr putzig sind die Hunderte vor Anker liegenden Boote zu sehen. Sie schaukeln wie helle Wasserkäfer auf der dunklen Fläche. [...]

Alles wird photographiert. Das erste große Platten- und Filmfieber ist ausgebrochen. Die Berichtenden werden an ihre Schreibmaschinen gesetzt, die Nichtstuer an den Frühstückstisch, die Landkartenwütigen vor die aufgehängten Großkarten. Der Koch in weißer Mütze und weißem Dreß schneidet Schin-

LZ 127 Graf Zeppelin. Der Aufenthaltsraum
Gemütlich, aber sehr viel kleiner als später in LZ 129 Hindenburg.

ken auf, serviert Eier und Früchte. Die Filmleute drehen und schreien in Ergänzung einer Kapelle »Humdada, Humdada«, damit die Passagiere ein wenig in Bewegung kommen und der Film so aussieht, als hätten die Gefilmten gar nichts davon gewußt, daß sie auf die Leinwand kommen sollten. Weit aus dem Fenster biegt sich der tüchtige Hartmann, ein sachlicher Berliner, dem so leicht nichts imponieren kann. Für ihn ist alles »Jejend«, er macht mit seiner Handfilmkamera am Luftschiff entlang Aufnahmen von ihm und der Jejend. [...]

Inzwischen ist es Zeit zum Mittagessen geworden. Wie schön und sauber ist der Tisch gedeckt. Porzellan, Weingläser, Servietten. Auf den letzten Fahrten hat man noch in zwei Abteilungen an einem langen, durch den kleinen Wohnraum gehenden Tisch gegessen. Das hat stets die Gesellschaftlichkeit gestört. Jetzt wird das Mittagessen an vier Tischen eingenommen. In jeder Ecke steht einer, und der Zwischenraum ist gerade so groß, daß der schlanke Steward Kubis und unser kleiner Piccolo, das sehr geschätzte ›Ernschtle‹ – Kapitän Flemming kann das besonders gut aussprechen – zwischendurch balancieren können. Das Essen macht unserem Koch wahrhaftig viel Ehre. Es gibt Rheinsalm, Rehrücken, Creme und Obst. Ein guter Mosel, ein süffiger Rheinwein, ein dicker Bordeaux sind zu haben. Die Flaschen senken sich, die Gläser klirren und klingen, das erste Prosit steigt, man lernt sich näher kennen, man spricht miteinander. Neben mir rechts sitzt Mr. Gerville, links Oberstleutnant Iselin, der unentwegte Schweizer, der den Namen seiner Familie bis ins fünfzehnte Jahrhundert zurückverfolgen kann, ein prächtiger Fünfziger, Fabrikant und Skifahrer, immer elastisch, immer federnd, zäh und von der Begei-

So sah Theo Matejko den Aufenthaltsraum
Die Passagiere lassen sich gerade Kaffee servieren.

So sah Theo Matejko seine Mitreisenden

Man ließ sich gerade Kaffee servieren oder schaute durch die schräggestellten Aussichtsfenster auf die nahe Erde hinunter.

sterungsfähigkeit eines Jungen. Nur konnte ich in der ersten halben Stunde das Französisch Mr. Gervilles besser verstehen als sein Schwyzerdütsch. Während des Essens wird wiederum gefilmt und photographiert. [...]

Beim Abendbrot im hellerleuchteten Schiff vergessen wir alles. Wo wir sind, daß wir um die Welt wollen, daß wir Rußland zusteuern. Wir sitzen, essen, trinken, plaudern und sind eingesponnen von dem Brausen der Propeller, deren Geräusch sich wie ein Wasserfall über das ganze Schiff ergießt. Dr. Megias erzählt von Spanien, der Franzose wiederholt sein neugelerntes Deutsch, Herr von Perkhammer, der gute Photograph in Tiroler Hosen vom Typ eines Bergsteigers mit der nötigen Stimme und der dazu vorgeschriebenen Naivität, ist bereits bei der achtundneunzigsten Postkarte angelangt. Zweihundertundzwei bleiben noch zu schreiben übrig. Des Abends und am Tage, wenn's nichts zu photographieren gibt, setzt er seine Tätigkeit fort. Aber – wenn ich nur so gut photographieren könnte wie er. Ich knipse wie wild darauf los, und wenn ein schönes Motiv auftaucht, muß ich mich erst eine halbe Minute besinnen, welche Lichtstärke ich einstellen, wieviel Sekunden ich brauche und wie ich den Apparat halten muß. Derweil ist der Zeppelin schon zwei Kilometer weiter. Wenn trotzdem bei den Aufnahmen einiges Brauchbare herausgekommen ist, so hat die gütige Vorsehung, die sich mit unserer Fahrt befaßte, sich auch um eine kleine, gute, ja ausgezeichnete Kamera gekümmert.

In der Nacht um zwei Uhr stehe ich auf. Ich kann den Gedanken nicht ertragen, im Bett zu liegen, wenn die Sonne über Rußland aufgeht. Ich muß das erste Fleckchen russischer Erde sehen, den ersten russischen Menschen. Es ist das Land Tolstois, über das wir fahren, das armselige Land der kleinen Bauern. Hier ist nicht der Schwung der südlichen russischen Landschaft zu finden, nicht die Romantik der Novellisten. Hier steht vielleicht das Haus des Bauern, über dem die ›Macht der Finsternis‹ ist. Um drei Uhr kriecht ein Strahl vorsichtig über die Landschaft. Um vier Uhr beginnt es heller zu werden. Ich sehe die russische Erde wie einen großen grünen ungepflegten Teppich, in den winzige Getreidefelder eingewebt sind. Ein paar Baumgruppen sind zu sehen, kleine Seen, viele Tümpel. Und dann kroch am graugrünen Horizont ein glühender Punkt hoch und legte sich in wenigen Minuten wie ein breites Feuer in den Schnittpunkt von Himmel und Land. Die Sonne ging auf über Rußland! Der Himmel mit Wolken wattiert, die Strahlen schießen durch hundert dicht bei dicht gelagerte grauschwarze Wolken, die nun brennen und lohen. Wir fahren hundert Kilometer, ohne ein Haus zu sehen. Ich gucke vergeblich nach Menschen aus. Einmal entdecke ich zwei Bauern auf dem Felde. Sie müssen dort geschlafen haben, denn als sie das Luftschiff sehen, rennen sie wie verrückt über die Wiesen einer kleinen Holzhütte zu und verschwinden darin. Die Fahrt nach Moskau ist endgültig aufgegeben. Aber der Russe erklärt: »Moskau Industrie, viele Leute, Sibirien nicht gut.« Eckener in seiner Lederjoppe kommt, um seine Wache anzutreten. Er hat auch nur vier Stunden geschlafen. Er sieht den Russen und erklärt ihm, daß ein neues Tief im Süden festgestellt sei, dem er ausweichen müsse. Der Russe nickt, aber er hat kein Wort verstanden. Wir sehen Wolodka, die erste russische Stadt. Goldene Kirchenkuppeln in der hell strahlenden Sonne, die Stadt, fächerförmig angelegt, scheint völlig zu schlafen. Ein paar weiße Kirchen leuchten hoch aus den ebenmäßig angelegten Straßen mit den niedrigen breiten Holzhäusern empor. Unsere Propeller brummen in den Schlaf der erschreckten Bewohner. Einen einzigen Menschen sehe ich in roter Jacke mit schwarzer Pelzmütze auf dem Platz regungslos vor einer Kirche stehen.

Wir nähern uns dem Ural. Immer stärker werden die Wälder. Ganz dicht bei einem Städtchen, das nur in Umrissen zu erkennen ist, der erste ungeheure Waldbrand. Er hat sich in den dichten Wald förmlich hineingefressen. Aber nicht nur in einer Linie. Er hat

Feuerreiter nach allen Seiten ausgeschickt, die, von dem Hauptzweig ausgehend, nach links und rechts vorgedrungen sind. Graurote Rauchwolken ballen sich über den Bäumen und vernebeln die Aussicht. Ungezählte Kilometer breit und lang ist der Wald niedergebrannt. Kein Mensch kümmert sich darum. Er wird heute noch brennen.

Der Ural, ein harmloses, bewaldetes Gebirge, ist überquert. Nun kamen die Tundren, die uns nicht mehr verlassen sollten. Ich kann das, was ich über sie sagen will, nicht tun, ohne vorher noch einmal tief Atem zu holen; denn die Tundren, das war die Hölle, die wir gesehen haben, und die höllischen Erscheinungen haben uns Tausende von Kilometern weit begleitet. Sie standen höhnisch wartend tage- und nächtelang zu beiden Seiten des Schiffes. Trübe Wasserspiegel zwischen trügerischem Algengewächs. Als wären hier in der Urzeit Riesenmammuts über die Erde bis zum Horizont gestampft und hätten die Spuren ihrer plumpen Füße zurückgelassen. Graublaue Wolkenwände ringsum. Im Westen ein ziegelroter Abendwolkenbalken. Die Sonne eine matte Scheibe ohne Leuchtkraft. Alle Flächen schmutzig und schwarz. Stumpf und trübe die Wassertümpel. Die Algen giftiger Grünspan. Während mein Bleistift zu kurzen Tagebuchnotizen erregt über die Blätter fuhr, wurde im Salon das Grammophon angestellt. Ich sah ein paar graue gebügelte Hosen Cakewalk tanzen, sah eine Hand mit dem Poststempel des Luftschiffes wie eine Maschine in blöder Mechanik immer wieder auf Postkarten an Tante Lieschen, Onkel Adolf, die blonde Ella und die schwarze Frieda auf- und niederfahren. In der Ecke schlief jemand, Schreibmaschinen klapperten, über einen Witz erhob sich ein Gelächter. Nie wieder ist mir diese Wohnstube des Zeppelin mit ihren altmodisch gerafften roten Vorhängen, ihrer altmodischen Wandbespannung und den Kinkerlitzchen einer überstandenen Zeit mit den Menschen darin so grotesk vorgekommen. Auf der Grammophonplatte quäkte breit und sentimental eine Negerstimme und – unter uns warfen die Sümpfe Blasen um Blasen. Wenn ich der liebe Gott gewesen wäre, ich hätte das Schiff für Sekunden zu Boden gedrückt, hätte das Sumpfwasser droben an den Scheiben emporspritzen lassen, auf daß die kleinen Leutchen im Salon erschreckt an die Scheiben eilten und bleich wurden vor der teuflischen Größe dieser Stunde. War es nicht überhaupt ein grotesker Einfall des menschlichen Geistes, über diese Wüstenei dahinzufahren? War es nicht eine Frechheit, ein Versuchen der ewigen Geschicke? Hätten wir in einer dieser Nächte notlanden müssen, ich glaube, keiner von uns wäre wieder zurückgekommen. Lautlos hätten uns die Sümpfe verschlungen.

In dieser Nacht konnte ich wenig schlafen. Ich saß in der dunklen Führergondel, die nur durch kleine, abgedämpfte, bewegliche elektrische Birnen erhellt war, deren Licht über die Land- und Wetterkarten hin- und herbewegt wurde. Ich saß auf der breiten, gelben, hölzernen Bank an dem großen, stets offenen Fenster, an dem der Luftzug von der nahen Spitze des Schiffes her mit voller Gewalt vorbeistreicht. Schweigend hantierten die Offiziere. Sie bestimmten mit dem Sextanten nach den Sternbildern den Standort des Schiffes, nahmen aus dem kleinen, schmalen Fenster, das gerade für eine Hand Platz hat, die Wettermeldungen der Funker entgegen. Um zwei Uhr wurde jemand ausgeschickt, um Dr. Seilkopf, den Meteorologen der Hamburger Wetterwarte, aus der Schlafkabine zu holen, zum drittenmal schon in dieser Nacht. Er kam, wie immer, frisch, bereit, brennend interessiert, seine großen Brillengläser standen schräg über der Wetterkarte. Er malte nach den Telegrammen geheimnisvolle Zeichen und Kreise, während Lehmann und Flemming sich über ihn beugten. Er setzte sich noch ein wenig zu mir, wir sahen in die Nacht hinaus, der Mond, gelblich grün, hing dicht über dem Horizont. Sein Licht fiel auf die Wasserspiegel. Die Sterne in stechender Klarheit und Kälte. Uns verging das Sprechen. Lehmann und Flemming verschwanden durch die Tür in den vordersten Teil der Gondel, der zur

Nachtzeit gegen den Raum, in dem wir saßen, die ›Brücke‹ genannt, lichtdicht abgeschlossen ist. Dr. Seilkopf drückte mir die Hand und ging in seine Kabine, um sich angezogen noch ein wenig niederzulegen. Er bat, ihn zu holen, wenn eine neue Meldung käme. Da winkte mir Kapitän Lehmann durch die Türspalte, und ich schlüpfte hindurch.

Nun stand ich im Kopf des Schiffes! Hier waren die Ganglien seines Gehirns. Hier wurde seine Höhe bestimmt, eine Richtung, hier wurde den Böen getrotzt, die Gleichgewichtslage bestimmt. Hier standen ununterbrochen, Tag und Nacht in stetiger Abwechslung von vier Stunden die Steuerleute am Höhen- und Seitensteuer. Das Seitensteuer, ganz vorne, wo die beiden Seitenkurven der Gondel spitz zusammenlaufen, das Höhensteuer, links, wo die »Brücke« beginnt. Kapitän Lehmann erklärte mir die Apparatur. Ich hörte zu wie einem Alchimisten, der mir sachlich und mit gelehrten Ausdrücken auseinandersetzt, wie ein künstlicher Mensch entsteht. Ich verstand gar nichts davon. Und doch war es schön zuzuhören. Denn hin und wieder wurde mir ein Zusammenhang klar, ich bekam eine Ahnung von der Präzision der Technik, von der im Grunde so einfachen Klarheit dieser genialen Erfindung, die ›Zeppelin‹ heißt und deren Name sich wie ein lustiges Kinderspielzeug anhört. Knut Eckener am Höhensteuer in blauer Hose und weißem Hemd führte mich in die Geheimnisse seines Steuerrades und seiner Apparate ein. Er weiß auf dem ganzen Schiff Bescheid. Er hat von der Pike an gedient, hat, wie alle Offiziere, von Grund auf jede Schlosser- und Monteurarbeit mitgemacht. Kapitän Lehmann meinte, ich solle doch einmal das Steuer bedienen. Der junge Navigationsoffizier im grauleinenen Monteuranzug trat schmunzelnd beiseite und gab mir die Griffe des Rades in die Hand, zeigte auf das elektrisch erhellte große Ziffernblatt, auf dem ein Zeiger hin- und herging und die Schwankung des Schiffes anzeigte. Da stand ich nun und fühlte die Zugkraft des Luftriesen in meinen Fingern. Die Böen waren nicht stark. Ich hatte beim Drehen nur das Gewicht einiger Pfunde zu bewegen. Dieses Gewicht konnte sich indes bei starkem Wetter, wie ich vernahm, bis zu zwanzig Kilo verstärken. War es da ein Wunder, daß da manchmal der Navigierende nach vier Stunden in Schweiß gebadet und erschöpft war? Und doch liebte auf dem Schiff jeder seine Beschäftigung wie nichts auf der Welt. Der Navigationsoffizier half nach, wenn ich etwas falsch machte. Und ich machte alles falsch. Merkwürdig, dachte ich, du lenkst hier den Zeppelin, und das gute Schiff geht trotzdem vorwärts. Durch den gläsernen Bau der Führergondel sah ich die Sterne blitzen. Zwischen den Ketten und Rädern und dem Aluminiumgestänge, auf ihm die Talismane der Besatzung. Ein ausgestopfter Hund, ein merkwürdiger, aufgeblasener Gummivogel, der in der Silhouette stolz durch die Nacht marschierte. Knut Eckener nahm mich mit

Anschütz-Kreiselkompaß am Seitensteuerstand von LZ 127 Graf Zeppelin

in den hinteren Teil des Schiffes. Wir gingen durch den Salon, der nunmehr völlig verlassen dalag, ein paar leere Weinflaschen standen herum, das Grammophon blitzte im Mondlicht, aus den Schlafkabinen kamen Schnarchen und Ticken von Schreibmaschinen. Neben dem Waschraum schloß er ein kleines Kabinett auf, in dem der Kreiselkompaß des Schiffes stand. Es hat lange gedauert, bis man diese wichtige Erfindung, die den Schiffern auf dem Meere von selbst den richtigen Kurs gibt, auch für das Luftschiff verwerten konnte. Denn es mußte erst eine neue Konstruktion gemacht werden, welche den Erschütterungen durch Böen keinen Einfluß auf die schwarze, geheimnisvolle Kugel einräumt, deren Witz darin besteht, daß die eigenartige Aufhängung der Nadel eine mechanische Ablenkung unmöglich macht. Es wirkt nur die magnetische Ablenkung durch den magnetischen Pol.

In meiner Kabine schlief Kauder, der auch lange gearbeitet hatte, bereits den Schlaf des Gerechten. Ich kletterte vorsichtig die kleine Aluminiumleiter hinauf, zog mich auf dem in Scharnieren beweglichen Bett aus, warf mein Zeug – ich bin ein sehr unordentlicher Mann – auf den Tisch, außerdem wollte ich den Guten durch Lichtanmachen nicht stören. Ich schlief einige Stunden fest und traumlos. Währenddessen war über die Uhr eine unbegreifliche Eile gekommen. Als ich morgens um halb sieben aufstand, war die Zeit um fünf Stunden vorgetrieben. Wir befanden uns auf dem 90. Grad östlicher Länge und dem 63. nördlicher Breite. Je fünfzehn Grad Länge trieben uns jetzt um eine weitere Stunde vor. Das war am 17. August. In meinem Tagebuch steht zu lesen: »Kaum ein wenig gefrühstückt, ein wenig telegraphiert, und schon werden die Tische zum Lunch gedeckt.« Die Landschaft draußen ist verändert. Wiederum Taiga. Was wir vor uns sehen, sagt Nordpolforscher Wilkins, ist alles ehemaliger Meeresboden. Ein paar Felsen sind dazwischen. Wir lassen wilde Wolkenfetzen hinter uns. Die Propeller sind wie große Kreissägen, welche die Luft zerschneiden. Das Schiff knistert im Gegenwind, leise flattert die Stoffbespannung. Durch eine Ritze am Boden meiner Kabine, da wo die Dielenleiste schräg in die Höhe geht, ist ein ganz kleiner Riß, und ich sehe die Zeppelinhülle beben. Durch die Landschaft windet sich die Tunguska. Sie hat stellenweise die Breite des Rheines. In diesem Fluß sind die Fische unbehelligt. Denn keine menschliche Ansiedlung ist weit und breit zu sehen. Von der letzten durchwachten Nacht ein wenig ermüdet, legte ich mich nach dem Essen etwas hin. Ich erwachte von seltsamen sphärischen Klängen. Aber dann verdichteten sie sich zu einer Melodie. Es spielte jemand Handharmonika im Salon. Ich erhob mich: richtig, da stand in der Ecke des Salons Kapitän Lehmann mit seinem ewig unveränderten ernsten Gesicht und drückte ein schönes großes Instrument. Lehmann ist sehr musikalisch, er weiß

Kapitän Lehmann mit dem Schifferklavier
Lady Drummond Hay, eine Journalistin der amerikanischen Hearst-Presse, lauscht seinen Klängen.

Cello zu spielen, ist überhaupt ein Mann von literarischer und künstlerischer Bildung, ein wenig verschlossen, ein wenig versponnen. Eine Persönlichkeit von besonderer Prägung und Führereigenschaft. Er spielte mir auf meinen Wunsch ein paar Takte aus dem Meistersinger-Walzer, und ich muß schon sagen, daß mir beim Klang dieser von mir so geliebten Weisen wiederum zum Bewußtsein kam, wie voll von seltsamen Dingen doch diese Fahrt um die Welt war. Da gingen wilde, schwarze Wolkenvorhänge bis dicht auf die Erde, gleich einem großen Theatervorhang, da jagten Nebelböen dicht am Schiff entlang, die es sekundenlang einhüllten, da wurden diese Nebelböen von einem Wirbelwind gepackt, zur Erde gerissen und an den Spitzen der Bäume festgehakt, daß sie wie eine Rauchfahne über dem Wald standen, und hier oben fünfhundert Meter über dem festen Land klang der Walzer aus den deutschen Meistersingern.

Nachmittags: Wiederum überfliegen wir die Tunguska. Der Zeppelin spiegelt sich im Augenblick des Überfliegens in ihr. Er sieht nicht größer aus als ein Hai unter Wasser mit einem dicken Kopf. Man meint, tausend Schuppen zu sehen. Das macht die leichte Kräuselung der Wellen. Um diese Zeit gebe ich den Funkern ein Radio[telegramm]. Ich setze es hierher, denn es sagt mehr als ein langes Kapitel: »Freitag, 17. Aug. 5 Uhr Ortszeit: Glänzende Fahrt. 6000 Kilometer in $54^{1}/_{2}$ Stunden. Haben noch 90 Stunden Brenngas, 20 Stunden Benzin, 110 Stunden Betriebsstoff, könnten glatt bis Los Angeles durchfahren.«

Die Nacht ist mörderisch kalt. Und erst der Morgen, der 18. August. Ich mache eine Verbeugung vor meinem Wintermantel und meinem dicken roten

Auf der Weltfahrt
Es konnte bitterkalt an Bord werden.

Sweater, ziehe beides an und komme in den Salon zu einer völlig verhüllten Gesellschaft. Lady Hay hat einen dicken Pelz an und eine gefütterte Autokappe auf. Hubert Wilkins einen hellgelben Kamelhaarmantel, Filzpariser an den Füßen und bis zu den kurzen Hosen hinauf dicke wollene Strümpfe. Ringsum Wolljacken und Mützen. Jemand trägt zwei Mäntel, sogar der Tiroler hat seine kurzen Lederhosen ausgezogen und sieht wie ein normaler Mensch aus. Unser Franzose jedoch hat sich ins Bett verkrochen und mit allem zugedeckt, dessen er habhaft werden konnte. Hubert Wilkins erzählt, angeregt durch die Nähe seines Nordpols, daß er seinen Plan, mit einem Unterseeboot unter dem Eis des Pols hindurchzufahren und dann am Pol selbst aufzutauchen, immer noch nicht aufgegeben habe. Er spricht davon so einfach und ruhig, als sei das ein Kinderspiel. Er ist überhaupt ein seltsamer Mensch, der eine Atmosphäre von äußerstem Anstand und Bescheidenheit um sich verbreitet. Er gehört einer großen christlichen Sekte in Australien an, ist von jener wunderbaren echten Gläubigkeit, die mit Dogma und Kirche nicht viel zu tun hat. Er glaubt an Schicksalsbestimmung und fühlt seinen Lebensweg als vorgezeichnet, ohne Rücksicht darauf, ob ihm dabei Gefahr drohe oder nicht. Ist er doch mit seinem Flugzeug über den Land- und Eiswüsten des Nordpols bereits ein dutzendmal abgestürzt, ohne sich zu verletzen. Nur einmal hat er sich das Steuerrad auf den Leib geschlagen und sich »das Bauch ein bißchen verrenkt«.

An diesem Sonntag wissen wir überhaupt nicht mehr, wie uns der Kopf und wie die Uhr steht. Eckener kommt und dreht ihre Zeiger mit einem Schwung drei-, viermal herum. Die Sonne ist in der Nacht nicht untergegangen. Rot leuchtete die Venus.

Der Himmel blieb hell bis zum Morgen. Wir waren in den Bereich der Mitternachtssonne gekommen. Was andere in Wochen erlebten, ging an uns wie auf einer Stundenuhr vorüber. Tagebuchblatt vom 18. August, nachmittags 7 Uhr: »Noch immer sind wir von gewaltiger Einsamkeit umgeben. So weit das Auge geht, keine Wohnstätte, kein menschliches Wesen, kein Tier, kein Acker, in den die Arbeit des ringenden Menschen ihre ordnenden Spuren gezeichnet hätte. Über den öden, kahlen Hügeln und Tälern einer chaotischen Landschaft liegt die Majestät unendlichen Schweigens. Eine Verlassenheit, die frösteln macht, auch wenn nicht die starrende Kälte in uns wäre. Da taucht nach mehr als wiederum fünfhundert Kilometern ein erstes Zeichen menschlichen Daseins auf, ein Haus. Aber wie wir nahe darüber hinstreifen, sehen wir, daß es zerfallen ist. Die, die es bewohnten, haben das armselige Heim längst verlassen oder sind darin umgekommen. Ich will schlafen gehen.« Montag, 19. August: Um sieben Uhr morgens Jakutsk. Wir wissen, was wir hinter uns haben. Als ob die widerlichen Sümpfe unter den Urwäldern der Taiga hindurchzögen, so tauchen sie von neuem auf. Uns war beklemmend zumute, als wären wir wieder tausend Kilometer zurückgefahren. Breiter, größer, noch widerlicher schienen die Wasserlachen. Vergeblich suchte der Blick einen Halt, wo er rasten sollte. Da waren Wälder, die keine Wälder mehr waren, Flüsse, die nicht zu fließen wagten, Seen, die nicht lebten, weil ihr Wasser kein Wasser war. Wir wußten lange zur Genüge, daß wir uns auf einer Expedition befanden. Und jetzt Jakutsk! In unendlicher Einsamkeit an der Lena gelegen. Eine Vision von kleinen breiten Holzhäusern und Kirchen, weit auseinander liegend, ein paar Leute in weißen Blusen. Vorne auf der Gondel wird der Kranz bereitgehalten, der einen Gruß für die in Sibirien verstorbenen deutschen Kriegsgefangenen bedeuten soll. Uns ist feierlich zumute, die Botschaft aus der Höhe gilt nicht nur unseren toten Kriegern, sondern verbindet uns auch zum erstenmal den Menschen dort unten, die den Kranz fliegen sehen, wie er am Schiff entlangtreibt. Er wird kleiner und kleiner. Wie ein winziger dunkler Kreis fällt er dicht am Friedhof nieder. Ein Postsack folgt, rote Hemdkittel balgen sich um ihn. Karklin hat Karten für die hohen Sowjetbeamten darin. Briefe und Grüße an alle Erdteile enthält der Sack. Wann werden sie ankommen? Die Wege sind weit. Es ist kein Zeppelin da, der sie schnell befördern könnte.

Von nun an sind wir in der Erwartung Japans. Nach Jakutsk die übliche Wasser- und Sumpflandschaft. Noch ein paar Gehöfte, viereckige, platte Lehmhäuser mit weiten Umzäunungen, struppiges Vieh, hier und da ein Bauer auf einem kleinen Stück Feld. Auf einmal wird der Himmel stahlblau, die Luft rein und von sanfter Wärme. Wir nähern uns dem Stanowoigebirge. Radiomeldungen waren lange ausgeblieben. Nun funkt eine japanische Station die erste Nachricht. Sie besagt, daß sich Ausläufer eines schweren Taifuns an der Küste bewegen. Wir müssen sehen, daß wir sie in den Rücken kriegen, damit sie uns schieben. Der japanische Journalist Dr. Enti kommt mit zerrauftem Haar von der Funkerkabine. Er hat sechs Telegramme in der Hand, die nicht abgegangen sind. Er kann es gar nicht begreifen, daß die Funker auch noch eine andere Beschäftigung haben, als Pressetelegramme aufzugeben. Er meint, daß zu seinen dreißig bereits abgegangenen Telegrammen auch noch sechs dazukommen könnten.

Wir sind an das Gebirge herangekommen. Es ist in vielen Teilen völlig unerforscht. Auf unseren Karten sind die Gipfel mit 1200 Meter eingezeichnet, in Wirklichkeit erreichen sie stellenweise über 2000 Meter. Wir müssen sehr hoch steigen, um durchzukommen. Wir müssen uns selbst einen Weg bahnen. Eine grandiose Sicht tut sich auf. Wir sehen auf riesenhafte Kratergebilde, auf eine sonnenbeschienene gewaltige Kette zerrissener, nackter, grauer Felsen, die plötzlich jäh abfallen. Messerspitze Felsgrate biegen sich, wieder saust weißer Nebel dicht am Schiff vorbei und hüllt es für wenige Sekunden ein. In den Tälern vertrocknete Flußbetten, Geröll, keine Pflanzen, weder Unterholz noch Gras. Eine Stunde fahren wir so, und Eckener schlängelt seinen Luftriesen sicher und instinktiv die richtige Bahn. Da, hinter den zerklüfteten Gebirgswänden eine weite blaugraue Fläche: das Meer! Die Befreiung, die Erlösung! Wie Zustände und Ereignisse sich in der Geschichte der Menschheit ewig wiederholen, so auch die Gemütswallungen. In uns jubeln die Herzen jener zehntausend Griechen, die einst nach langem, strapazenschwerem Marsch das Schwarze Meer erblickten und »Thalatta, thalatta!« riefen. Unser Eckener aber hob die Arme empor und rief freudig bewegt: »Das ist Luftschiffahrt!« Als seien wir aus höllischen Gefilden in paradiesische geglitten, schäumen nach wenigen Minuten rechts und links phäakische Küsten um steil abfallende weiße Felswände. Wir sehen den grünlich weißen Schaum an den Strand rauschen, sehen die Klarheit des Wassers, kleine Fischerhäuser, kleine Boote und eine Robbe, die sich sonnt. Fahren die Insel Sachalin entlang und haben an der Spitze von Jesso den ersten japanischen Leuchtturm und dann in Sonnenhelle die ganze Küste. Weit laufen die Felsen ins Meer bis zu kleinen spitzen Ausläufern.

Jetzt Hokkaido. Immer klarer wird die Sicht. Wir überfliegen die Küsten wohl fünfzig Kilometer weit, den weißen Sandstrand, die breiten, wuchtigen Wellen. Ich sehe die ersten japanischen Häuser und grüße durch das Fernglas den ersten japanischen Menschen! Er hat kurze weiße Hosen an, einen weißen Kittel über dem nackten Oberkörper, einen großrandigen, spitzen Strohhut auf dem Kopf. Jedes Anwesen ist zierlich und sauber in das Gelände gesetzt. Immer einige Bäume um das Hauptgebäude und eine niedrige Hecke um den ganzen Besitz. Ringsum kleine tiefgrüne Maisfelder. Alles ist wie ein Garten eingeteilt, unerhört sauber, spielerisch und vergnügt. Helle Bastmatten. Sonnenschützer leuchten zu uns herauf. Anwesen schließt sich an Anwesen. Die große Insel ein Garten in tausend Teilen und hunderttausend Beeten. In den von Wasser triefenden Reisfeldern Arbeitende mit vorgebeugten Oberkörpern. Als falle ein Glanz dieses schönen Landes auf das Luftschiff zurück, werden wir heiter und rufen »Ah!« und »Oh!« wie die Kinder. Eine Spannung ohnegleichen überkommt uns, je mehr wir uns Tokio nähern. ›Graf Zeppelin‹ stürmt geradezu auf sein erstes Fahrtziel zu.

Da ist es! Am 19. August, 8 Uhr (MEZ) die ersten Vorstädte. Wir sehen auf die Uhr. Wir drücken uns die Hand, wir wissen nicht recht, was wir sagen sollen, wir rufen nur das eine:

»Hurra! Friedrichshafen – Tokio in neunundneunzig Stunden!«

Was war in diesen neunundneunzig Stunden alles geschehen! In neunundfünfzig Stunden hatte das Luftschiff das riesenweite Rußland von der litauischen Grenze bis zum Stillen Ozean überquert. Wer die gleiche Strecke im transsibirischen Schnellzug hätte machen wollen, hätte das Fünffache der angegebenen Zeit gebraucht, und dann hätte sein Zug ohne große Unterbrechungen fahren müssen. Der Seeweg: Die Dampfer, die mit dem Zeppelin zu gleicher Zeit von Deutschland abgefahren wären, sie wären zweiundvierzig Tage bis Tokio unterwegs gewesen. Mit ruhiger Sicherheit war unser Luftschiff dahingefahren, gleichmäßig, ununterbrochen hatten seine vier Maybachmotoren gearbeitet, während der fünfte ruhte. Technisch gesehen war bereits diese Fahrt eine ausgezeichnete, unvergleichliche Probe auf die Zuverlässigkeit der motorischen Kraft, zugleich eine Bestätigung für den außerordentlichen Wert der neuen Treibmittelkombination. Zugleich aber ergab sich eine hoffnungsvolle Aussicht auf eine neue Weise der Ländererforschung.

Wie aber sah nun Tokio von oben aus? Als wären die Dorfhäuser in die Stadt gewandert und hätten nur vergessen, die Bäume und den Garten mitzunehmen. Zwischen ihnen mächtige steinerne Geschäftsgebäude. In den Straßen wimmelte es in mächtiger Aufregung. Das krabbelte und kroch um die Dächer, die platt auf der Erde zu liegen schienen, das schob sich um die Häuserfronten, hing an Masten, winkte

The Osaka Mainichi

& The Tokyo Nichi Nichi

Graf Zeppelin Ends Epic Air Voyage to Japan

Dirigible Pays Respects to Capital of Empire Before Landing

Britain Rejects But There Is Room For More Negotiations

Zeppelin Lands at Airport With Eclat

Thunderous Cheers From Enthusiastic Throats Below Arise as Silvery Shape of Graf Zeppelin Hovers Above Tokyo

Airship Atmosphere Pervades Airport; Record Crowds Flock to Town From Dawn

Banzai Zeppelin!

TODAY Zeppelin Welcome Supplement Gravure 4 Pages

Section

The Osaka Mainichi

& The Tokyo Nichi Nichi

Zeppelin Welcome Special

Moege es dem Luftschiff "Graf Zeppelin" vergoennt sein, seinen bahnbrechenden und epochemachenden Flug um die Welt,— diese Tat, deren Sinnbild die Groesse des Schiffes selbst ist,—sicher und gluecklich zu Ende zu fuehren.

Japanische Presseausschnitte

Die Weltfahrt wurde von der japanischen Presse als großes Ereignis gefeiert.

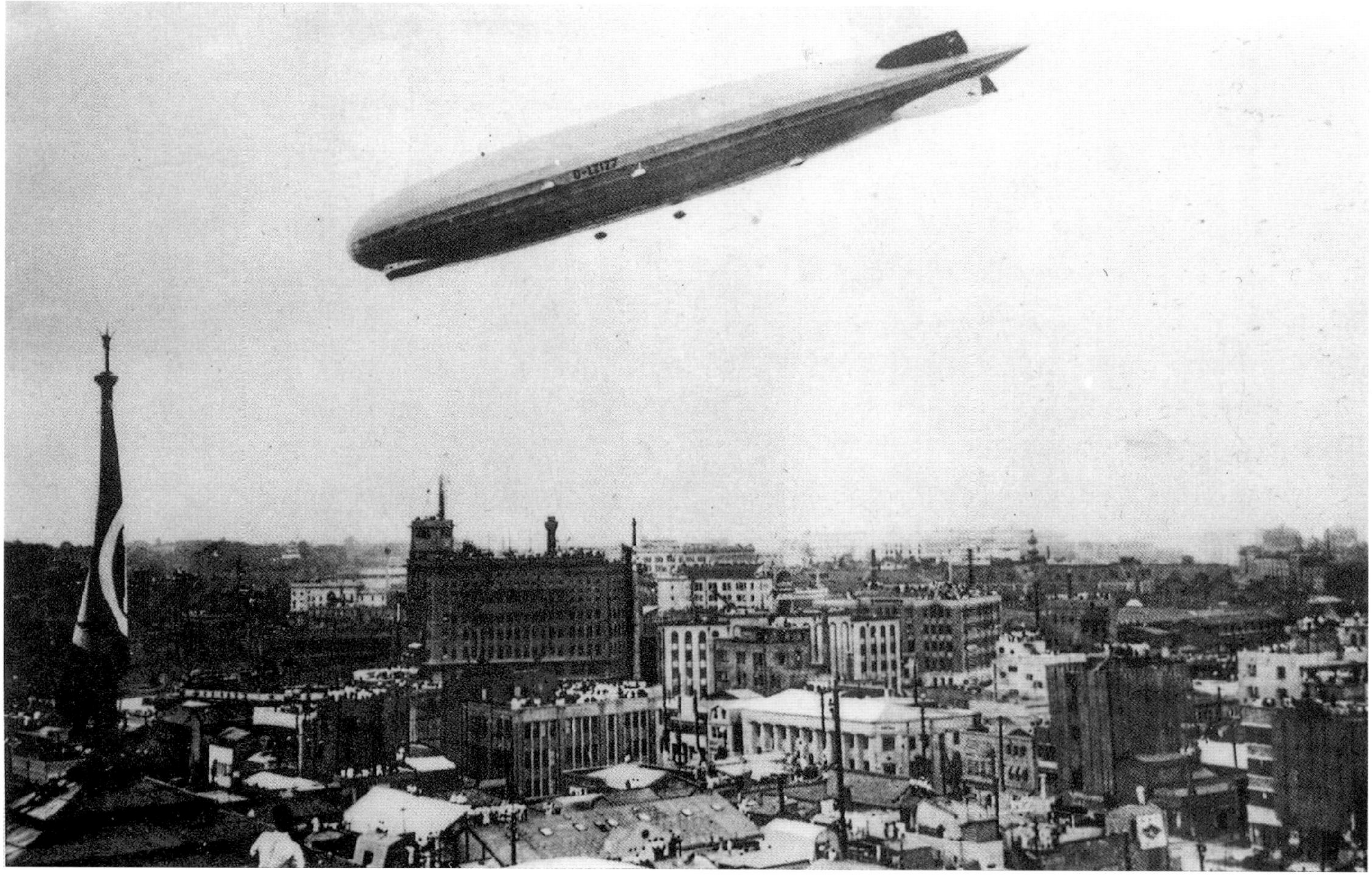

LZ 127 Graf Zeppelin über Tokio
Nur einmal – anläßlich der Weltfahrt 1929 – kam ein deutsches Passagierluftschiff nach Japan. LZ 127 landete auf der japanischen Luftschiffstation, die mit einer deutschen Luftschiffhalle ausgerüstet war. Japan hatte diese Halle sowie ein Zeppelin-Luftschiff als Reparationsleistung nach dem Ersten Weltkrieg erhalten.

von Laternen. Groß und mächtig zog der Zeppelin seine Bahn. Vorsichtig vermied er es, über die kaiserlichen Schlösser zu fliegen, weil das nach japanischen Begriffen eine Majestätsverletzung gewesen wäre, schwenkte zu dem nahen Jokohama, aus dessen erstaunlich lebhaftem und großzügig angelegtem Hafen uns ungezählte Schiffe begrüßten. Nach hundert Stunden Fahrt standen wir über dem Landungsplatz Kasumigaura. In weitem Bogen um die Halle hatte eine ganze Armee von Japanern mit bunten Schirmen, leuchtenden Gewändern Aufstellung genommen. Zahllose Deutsche waren aus allen Teilen Japans herbeigeeilt. Als wir uns niedersenkten, ging ein Schrei der Begeisterung über das Feld zu unseren Kabinen, daß uns einen Augenblick das Herz stillstand. Dazu setzte die Armee der fünfzigtausend Zuschauer zu einem dichten Sturmangriff an. Man sah sie in langer Front über die Wiesen hereinbrechen. Was konnte da noch die Polizei tun? Aber siehe, in respektvoller Entfernung blieben sie wieder stehen, äugten und winkten. Wie wir aus dem Luftschiff herausgekommen sind und wie wir von deutschen Männern und Frauen begrüßt und umarmt wurden, werden wir so leicht nicht vergessen. Zoll- und Paß-Formalitäten wurden mit einer freundlichen Verbeugung erledigt. Im Dunkeln turnten wir, unsere Mäntel und unser Kleingepäck im Arm, auf die Wiese hinüber. Wo standen die Autos zur Bahnstation nach Tokio? Ja, daran war vorläufig nicht zu denken. Umdrängt von Hunderten und Aberhunderten wurden wir, Eckener und seine Offiziere an der Spitze, eingeschlossen und in ein großes Zelt geführt. Hier standen an langen Tischen freundliche, kühle Bierflaschen, hier lagen auf kleinen Tellern merkwürdige Kekse und andere nie gesehene Gebilde. Der erste Schluck Bier! Ich wußte gar nicht, daß Bier so gut schmecken kann. Eine hübsche blonde junge Frau in weißem Kleid schenkte ein. Ein japanischer Marineoffizier kam mit einer Flasche Reisschnaps. Man nahm mir meinen Mantel ab. Durch ein mächtiges Stimmengewirr hörte ich Eckener reden und dann wieder einen Japaner. Eckeners Worte wurden ins Japanische übersetzt. Er wunderte sich mächtig darüber, wie sich sein kurzer Spruch da anhörte. Es gab viel Gelächter, viel Begeisterungsgeschrei, viel Bier, viel Reisschnaps, viel harte Kekse, getrocknete Muscheln von Austerngeschmack und in schwarze Röllchen eingewickelte geräucherte Fischstücke, die wie Schokolade-Zigarren aussahen. Die Hapag nahm sich unserer väterlich an. Dr. Megias und ich stolperten als letzte hinter dem Führer drein, der uns zu den Autos bringen sollte. Natürlich blieben wir immer wieder stehen. Eine junge japanische Mutter in langem weiß-schwarzem Kimono, den Säugling auf dem Rücken eingebunden, hatte es mir besonders angetan, so daß wir den Anschluß verpaßten. Es fand sich ein offenes Auto mit drei japanischen Matrosen am Führersitz, die uns bereitwilligst in den Wagen halfen. Wir waren gerührt von so viel Fürsorge, Herzlichkeit, Begeisterung. Aber das Traumhafte, das Merkwürdige, das Gespenstische begann erst, als wir durch den tiefen, dunklen Sommerabend zur Eisenbahnstation fuhren. Unser Weg führte durch mehrere japanische Dörfer. Manchmal war es wirklich, wie Kapitän Schiller später einmal sagte, als müsse man sich an die Stirn fassen und sich in den Arm kneifen, ob das auch alles Wirklichkeit sei, was wir dort sahen. Da waren offene Häuser mit breiten Fußböden, die dünn wie Papier schienen, darauf lagen Männer, halbnackt und braun, hockten auf den Fersen Frauen, hingen bunte Laternen, schien jedes Haus ein kleiner Laden mit tausend bunten Nichtigkeiten zu sein. Tiefe, schwarze Bäume standen dazwischen. Dann gab es wieder eine Bude dicht am Weg mit Früchten, die wir nicht kannten, mit Papierblumen, vielen kleinen farbigen Flaschen, und aus jedem Gesicht, das uns wie eine fremde, unheimliche neue Welt erschien, leuchteten zwei schwarze, große neugierige Augen.

[...] Ach, ich könnte noch viel von Japan erzählen. Aber ich möchte mir einiges aufheben, so für mich selbst. Ganz gelegentlich, vielleicht nach einem halben Jahr, werde ich davon sprechen. Aber meine Schreibmaschine, die soll noch ins Buch hinein. Ich saß in der Halle von Kasumigaura, neben der Treppe, die zum Zeppelin hinaufführt, auf ein paar Sandsäcken. Vor mir auf einer Kiste meine Tastenlyra. Ich schrieb ein Telegramm über die verzögerte Abfahrt. Erst standen nur zwei Matrosen da und guckten, dann waren es vier, dann sechs und schließlich zwölf. Die am dichtesten standen, senkten ihre schwarzen 0Schlitzaugen fast bis auf die Hebel. Die anderen kletterten auf ihren Kameraden herum, um ja keinen Anschlag zu versäumen. Es gibt also noch Länder, wo die Schreibmaschine ein Wunderwerk der Technik ist. Für ihre Orginalschriftzeichen müßten die Japaner nämlich sechstausend Tasten haben, der Schreibende hätte also mindestens hundert Finger nötig. Nur wer in Japan in englischer Sprache schreibt, kennt diese kleinen Teufelsinstrumente. Sie machen im übrigen uns Schreibenden, die wir sonst an eine holde Sekretärin gewöhnt sind, das Leben sauer, aber dem Telegraphenbeamten das Lesen leicht und angenehm.

Der kleine Unfall, der die Abfahrt verzögerte, hat mit dem Zeppelin an sich nichts zu tun gehabt. Der Schaden war rasch geheilt. Ein ungünstiger Wind verzögerte die Abfahrt bis zum nächsten Morgen. Am 23. August um 15 Uhr erklang das bekannte Kommando: »Taue los!«

Zwanzigtausend Japaner, Hunderte von Deutschen sahen den Zeppelin mit Wehmut verschwinden

Porzellanteller zur Erinnerung ▷
LZ 127 Graf Zeppelin über Japan.

LZ 127 FLUG UM DIE WELT 1929
ÜBER JAPAN
GRAF ZEPPELIN D LZ 127
日本

und riefen ihm Abschiedsgrüße nach. Aus allen Städten und Dörfern Japans war man gekommen, um den Abflug zu sehen. Die ganze Nacht und den halben Tag über war die Halle dicht von den Neugierigen belagert. Die Photos erzählen hiervon mehr, als sich in Worten sagen läßt. Die Erinnerung an den Zeppelin wird in Japan nicht mehr schwinden. Das Ereignis wird bald die Volkskunst beherrschen. Es wird in die Schulbücher kommen und so im Gedächtnis der japanischen Jugend fortleben. Wir sahen in der Stunde der Abfahrt nicht mehr viel vom japanischen Land. Der Himmel war bedeckt, aber die Fülle der bunten, fremdartigen Bilder in unserem Kopf war so groß und die Schnelligkeit, mit der wir sie aufgenommen hatten, so stürmisch, daß wir fast wie betrunken taumelten, als der Zeppelin auf das große endlose Wasser zum zweiten Abschnitt seiner tollen Weltfahrt hinaussteuerte. Wir wußten nur noch eins: Es kann und darf nicht mehr lange dauern, bis wöchentlich ein Zeppelin von Friedrichshafen oder Berlin nach Tokio fliegt. Die Japaner wenigstens werden ihr Teil dazu beitragen. –

›Der Stille Ozean‹, sein Name ist viel zu harmlos. Er müßte ›Der Einsame, der Unheimliche, der Gottverlassene‹ heißen. Tagelang waren wir auf nichts anderes als uns selbst angewiesen. Es gab keinen Blick aus dem Fenster, der nicht das ewig wiederholte, gleiche, einförmige Bild eines kaum gekräuselten Wassers gezeigt hätte. Stets schwammen in langen Strähnen dunkelgelbe Algen darin, zu Klumpen geballt oder hundertädrig auseinandergezogen. Das Wasser hatte keine Färbung. Es war grau. Die Nebel hielten die Spiegelung des Himmels ab. Nur manchmal, wenn sie zerrissen, war das Wasser gleich einer großen blauen glitzernden Farbmasse in einem Riesen-

Weltfahrt 1929 – Zwischenstation Tokio
Eckener nach der Landung in Tokio im Gespräch mit japanischen Offiziellen.

bottich ausgebreitet. Die Wettermeldungen waren das einzig Erregende. Die Gespräche das Erholende. Über alle Mitfahrenden war in den ersten vierundzwanzig Stunden eine Erschöpfung gekommen. Man empfand die Notwendigkeit einer Atempause nach so starken Ereignissen. Das Klappern der Schreibmaschinen ging in ein ruhiges Gleichmaß über. Selbst Lady Drummond Hay, die eifrigste aller Dichtenden an Bord, tippte nur noch kurze Telegramme. Ich möchte bei dieser Gelegenheit einige Worte über sie sagen. Es ist gar nicht so einfach, in einem ausgesprochenen Männerschiff als einzige Frau mitzufahren. Man muß Sportsgeist haben, darf nicht allzu zimperlich sein: muß, ohne mit der Wimper zu zucken, hinnehmen, daß in dem Kabüschen hinter den Kabinen, dem »Waschraum für Damen«, zwei ehrenwerte halbnackte Männer stehen und sich rasieren. Man muß dann eben in seinem geblümten Schlafmantel, mit seinem Spitzenhäubchen, mit dem Schminkkasten, mit der Seife und der Zahnbürste wieder abziehen und geduldig warten. Man hat bei Lady Hay niemals eine indignierte Miene gesehen. Sie war Bordkamerad wie jeder andere, verlangte keine unnötigen Höflichkeitsbezeigungen, keine besonderen Rücksichten und blieb doch ganz und gar Frau. Dazu eine Frau von bewundernswertem Fleiß und bewundernswerter Nervenkraft. Sie hat ohne Zweifel am meisten telegraphiert, am meisten gekabelt. Die Amerikaner in Nord und Süd verlangten hartnäckig zum Frühstück ihre Sensation. Wenn der Steward einmal ein neues Gericht brachte, wenn Vater Eckener von einem japanischen Huhn herrührend ein wenig Magenweh verspürte, wenn eine kurze Gewitterbö kam, Lady Hay machte daraus einen Artikel, lang und inhaltsreich, ganz nach dem Niveau ihrer Leser. Ich habe ihr oft still zugesehen. Da saß sie, immer hübsch angezogen, immer gut zurechtgemacht, immer unverdrossen und schrieb und schrieb. Wenn sie fertig war und man stand gerade am Fenster in der Nähe, dann sagte sie irgend etwas Nettes. Als ihr ein Radiotelegramm die Nachricht brachte, daß ihre Eltern von London gekommen seien, um sie in Lakehurst zu erwarten, lief sie aufgeregt im Schiff umher und erzählte es jedem, den sie gern mochte, mit einer geradezu kindlichen, natürlichen Freude. Sie betrieb keine Koketterien, wollte nicht wirken, und so durfte unsere Galanterie sachlich, freundschaftlich, kameradschaftlich bleiben. Bei allen Festessen war sie ein Mittelpunkt. Da erschien sie in großer Toilette und hielt mit ihrem zarten dünnen Stimmchen kleine Reden.

*

Wohl sechzig Stunden hindurch sahen wir kein Schiff, kein lebendes Wesen. Einmal tauchte in der Ferne die Flosse eines großen Fisches auf. In der Führergondel meinte man, es sei ein Wal. Wir glaubten es gerne. Vielleicht ist es auch wirklich einer gewesen. Die Flosse glitzerte über den Wellenkämmen. Ein kleines Stück hob sich, ein grauer Leib kam aus dem Wasser empor. Dann verschwand beides. Nach einigen Minuten an anderer Stelle das gleiche Spiel. Und noch einmal. In der unendlichen Einsamkeit des Meeres ein grandioses Schauspiel. Denn jetzt hatte zum ersten Male die unübersehbare, stumme Fläche eine Sprache bekommen. Schnell wurde aus jedem Abend Nacht, Sternennacht über dem Ozean. Wir fuhren zwischen Himmel und Wasser, wie von einem Seil gezogen, schnurgerade unseren Weg. Ich sah während einer solchen Nacht von der ›Brücke‹ her aus dem Fenster. Der Wind riß mir die Haare zur Seite und drang scharf in die Augen. Ich sah an unserem Schiff entlang, sah die Lichter blitzen und dachte: Da liegen sie nun, die braven Passagiere, mit ihren mageren und fetten Beinchen, in ihren Nachthemden und Schlafanzügen, in den Betten der Kabinen und schlafen. Niemand hat das Gefühl einer Gefahr, niemand ist beunruhigt. Sie wissen, daß sie sich dem Schiff ruhig anvertrauen können, sie haben keine Angst, keine Sorge, daß es seinen Marsch über das größte Wasser dieser Welt nicht schnell und pünktlich vollenden werde. Es war wie eine Vorahnung für künftige Flüge, wenn einst Deutschland und die Welt ein Dutzend Zeppeline über Meere und Länder schicken werden.

Es wäre verkehrt zu glauben, daß diese vierzig Stunden nun etwa besonders aufregend oder gar gefährlich gewesen wären. Im Gegenteil. Sie waren nur monoton. Sie luden – zum Postkartenschreiben ein. Auf keinem Abschnitt der Fahrt sind so viel Kartengrüße versandt worden wie auf diesem. Das Schiff, ringsum wie in Watte gehüllt, zog ohne jede Schwankung voran. Ein Dampfer hätte wie verzweifelt tuten müssen. Wir hatten in der Luft keinerlei Zusammenstoß zu fürchten. Hin und wieder wurde der Nebel durch Sonnenstrahlen verteilt. Dann formten sich die seltsamsten Wolkengebilde unter dem Einfluß von Licht und Wind. Trügerisch, als lüden sie zum Aussteigen ein, bauten sie Brücken und Wege

Lady Drummond Hay
Die einzige Frau an Bord während der Weltfahrt und engagierte Vertreterin der amerikanischen Hearst-Presse war begeisterte Luftschiffreisende.

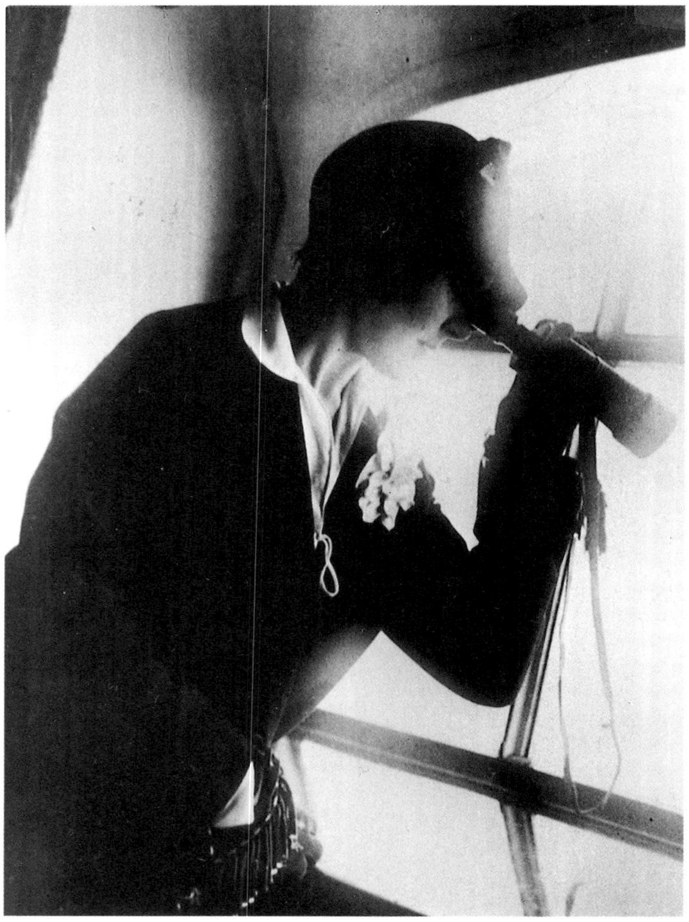

von feinstem Gespinst bis dicht an das Schiff. Blaue Täler und Flüsse, marmorne Hügel mit Bänken und Stühlen wurden schnell und duftig gebildet. Fuhr ein stärkerer Windspeer hinein, so wichen die Erscheinungen für einen Augenblick, und tief unten lag der blaue Rücken des Meeres. Kapitän Flemming, der ›Schutzmann‹ des Schiffes, der immer sorgsam aufpaßt, daß ja nicht zu viele Passagiere die Führergondel betreten, und der es gern gesehen hätte, wenn ich auf der Fahrt zehn Pfund leichter statt schwerer geworden wäre, hatte auf der Bank in der Brücke eine gewaltige Melone entdeckt. Gerade hatte ich das Gefühl, wenn er sie doch in hohem Bogen über Bord schmeißen wollte, da vollführte er auch schon mit diabolischem Lachen die Tat. Das grüne Ding flog und flog im schrägen Winkel zum Schiff. Jetzt verschwand es in einem Nebelschwaden, jetzt glitt es durch ein Wolkengeäst, das wie ein Baum aussah. Jetzt sah es nur noch wie ein großer Apfel aus. Endlich knallte die Frucht auf das Wasser und ging durch die Wucht des Falles sogleich wie Brei auseinander. Ein Passagier, der vor wenigen Minuten geglaubt hatte, man könne ruhig einen Kopfsprung ins Meer wagen, faßte bestürzt nach seinem Schädel. Der Wasserspiegel hatte so nah ausgesehen. Die Melone war dreihundert Meter tief hinuntergeflogen. Als die Nebelfahrt vollendet war, gab's ein paar feindliche Gewitter. Aber der Zepp fürchtete sich nicht. Er durchquerte einige Gewitterböen und schaukelte in ihnen zehn Minuten lang ein wenig hin und her. Die Tische wackelten, es kippte auch einmal ein Glas oder ein Teller um. Aber es wäre unsinnig anzunehmen, daß das irgendwie unangenehm gewesen wäre. Es war eigentlich nur komisch und erheiternd. Dauerte überdies nur kurze Zeit.

Die erste weiße Möwe, immer noch weit von der Küste, die wir erreichen sollten, erschien uns wie eine Taube mit dem Ölzweig im Schnabel, um anzukünden, daß nach der großen Sintflut des Stillen Ozeans es doch noch Land gebe. Alte Seefahrer behaupteten, sie röchen die Nähe des Landes. Am deutlichsten aber spürten sie die Funker, auf die es Telegramme regnete. Hier ist eines: »An Bord des ›Graf Zeppelin‹, 25. August. Wir nähern uns mit Riesengeschwindigkeit der kalifornischen Küste. Alle fünf Motoren laufen. Geschwindigkeit hundertsechzig Kilometer. Los Angeles, das noch keinen Zeppelin gesehen, in großer Spannung. Deutscher Erfinder ankündigt Dr. Eckener eine fabelhafte Erfindung. Funkoffiziere erhalten begeisterte Anerkennung aus Los Angeles für vorbildliche Arbeit.«

25. August nachmittags. Das Schiff hallt wider von dem Ruf: »Land in Sicht!« Es ist Sonntag und kurz vor vier Uhr nachmittags. Fern über das blaue Meer leuchtet die kalifornische Küste. Wir sind in glücklicher Stimmung. Unser spanischer Hidalgo, Megias, hat allen Sekt aufgekauft, und das ganze Schiff muß beim Anblick der Küste mit ihm anstoßen. Kurz nach fünf Uhr San Francisco. Wir ziehen in sechshundert Meter Höhe am stahlblauen Himmel dahin. Dunkelrötlich schimmert der Horizont. Die Felsenküste mit den ersten Wohnstätten sieht aus der Höhe aus wie eine angeschnittene runde Geburtstagstorte. Die Häuser sind wie kleine ziegelrote Bonbons daraufgelegt. Im Meer die zahllosen Kriegsschiffe Spielzeug in einer Badewanne. Und dann, auf der anderen Seite des Felsens, die Wolkenkratzer gleich hochgestellten Dominosteinen. Salutschüsse, Heulen der Sirenen, Pfeifen der Dampfer. Ein Höllenlärm ist losgebrochen. Ein Schwarm von mehr als hundert amerikanischen Fliegern, die Flugzeuge in gelben, blauen und roten Farben, umschwirrt uns. Das Schiff zieht eine große Schleife über der Stadt, dem Goldenen Tor zur Bucht von San Francisco und über den Hügelketten von Oakland. Die Stadt, das Meer, die Landschaft im Licht der Abendsonne ein Panorama von hinreißender Schönheit. Unsere jungen amerikanischen Offiziere an Bord brechen bei diesem Anblick in wilde Naturlaute des Entzückens aus. Und wir alle brüllen mit, um unserem übervollen Herzen Luft zu machen.

Allmählich wurde es Abend und Nacht. Der Schloßbesitz des Zeitungskönigs Hearst blinkte in tausend Lichtern. Ein Turm dabei, von dem ein Scheinwerfer Grüße funkte. Dann kamen die Wunder der kalifornischen Nacht. Hollywood und Los Angeles. Als sei die Milchstraße auf die Erde gefallen und in schwarzen Samt gebettet. Jedes Licht gebrochen wie zu einem Kreuz. Bis zum Horizont in unzählbaren Flämmchen und Flammen der elektrische Spuk. Andächtig guckten wir kleinen Erdenwürmer über den Rand unseres fliegenden Koffers, eingewoben in ein Märchen aus Tausendundeiner Nacht. Ein sanfter Geruch von Dollars stieg aus dem glitzernden Brokatmantel der Stadt empor. Im Leuchten des Mondes, umspielt von weicher Luft der Flugplatz. Die Sonne ging auf, als ›Graf Zeppelin‹ sich niedersenkte. Wir hatten auch diese Nacht nicht geschlafen. Und so

Hans Flemming
Der ehemalige Marineoffizier und Luftschiffkommandant galt als einer der fähigsten Luftschiffkapitäne.

stiegen wir, ein wenig übernächtigt, ungewaschen, unrasiert, mit dem Gefühl, die Kleider vierundzwanzig Stunden nicht vom Leibe getan zu haben, die Treppe hinunter und standen wieder einmal auf festem Boden. [...] Kalifornien grüßte aus einem gewaltigen Fruchtkorb, der jedem Zeppelinfahrer ins Zimmer gestellt war. Da waren Pflaumen und Pfirsiche von nie gesehener Größe, Nüsse wie eine halbe Faust. Ich riß die Umhüllung ab und verzehrte eine mächtige Weintraube. Nur wer so gereist ist wie wir, kann sich vorstellen, was da ein Bad in einem kalifornischen Badezimmer bedeutet. [...]

Ich war gerade angezogen, da klopfte es. Geführt von jenem jungen Deutschen, der mich schon am Radio betreut hatte, kam eine Delegation aus der schönen, an der kalifornischen Küste gelegenen Stadt Alhambra. Der Bürgermeister, ein jugendlicher alter Herr, sehr distinguiert gekleidet, in grauem Sommeranzug, mit frischem, echt amerikanischem Gesicht, weißem gewellten Haar, ein Rechtsanwalt und einige andere Notabeln der Stadt erklärten mir auf meine Frage nach ihren Wünschen, daß sie beschlossen hätten – mich zum Ehrenbürger von Alhambra zu machen. Die Weltfahrt des »Graf Zeppelin«, der große Ruf der »Frankfurter Zeitung«, für die ich berichtete, das Verlangen, neue Verbindungen nach Deutschland zu schlagen, hätten sie auf diesen Gedanken gebracht. In ihrer Stadt sei ein großes Frühstück für mich bereitet, ein Auto stehe unten, ich solle mitkommen, es sei nur anderthalb Stunden Weges. Die Guten! Anderthalb Stunden! Ja, wenn wir auch nur einen halben Tag länger Zeit gehabt hätten! Aber es ging nicht. Ich war sehr traurig darüber, denn als Ehrenbürger in einer Stadt mit einem so schönen Namen zu frühstücken, das würde mir sicherlich in meinem Leben nicht zum zweiten Male zustoßen. Aber – die Unterredung dauerte ganz im Sinne unserer Weltfahrt nur fünf Minuten. Schon bekam ich einen freundschaftlichen Abschiedsklaps auf die Schulter, schon waren die Herren wieder draußen, schon schellte es vom Portier, schon stand Lubitsch unten mit einer langen Zigarre, schon rauchte ich in vollen Zügen und schon saßen wir in seinem Auto nach Hollywood. Es wurde zunächst nur vom Tonfilm gesprochen. Wir hörten zu unserer Ueberraschung, daß er statt abzusterben im Gegenteil erst in Blüte komme, ja, daß in den großen amerikanischen Kinos überhaupt nur noch Tonfilme gespielt würden. Es mag nicht hierher gehören, auf diese Dinge einzugehen, aber ich darf wohl sagen, wie sehr ich mich gefreut habe, daß gerade ein so gewichtiger und bedeutender Künstler wie unser deutscher Lubitsch die Frage sehr ernst nahm und an einer Probe seines ersten Tonfilms bewies, daß eben auch hier und gerade hier die Persönlichkeit den Ausschlag gibt. Wir sahen in einem kleinen Probiertheater ein Stück eines heiteren Werkchens, in dem Chevalier und ein Hund bezaubernde Sprech- und

Menükarte der Etappe Tokio – Los Angeles

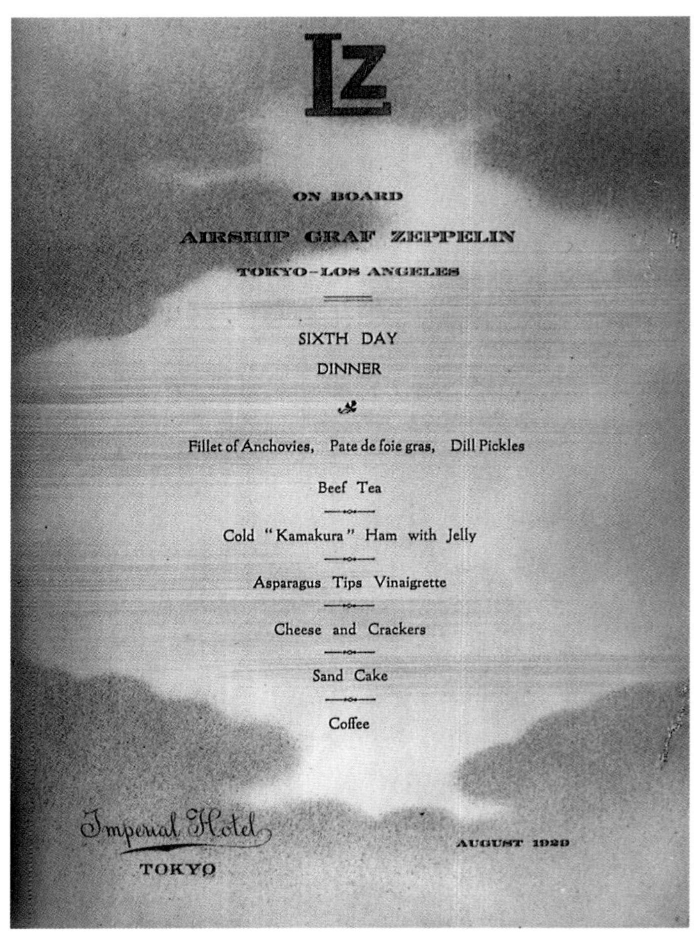

Bellrollen spielen. Ich sah im Atelier von Ludwig Berger, der mitten in der Arbeit war, eine der schönsten Filmdiven, die kleine Mary Bryan, in der Rolle eines armen Mädchens. Sie kam auf mich zu und begrüßte mich und ich weiß jetzt, daß ich beinahe gesagt hätte: »Ach, auf den Photos sehen Sie viel schöner aus!« Wir aßen dann bei Lubitsch. Seine schöne Frau, eine Wiesbadenerin, hatte die ganze Nacht auf unseren Zeppelin gewartet, aber sie erzählte so frisch und amüsant von den Kalifornierinnen, daß es uns schwer wurde, so schnell wieder fortzugehen. Wir wissen nicht sehr viel von Los Angeles. Sie ist eine Stadt der Palmen und Rentiers. Mir war's, als hörte ich immer das Knistern von Dollarscheinen – in anderer Taschen. Das Gleiten und Surren schwerer, glänzender Automobile lag mir noch lange im Ohr. Mit einem Bankett, bei dem mehr als tausend Personen saßen und aßen, kleine erleuchtete Zeppeline wie Spielzeuge durch die Luken des Saales herein- und wieder heraussurrten, wurden wir weggefeiert. Ich habe noch Chaplins verehrungsvolles Gesicht im Gedächtnis. Er trug einen schwarzen Rock, einen hohen Umlegekragen, saß in der Nähe Eckeners und lächelte hin und wieder. Kellner gingen an unseren Tischen entlang und schenkten unablässig Wasser in unsere Gläser, während im Saale die Kalifornier aus der hinteren Hosentasche Whiskyflaschen zogen und uns zuprosteten. Wir saßen nur eine Stunde. Händedrücken, noch eine Zigarre von Lubitsch als Abschiedsgeschenk, einen Gruß an Wiesbaden von Frau Lubitsch, Händeschütteln am ganzen Filmtisch und – schon schwebten wir wieder in der Luft.

Es ist wahr, wir kamen in Los Angeles nicht gut hoch. Durch das lange Liegen in der Sonne war das Schiff zu schwer geworden. Zuerst wurde es wie ein Freiballon auf der ganzen Wiese umhergeführt. Dann ordnete Eckener den Aufstieg an. Ruckweise ging es in die Höhe. Die hintere Gondel kam eben drei, vier Meter über den Mast der Leitung hinweg. Das war nicht gerade ein angenehmes Gefühl. Aber man soll mit dem Wort ›wenn‹ kein Schindluder treiben. Wir sind ja über die gefährliche Stelle gut hinweggekommen! Wenn es einmal in Zukunft in allen wichtigen Orten Zeppelinhallen und Ankermaste gibt, wird man sich eben hüten, in der Nähe dieser Plätze Hochspannungsleitungen anzulegen. [...]

Wie Vater Eckener, ein wenig verärgert über den Aufstieg in Los Angeles, aus der Führergondel kommt, gebe ich ihm zum Trost meine Lubitschzigarre. Er steckt sie schmunzelnd ein. »Wird sofort in Lakehurst geraucht.« Er liebt gute Zigarren. Wenn auf dem nächsten Zeppelin ein kleiner Rauchersalon eingebaut werden kann, so wird er am wenigsten etwas dagegen einzuwenden haben. Das Rauchen an Schiff ist an sich überhaupt nicht gefährlich. Die meisten denken, der Zeppelin fliegt in die Luft, wenn jemand sich einen Tobak anzündet. Aber es ist eigentlich nur das Wegwerfen von Zündhölzern, das Entflammen des Streichholzes das Gefährliche. Daher das Rauchverbot, das vielen so schwer fällt, daß sie ständig eine Mentol-Nudel zwischen den Lippen halten und wie beleidigte Säuglinge daran ziehen.

Was hatte ich mir unter Nordamerika nicht alles vorgestellt. Wir überquerten etwa 13 Staaten. Aber die Fahrt war eintönig, und wenn nicht hin und wieder einige Wirbel das Schiff gepackt und während des Essens ein Teller mit Suppe auf meine Hosen gekippt wäre, so wäre sie sogar langweilig gewesen. Wir fuhren mehr als einen ganzen Tag an der Pacificbahn entlang. Wie eine schmale, unendliche schwarze Leiter lagen Geleise und Querbalken in dem grauen Sand. Der Wind fegte ständig Staubwolken empor. Die Amerikaner erzählten, welche Qual es sei, Tage hindurch in diesen Zügen zu sitzen. Immer habe man den Mund voll Sand, obwohl alle Fenster geschlossen seien. Und der Zeppelin? In seine Fenster kam kein Sand, sondern frische Luft. Während da unten mörderische Hitze brütete, konnten wir in Hemd und Hose am Tisch sitzen. Unsere Fahrt war eine Luxusbeförderung der Bahn gegenüber. Nur einen Luxus durften wir uns nicht gestatten, den des Waschens. Denn um besser hochzukommen, hatte Flemming über dem Flugplatz von Los Angeles das ganze Wasser auslaufen lassen. Aber ich wußte mir zu helfen. Ich entdeckte die Blumenvase von Lady Drummond-Hay, warf die Blumen aus dem Fenster und hatte so einen Liter Wasser für die Reise erobert. Das war doch wenigstens noch ein bißchen von jener Wildwest-Romantik, die sich auf der Erde nicht zeigen wollte. Da standen zwar mächtige Steppenkakteen, da gab es Lämmergeier und schließlich sogar ein paar Pferde, die so taten, als ob sie wild seien. Aber keinen Cowboy, keine Pistolenschüsse, keine Indianerzelte, keine Bären und keine Wölfe. Steppe und immer wieder Steppe. Manchmal von einer Decke goldener Blüten überzogen. Wir waren froh, als wir El Paso erreichten und jene lobenswerte Brücke sahen, die nach Juarez, der mexikanischen Stadt, hinüberführt, wo es keine Prohibition gibt. Jetzt konnten wir die Stunden schon an den Fingern abzählen. Unter uns ein nordamerikanisches Ostpreußen. Gut an Gut. Einen halben Tag hindurch das gleiche Bild. Das Land flach, ohne die geringste Erhebung. Das Fehlen jeglichen Waldes verstärkte den Eindruck einer ungewöhnlichen Verlassenheit, in die sich hier die Farmer begeben. Die Winde liebten uns nicht sehr. Steife Querstöße brachten schaukelnde Bewegung, die indes am Höhen- und Seitensteuer binnen weniger Minuten reguliert wurde. Bis Kansas City dauerte das unendliche Farmerland, fruchtbar gemacht von Menschen, die aus allen Ländern des alten Europas hier zusammengekommen waren, um sich in der Neuen Welt eine neue Heimat zu schaffen.

Chicago! Welche Vorstellungen verbanden sich nicht bei diesem Namen in unserem Gehirn. Seine Schlachthäuser, Upton Sinclairs Kämpfe, die Fabriken, die Fluten des Michigansees. Und was sahen wir? Wir sahen die amerikanischste Stadt der Vereinigten Staaten. Ein Sinnbild werktätiger Arbeit, eine Millionenstadt, die auf ihre eigenen Dächer gekrochen war. Wie Berlin reichte diese Stadt uns ihre gesamte Bevölkerung wie auf einem Präsentierbrett dar. Ein gespenstischer Anblick. Von der Million Gesichter da unten war keines zu erkennen. Auf ein paar Strichen oder Punkten saßen runde, helle Knöpfchen, die hin und her schwankten. Die dreißig Stockwerke der Häuser schrumpften zu einer hochkant gestellten Zigarrenschachtel zusammen, auf deren oberer Fläche sich ein Gewirr von merkwürdigen Lebewesen erhob. Vielleicht riefen sie, aber wir hörten sie nicht, dabei hatten sie ein Herz, eine Stimme und einen Namen wie wir. Wenn ich mich tief aus dem Fenster hinabbeugte und kerzengerade in die Straßen hinabsah, dann war es mir, als käme eine unsichtbare Hand von unten und zöge an allen Sinnen, um den Körper hinunterzureißen auf die Straßen, die wie ein graues, schmales Band waren, über das die Autos in langen Reihen wie kleine, dicke, schwarze Käfer krochen. Es war gefährlich zu denken, daß ich keine Flügel hatte, sondern ein plumpes Schwergewicht war, das auf die Erde gehörte mit seinen Beinen und seinen Bewegungen, statt hier oben mitten in der Luft still zu stehen und so zu tun, als schwebe es von alleine durch den Äther.

Auf dem Michiganboulevard, einem Platz von ungewöhnlichem Ausmaß, ein Gewimmel von hunderttausend Menschen. In der Mitte ein Springbrunnen. Sein Sprudel wie der Schaum einer Sektflasche. Kein Haus, keine Fabrik ohne Bewegung. Als seien es die Steine selbst, die winkten.

Schnell wurde es Abend. Zwei Städte bei Nacht auf dem Wege der Fahrt. Cleveland und Detroit. Beide wie von einem genialen Feuerwerker erhellte Festplätze, um uns zu feiern. Von allen Seiten angestrahlte Türme und Fronten, Funkenregen von Lichtern über der ganzen Stadt. Manches Gebäude mit so hellen Mauern und Fenstern, daß sie wie gläsern aus dem Dunkel hervorbrachen. Scheinwerfer auf den Spitzen der höchsten Gebäude glitten über unser Schiff. Wir hätten es gerne selber in dem Zauber dieser Nacht gesehen. Schlafen? Wie war es möglich zu schlafen! Noch einige Stunden und…

Die Augen fielen zu. Man saß auf einem Stuhl in der Ecke des Salons und wartete auf den Morgen.

Nach erfolgreicher Landung

Nach der Umrundung der Erde wurden Passagieren und Besatzung des Luftschiffes in New York ein begeisterter Empfang zuteil. In einer Konfetti-Parade wurden sie durch die Metropole geleitet.

Er kam. War es ein elektrischer Strom oder sonst irgendeine Magie, die den Nerven wieder Kraft gab? In der Tiefe lag blauer Dunst. Er schwelte über kleinen, kümmerlichen Häusern und Gärten, den Vorläufern von New Jersey. Und dann, wie ein Alpdruck, wie eine Erscheinung, die kleine Insel Manhattan mit der großen Metropole New York. Die bleichen Häuserriesen sahen aus, als seien sie eben übernächtigt aus einem wirren Schlaf erwacht und neigten ihre grotesken kleinen Turmköpfe zueinander. Morgennebel hatte um sie einen grauen Schleier gelegt. Das Freiheitsdenkmal wie ein Tintenfaß, eine kleine, dunkle Silhouette auf einem großen Klotz. Allmählich erwachte die Stadt und begrüßte donnernd das Mädchen aus der Fremde, das da westwärts gezogen kam. [...]

Da bin ich nun in New York. Wie kommt das, daß ich auf einmal hier im Hotel stehe? Ich weiß es nicht. Alle Maße von Zeit und Begriffen verwischen sich im Wirbel der Ereignisse. Bin ich schon zwei Tage in New York? Oder sind es zwei Stunden? Vielleicht. Ich weiß auch das nicht. Ich weiß nur, daß ich heute geflohen bin – fort von den Festessen, von den Interviews, aus der Gesellschaft der Mitreisenden, aus dem Millionärshotel, fort von den Dienerbücklingen. Und dann erst sah ich New York! Da stand ich an der Ecke des Broadway, lehnte an der Marmorsäule eines Warenhauses und sah den Strom von Menschen, die wie aus der Unterwelt emportauchten und vorüberhuschten. Es müssen wohl tausend jede Minute gewesen sein. Unter den tausend sah ich nur wenige Männer, meist Frauen, bemalt wie Indianer auf dem Kriegspfad. Mit der ganzen naiven

Der Globus ist umrundet
Hugo Eckener zeichnet nach der Landung in Lakehurst die Route der Weltfahrt auf dem historischen Globus der Stadt New York ein. In seiner Begleitung befinden sich Lady Grace Drummond Hay und Ernst A. Lehmann sowie Bürgermeister Walker.

Unbekümmertheit eines Naturvolkes kamen sie stolz und sicher daher. New York hatte nicht nur die höchsten Häuser, sondern auch die kürzesten Röcke, und die geradesten und die verbogensten, die wohlgeformten und die dicksten Beine steckten in dünnster Seide.

Sanfte Negeraugen kugelten aus großen, schwammigen Visagen hinter goldenen Brillen hervor. Da liefen Farmer aus der Provinz herum, in kurzen Hosen, wollenen Kniestrümpfen und langen karierten Beinkleidern. Sie trugen alte Handtaschen bei sich wie bei uns die Hebammen. Auf dem Kopf saß ihnen ein kleiner spitzer Strohhut. Mächtige Stiefel an den Füßen, geeignet, den Mississippi zu durchwaten. Ich fuhr auf der Untergrundbahn, deren Höllenlärm das Trommelfell zerrüttete. Ich trank den ganzen Tag Eiswasser, besuchte jede Art von Restaurants, nahm bei dem Drogisten einen Tee, aß beim Schneider Sandwiches, ließ mir beim Barbier die Stiefel putzen, hörte im Kino mit fünftausend begeisterten New Yorkern zusammen die ›Tannhäuser‹-Ouverture von dreihundert Musikern spielen, den Anfang in Jazzrhythmus, den Schluß von hundert Waldhörnern als Choral geblasen. Sah mich in der ›Wochenschau‹ im Zeppelin über Sibirien fahren und erstaunt zum Fenster herausgucken. Ging in eine Revue, die schon seit zwei Jahren mit rauschendem Erfolg aufgeführt wird. Da wurden die hundert schönsten Mädchen Amerikas gezeigt. Alle blond. Schauer des Entzückens – mich ausgenommen – rieselten durch zweitausend Zuschauer. Bei einer anderen Nummer des Programms jagten Jockeis auf richtigen Rennpferden in voller Karriere auf rollender Drehbühne auf dem Fleck dahin. Und als es Nacht geworden war, hatte ich noch immer nicht genug und zog durch Harlem, das Negerviertel.

Tagsüber machte ich einen Spaziergang zu den Wolkenkratzern. In stillen Winkeln entdeckte ich kleine, gemütliche Millionärsvillen aus alter Zeit, die leerstehen, weil sie abgerissen werden, um den bodensparenden Wolkenkratzern Platz zu machen. Ich mußte unbedingt zweiunddreißig Stock hoch hinauffahren, um dort den Ausblick auf das Meer zu genießen. Als ich aber im Lift die zweiunddreißig Stock wieder hinunterfuhr, da wurde es mir viel übler, als wenn unseren guten ›Graf Zeppelin‹ Gewitterböen hinauf- und hinunterboxten.

Ich warf einen Blick in die Carnegie-Bibliothek, wo jedes Buch in zehn Minuten erhältlich ist. Ich verlangte spaßeshalber »Die blonde Gräfin« von der Courts-Mahler, und kaum gedacht, hatte ich sie auch schon. Ich sah die Columbia-Bibliothek in ihrer Ferienruhe liegen, besuchte Studenten-Hochhäuser, in denen links die Studentinnen und rechts die Studenten wohnten und aßen, raste ins Museum, um ein Selbstbildnis des alten Rembrandt zu finden, sah ihm ins Auge und dachte an die trostlose Verlassenheit sibirischer Einöden, an den Ernst der mexikanischen Felsengebirge und an die Kraft, die in jeder Einsamkeit liegt.

Im Umhertreiben erhielt ich die Nachricht, daß ich Samstag morgen noch von Bürgermeister Walker empfangen werden soll, erhielt ich die Nachricht, daß mich ein Dutzend Interviewer sprechen wollten, erhielt ich eine Einladung zum Tee mit dem Hinweis, daß ich Cocktails in den Teetassen erwarten dürfte – wurde zu allem Überfluß von drei Kusinen antelephoniert, die, obwohl sie ihren Namen ganz anders schrieben, darauf bestanden, mit mir verwandt zu sein. Und – kümmerte mich um nichts!

Man weiß genug von dem rauschenden Empfang vor der City Hall, von der Speisung der Dreitausend und der abermaligen Bewirtung mit klarem Brunnenwasser. Diesmal jedoch saßen die New Yorker fein artig im Parkett. In den vorderen Reihen wenigstens sah ich niemand, der den hinteren Rockzipfel lüpfte, um ein Privatfläschchen hervorzuholen. Es wäre sinnlos, die Reden zu wiederholen, die gehalten wurden. Sie sind durch die Zeitungen gegangen. Wichtig aber ist festzuhalten, daß auch diese gesellschaftliche Zusammenkunft klar im Zeichen der Freundschaft des amerikanischen und deutschen Volkes stand und daß es ›Graf Zeppelin‹ war, der als Signum neuer und starker Hoffnungen darüber stand. Wie wurde Eckener gefeiert! Dabei liegt ihm das Gefeiertwerden gar nicht. Er sieht zu helläugig hinter die Dinge, um nicht zu erkennen, was der Sensation und was einer tieferen Bewegung gehört. Er kennt aber die Amerikaner und weiß, wie bei ihnen beides ineinander übergeht. So blieb er, um die Früchte zu ernten, im Lande. Zudem lag es ihm daran, vor aller Oeffentlichkeit darzutun, daß das Schiff auch ohne ihn fahren könne. Dummes Gerede, er sei eine Primadonna und feuere jeden Konkurrenten zum Fenster hinaus. Er hat seine ihm so eng verbundenen Offiziere niemals als Konkurrenten betrachtet, das weiß ich aus ihrem eigenen Kreise, sondern immer nur als Kameraden, als idealistisch gesinnte Mitarbeiter an einem Werk, aus dem wahrhaftig keine Goldströme für die eigene Tasche zu ziehen sind. Eckener und seine Leute leben von sehr bescheidenen Gehältern, sie dienen dem Gedanken des Schiffes. Und wenn nun gar ein albernes Geschrei darüber erhoben wird, Eckener sei ein gerissener Geschäftsmann, so ist dazu eigentlich nur eines zu sagen: Gott sei Dank, daß er es ist! Wäre er nicht gewesen, hätte er nicht mit norddeutscher Zähigkeit und Klugheit alle Winde für die Segel seiner Hoffnungen abgewartet – es gäbe heute in Deutschland überhaupt keinen Zeppelin!

Kapitän Lehmann und seine Kameraden brachten den Stolz Deutschlands, den ›Graf Zeppelin‹, wohlbehalten nach Friedrichshafen zurück. Es war ein etwas verwandeltes Schiff, seit es von Lakehurst abgefahren war. Viele Reisegenossen waren ausgestiegen, und wir vermißten sie. Wir vermißten die vornehme, schlanke Gestalt des Commander Rosendahl, der sich immer ein wenig abseits hielt, las und schrieb, wir vermißten den jungen Leeds, unseren Milliardär, dessen unbekümmerte Fröhlichkeit selbst noch die Nächte erfüllte und der erst am hellen Vormittag frisch und gesund, wie aus dem Ei gepellt, im Salon erschien. Sein »Morning« erklang immer wie ein Trompetenruf. Er war für uns, ebenso wie Leutnant Ricardson, ein Sinnbild des jungen Amerika. Wir dachten an Hubert Wilkins, der nach der Weltfahrt eine schöne Schauspielerin geheiratet hatte, dachten an die japanischen Offiziere, den Major Shiwata und den Kapitänsleutnant Kusaka, an ihre großen Blechbüchsen mit den merkwürdigen getrockneten, seltsam eingewickelten Fischstückchen, an ihre klugen Gespräche über Deutschland und die Zukunft des Zeppelingedankens. So konnten uns nicht so schnell zurechtfinden, als die neuen Passagiere uns im Salon und im Gang vor den Kabinen begegneten. Wohlhabende Leute, die ihr Wochenende in Deutschland verbringen wollten und die im Grunde ihres Herzens nicht ahnten, was wir hinter uns hatten.

Als Spaniens Küste erreicht war und König Alfonsos Telegramme uns bewillkommneten, grüßten wir den alten, vielverlästerten Kontinent mit dem letzten Sekt, den wir vorfanden, aus vollen Gläsern. Über das schlafende Frankreich – in Bordeaux war in den nächtlichen Straßen kein Mensch zu sehen – ging es der Heimat zu. Kapitän von Schiller eilte durch das Schiff und verteilte die Medaillen für die Weltfahrt, die uns Bürgermeister Walker als Erinnerung an die Weltfahrt und die Stadt New York überreichen ließ. Der ›Orden‹ hing an einem blauweißgelben Bande und sah, goldblinkend, sehr stattlich aus. Wir hefteten ihn heiter an die Heldenbrust, aber als wir im Salon von den Amerikanern mit Händeklatschen empfangen wurden, legten wir ihn schamvoll sogleich wieder ins seidene Kartonbettchen zurück. Denn schließlich waren wir ja nur mitgefahren, und unser Verdienst bestand nur darin, daß wir das Rennen mit ausgehalten und darüber berichtet hatten.

Nach einer sternklaren Nacht Sonnenaufgang über der Heimat. Was wir gesehen hatten, war nicht vergessen. Aber das deutsche Land spielte uns eine Symphonie von Erinnerungen, öffnete den Wolkenvorhang vor einer Fülle so zaubervoller Dinge, die auf der Bühne der Erde ausgebreitet lagen, daß die Weltfahrt für eine Stunde aus unserem Gehirn wegge-

löscht war. Ja, das waren die geliebten Wälder, das waren die Berge und Täler, das die kleinen zierlichen Städtchen. Wie lachte die Sonne über den Alpen! Verstreut im Grün der Äcker und Bäume ein Regen von winzigen roten Ziegeldächern und weißen Häuserfronten. Schatten wie mit Tusche lässig durch lichtes Waldgrün gezogen. Die Amerikaner standen an den Fenstern und riefen ihr »Wonderful« und »Nice«. Wir waren gerührt und verstummt. Uns waren die Freudentränen näher als das Lachen.
Da lag Konstanz im Morgenlicht mit Menschen wie mit lauter winzigen bunten Blumen besteckt. Auf dem Längseck des Domturmes ein Beet von Fahnen und Tüchern. Die Brücken, die Straßen, das Ufer ein einziger Willkommensschrei. Auf einem Friedhof tanzende Kreuze, denn auf jedem Grabstein stand ein Mensch, der die Arme schwenkte. Der Spiegel des Bodensees nahm das Bild des Schiffes auf und führte es nach Friedrichshafen.

Mit diesem grandiosen Flug, der die ganze zivilisierte Welt zur Bewunderung hinriß, hat das Luftschiff bewiesen, daß es ein ausprobiertes Verkehrsmittel ist, daß die Pionierarbeit, die jetzt geleistet worden ist, bereits den ersten Schritt zu einer praktischen Entwicklung des Luftverkehrs durch Zeppeline bedeutet. Die Maybachmotoren haben gezeigt, daß sie allen Anstrengungen gewachsen sind. Das Gebrumm der Maschinen, ihr tiefes Orgeln und feines Sausen begleiteten uns ununterbrochen vierundzwanzig Tage. Und die Menschen, die Besatzung, der wir uns anvertrauten, sie gaben uns das Gefühl einer vollkommenen, durch nichts zu störenden Sicherheit. Ihre Namen sind in diesem Buch als besonderes Andenken an diese historische Fahrt verzeichnet. Ihnen gehört der ganze Ruhm.

Landung in Friedrichshafen nach der Weltfahrt
Viele Schaulustige feiern den glücklichen Abschluß der ersten Umrundung der Erde auf dem Luftweg.

Durchbruch in der Polarforschung
Die Expedition von 1931
von Arthur Koestler

Im Sommer 1931 schlossen die vier größten deutschen Banken die Schalter, und gleichzeitig gab die Reichsregierung ihre Unfähigkeit bekannt, weiterhin Reparationszahlungen zu leisten. Die Wirtschaftsdepression hatte ihren Tiefstand und die Zahl der Arbeitslosen ihren Höchststand erreicht. Niemand war seines Arbeitsplatzes sicher. Inmitten dieser Krise rief mich der Direktor des Ullstein-Konzerns in sein Büro.

»Wie alt sind Sie?« fragte er.

»Sechsundzwanzig.«

»Unverheiratet, keine Familie oder Angehörige?«

[...] Verlagsdirektor Dr. Wolff, ein untersetzter, behäbiger und etwas schüchterner Bayer, schien leicht verlegen.

»Sie sind für Ihr Alter schon ziemlich weit herumgekommen – überall hin, bloß nicht zum Nordpol, ha, ha«, sagte er. »Also, wenn Sie mir versprechen, sich nicht mit den Eisbären zu raufen, ha-ha! – könnten wir Sie dorthin schicken«, erklärte er. »Wir haben nämlich das Nachrichtenmonopol für die Zeppelin-Nordpol-Expedition um einen Pappenstiel gekauft...«

[...] Drei Wochen später, am 26. Juli 1931, begann der Zeppelin die Fahrt, eine Expedition, die sich im großen und ganzen zu einem der erfolgreichsten Abenteuer ihrer Art gestaltete. Sie sollte zugleich der Höhepunkt meiner journalistischen Laufbahn werden. Ullstein hatte sich das Nachrichtenmonopol gesichert, so daß ich der einzige Pressevertreter an Bord war. Idealer hätte es sich kein Zeitungsmann wünschen können. Während eines Non-Stop-Fluges von fünf Tagen und vier Nächten bewerkstelligte die Expedition eine nahezu vollständige geophotographische Vermessung der arktischen Landmassen zwischen dem 40. und 110. Längengrad Ost (vom Franz-Joseph-Land bis nach Sewernaja Semlja), entdeckte ein halbes Dutzend Inseln, strich andere von der Karte, füllte einen der letzten weißen Flecke auf der Weltkarte aus und vollbrachte nach den Worten des Expeditionsleiters »in etwa neunzig Stunden eine

Arthur Koestler
Arthur Koestler (1905–1983) nahm 1931 im Auftrag des Ullstein Verlags als Wissenschaftsjournalist an der berühmten Polarexpedition mit der ›Graf Zeppelin‹ teil. Er war der einzige Pressevertreter an Bord, da der Verlag das Nachrichtenmonopol erworben hatte.

Arbeitsleistung, zu der eine kombinierte See- und Landexpedition mehrere Jahre gebraucht hätte, ohne gleich zuverlässige Resultate zu erzielen«. Einige frühere Luftexpeditionen in die Arktis hatten mit Katastrophen geendet. Nobiles Luftschiff ›Italia‹ war abgestürzt und Amundsen auf der Suche nach den Überlebenden samt seinem Flugzeug für immer verschollen. Die Zeppelin-Expedition stellte einen Wendepunkt dar: Sie machte der romantischen Ära der Polarforschung ein Ende und leitete die wissenschaftliche ein. Darin, mehr noch als in ihren Einzelergebnissen, liegt ihre geschichtliche Bedeutung.

Die merkwürdigen Ereignisse, die zu dieser Expedition führten, waren jedoch alles andere als romantisch oder wissenschaftlich; es handelte sich vielmehr um einen hirnverbrannten, von dem inzwischen verstorbenen William Randolph Hearst ausgeheckten Plan zur Schaffung einer Zeitungssensation.

Anno Domini 1900 hatte ein Professor Anschütz

in Kiel in einer Broschüre die Ansicht vertreten, daß ein Unterseeboot unter der Eisdecke hindurch zum Nordpol vorstoßen könne. 1929 gab der Journalist und Polarforscher Sir Hubert Wilkins seine Absicht bekannt, diese Idee verwirklichen zu wollen. Er wandte sich an die amerikanische Regierung, die aber vernünftigerweise ablehnte. Darauf eröffnete Wilkins Verhandlungen mit Hearst. Diesem gefiel das Projekt, und er gab ihm einen zusätzlichen Dreh. Ein Unterseeboot unter dem Nordpol wäre gewiß eine Sensation; aber ein U-Boot *und* der ›Graf Zeppelin‹ darüber, die sich durch ein Loch im Packeis begrüßen – das konnte eine der größten Sensationen aller Zeiten werden.

Am 3. Juni 1930 erklärte sich die amerikanische Regierung bereit, Sir Hubert Wilkins ein ausgedientes Unterseeboot, die ›P12‹, zu überlassen. Sie wurde in ›Nautilus‹ umgetauft – als Erinnerung an Kapitän Nemos berühmtes Schiff in Jules Vernes *Zwanzigtausend Meilen unter dem Meer.* Im Dezember 1930 begab sich ein pensionierter Korvettenkapitän der amerikanischen Kriegsflotte, Sloan Dawenhover, nach Rouen, um den Enkel des Dichters Jean Jules Verne, einen Rechtsanwalt, im Namen Hearsts einzuladen, die ›Nautilus‹ zu taufen und an der Fahrt teilzunehmen. Verne ging darauf ein.

Dann wurde die ›Nautilus‹ mit diversen Hilfsgeräten ausgestattet, die die Dicke des Eises messen, Löcher in der Eisdecke finden und diese durchbohren sollten, falls das nötig wäre. Hierfür wurde auf den Bug ein elektrischer Drillbohrer montiert. Technisch war das eine Schnapsidee. [...]

Im April 1931 begab sich die ›Nautilus‹ alias ›P 12‹ auf die große Fahrt über Spitzbergen und den Pol nach Alaska. Die Reise wurde zur Tragikomödie. Mitten im Atlantik versagten die Maschinen, und die ›Nautilus‹ mußte nach Plymouth getäut werden. Nach langwierigen Reparaturen fuhr sie wieder aus und erreichte Bergen, wo sie neuerdings Maschinenschaden hatte; nach weiteren Reparaturen kam sie bis Spitzbergen, wo sie zum drittenmal liegenblieb. Schließlich versenkte man sie zu jedermanns Erleichterung im Fjord von Bergen.

Plangemäß hätte der Zeppelin starten sollen, wenn die ›Nautilus‹ den 85. Breitengrad hinter sich ließ. Da sie jedoch schon lange vorher ihr unrühmliches Ende fand, verlor Hearst das Interesse an der Sache. Da sprang das Haus Ullstein in die Bresche und kaufte für den Spottpreis von 10 000 Dollar das Nachrichten- und Bildmonopol. Natürlich genügte die Summe zur Deckung der Expeditionskosten bei weitem nicht, und so begann der Komödie zweiter Teil. Besitzer des ›Graf Zeppelin‹ war ein Privatunternehmen, die Zeppelin GmbH, deren einzigen Aktivposten das Luftschiff bildete. Ihr Geschäftsführer war Dr. Eckener, der berühmte Kapitän des Zeppelins, der damals auch als Präsident der ›Aero-Arctic‹ wirkte, einer von Fridtjof Nansen im Jahre 1925 gegründeten internationalen Polarforschervereinigung.

Die ›Aero-Arctic‹ hatte viele ehrgeizige Pläne, aber kein Geld für ihre Ausführung. Nach dem Tode Nansens im Jahre 1930 war die Gesellschaft so klug, Eckener zu seinem Nachfolger zu wählen, weil man hoffte, er würde ihr sein Luftschiff zur Verfügung stellen. Aber Eckener, durch Nobiles Absturz gewarnt, zeigte wenig Neigung seinen Zeppelin – Deutschlands einzigen – den Fährnissen der arktischen Lüfte auszusetzen. Er betrieb ihn lieber als Luxusfahrzeug für Vergnügungsreisende in den Orient und nach Südamerika. Der ›Graf Zeppelin‹ dürfte wohl das teuerste Verkehrsmittel aller Zeiten gewesen sein; ein Kabinenplatz kostete mehrere tausend Dollar.

Das später von Ullstein übernommene Hearst-Projekt sagte Eckener jedoch zu, und er willigte ein, sein Luftschiff zum Nordpol zu fliegen. (In seinen Erinnerungen hat Dr. Eckener die vertraglichen Vereinbarungen mit William Randolph Hearst wie folgt wiedergegeben: »Wenn es dem Luftschiff und dem U-Boot gelingt, sich am Nordpol zu begegnen und dort Post und Passagiere auszuwechseln, so zahlt der Hearst-Verlag 150 000 Dollar für die Berichterstattung von Bord des Luftschiffs. Wenn es dem Luft-

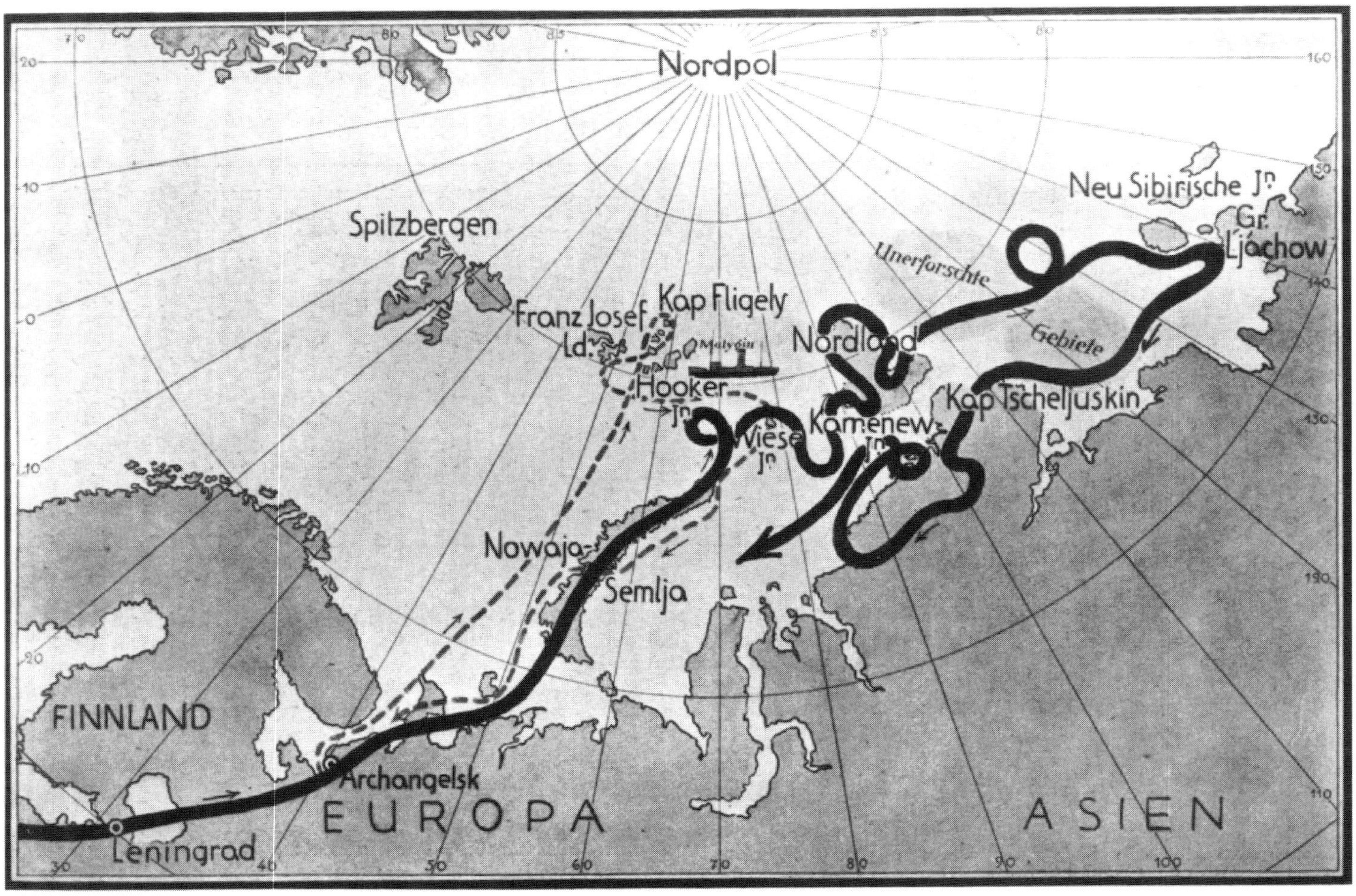

Route der Polarfahrt von LZ 127 Graf Zeppelin 1931

schiff und U-Boot gelingt, sich am Pol zu treffen, zahlt der Verlag 100 000 Dollar. Wenn dagegen nur eine Begegnung irgendwo in der Arktis gelingt, zahlt der Verlag nur 30 000 Dollar.« Dr. Hugo Eckener *Im Zeppelin über Länder und Meere.* Flensburg 1949). Das Haus Ullstein übernahm einen Teil der Kosten, die ›Aero-Arctic‹, die die Expedition unter ihre Fittiche nahm, steuerte gleichfalls Geld bei; ein weiterer Betrag sollte durch die Sonderausgabe von ›Zeppelin-Nordpol-Briefmarken‹ aufgebracht werden, worauf wir noch zurückkommen werden. Aber all das genügte nicht. Da forderte man patriotische Industrielle auf, die nötigen Ausrüstungsgegenstände zu stiften. Der Appell zündete, und in den Zeppelinhafen am Bodensee ergossen sich Körbe und Kisten mit wasserdichten Overalls, getrocknetem Fisch, Schiffszwieback, Zelten, Schlafsäcken, Windlaternen, Schlitten für den Fall einer Notlandung, Harpunen zur Seehundjagd, Lassos zum Eisbärenfang, Rheinwein zur Aufrechterhaltung der Stimmung, frostsicheren Füllfederhaltern und sogar Mentholzigaretten, da im Luftschiff nicht geraucht werden durfte. Nur etwas, das Allerwichtigste, kam nicht: Pelzmäntel. Sie waren zu teuer, um *ad polaris gloriam* verschenkt zu werden. So mußten wir ohne warme Mäntel auf die große Fahrt gehen, ein Umstand, der bei einer Notlandung den sicheren Tod bedeutet hätte und Schlitten, Lassos und Harpunen zu bloßen Bühnenrequisiten stempelte. Das gehörte mit zu den Expeditionsgeheimnissen, über die mir als offiziellem Berichterstatter Schweigen auferlegt wurde.

Ein zweiter, noch betrüblicherer Umstand mußte der erwartungsvollen Öffentlichkeit gleichfalls verheimlicht werden: wir wollten gar nicht zum geogra-

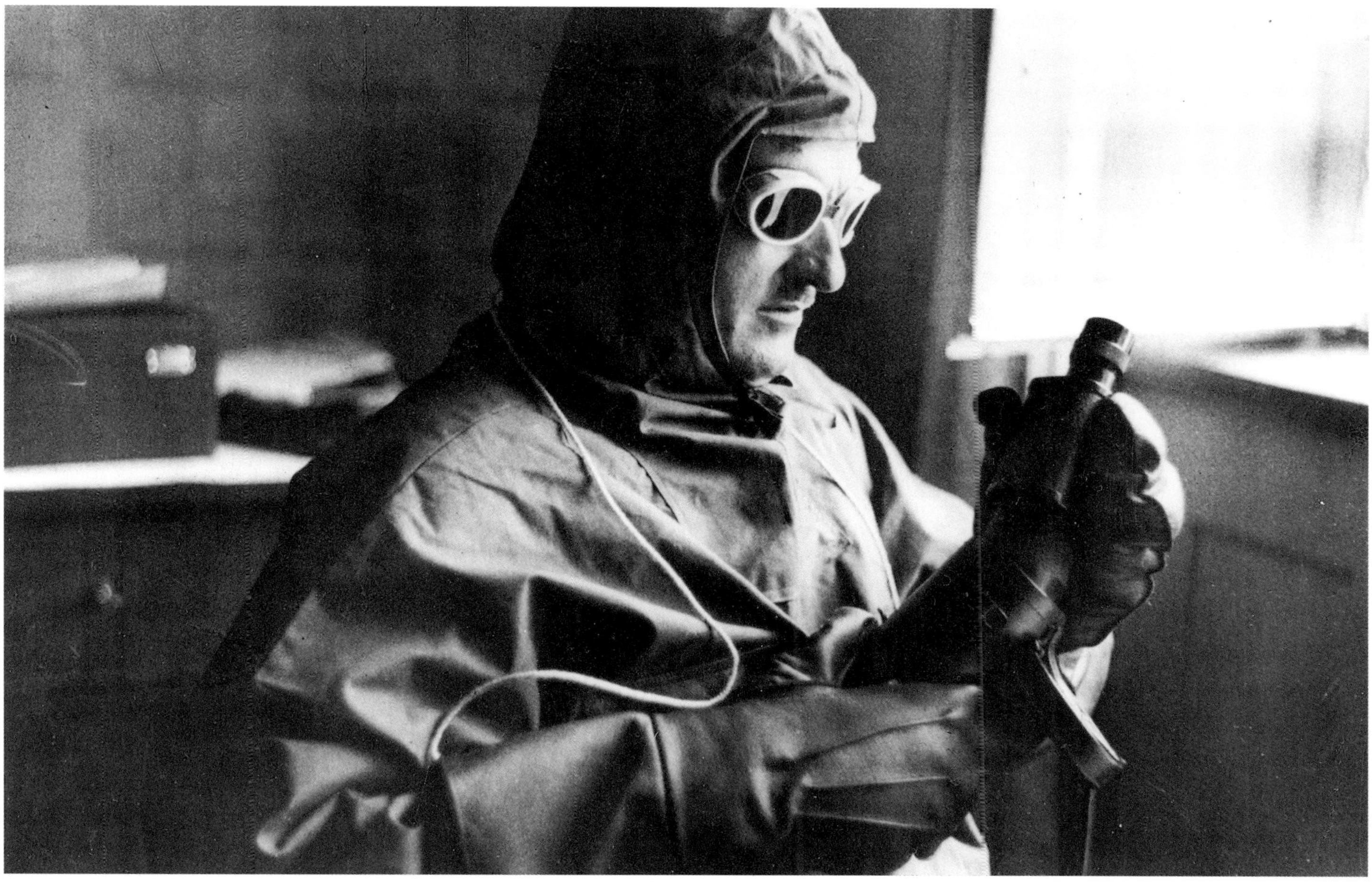

phischen Punkt des Pols. Die ursprünglich von der ›Aero-Arctic‹ kartographisch festgelegte Flugroute führte von Leningrad über Archangelsk–Nowaja-Semlja–Taimyr Halbinsel–Sewernaja Semlja–Nordpol nach Kamtschatka. Mit der Treibstoffkapazität des Zeppelins wäre dieser Plan ohne weiteres durchführbar gewesen, aber seine Urheber hatten einen ausschlaggebenden Faktor übersehen: die Versicherungsgesellschaften. Und diese hatten, wie sich herausstellte, vor dem Nordpol einen unüberwindlichen Horror. Bis zum 80. Breitengrad stiegen die Versicherungsprämien in arithmetischer, von dort an in geometrischer Reihe. Nach einigem Feilschen mit den Versicherungsleuten einigte man sich insgeheim auf den 82. Breitengrad als nördlichste Begrenzung der Flugroute. Eckener hielt sich dann auch strikt an den Buchstaben des Vertrages – zur Verzweiflung der anderen Expeditionsmitglieder und trotz des ausgezeichneten Flugwetters, das uns an einem Punkt

Der Bildberichterstatter in Polarkleidung
Für den Arktisflug wurde Walter Bosshard aus Zürich verpflichtet.

erlaubt hätte, in nicht einmal sechs Stunden den Pol zu erreichen und mit einer Treibstoffreserve für weitere dreißig Stunden zu unserem Ausgangspunkt zurückzukehren. Der Pol selbst, dessen mystische Anziehungskraft so viele Opfer gefordert hat, ist natürlich nur ein theoretischer Punkt von erheblich geringerem wissenschaftlichem Interesse als die Gebiete, die wir überflogen und vermaßen. Trotzdem war es bitter, daß Eckener, als wir Kap Fligeley auf dem 82. Breitengrad erreichten, die Nase des Schiffes um neunzig Grad drehte, stundenlang nach Osten flog und sich an den verhängnisvollen Breitengrad klammerte, als striche er an einer Mauer entlang – oder vielmehr, als wären wir an eine Leine gelegt, deren anderes Ende von seriösen Geschäftsleuten in Berlin festgehalten wurde. […]

Hat man zu einer Sache erst einmal einen grotesken Standpunkt eingenommen, ist es schwer, diesen zu wechseln; und so schien allem und jedem, was sich vor Beginn der Expedition ereignete, irgendeine Absurdität anzuhaften. Da war zum Beispiel die Sache mit den ›Polarmarken‹. Wie bereits erwähnt, gab die Reichspostdirektion eine Sonderserie von ›Zeppelin-Nordpolmarken‹ zum Preis von zwei Mark (für Postkarten) und vier Mark (für Briefe) aus. Nun wurde zugunsten der Brennstoffaufnahme einerseits alles nicht unbedingt Nötige aus dem Luftschiff entfernt, anderseits schleppten wir ungefähr 75 000 Briefe und Karten im Gewicht von 300 Kilo in die Arktis. Die Einnahme aus den Briefmarken belief sich auf 200 000 Mark und wurde zwischen Dr. Eckener und der Reichspostverwaltung geteilt. Eines der roten Zelte, die wir für den Fall einer Notlandung (ohne Pelzmäntel) mitführten, diente als Sonderpostamt. Zwei Mann waren Tag und Nacht damit beschäftigt, Briefe und Karten mit dem Sonderstempel des Zeppelins zu versehen. Am 82. Breitengrad trafen wir den russischen Eisbrecher ›Malygin‹ – ein kleiner Ersatz für das mißglückte Rendezvous mit dem ›Nautilus‹ – und übergaben ihm unsere Postsäcke. Etwa drei Monate später, nach ihrer Rückkehr nach Archangelsk, übergab die ›Malygin‹ die Säcke der regulären russischen Post. Auf diese sinnreiche Weise konnte ein sentimentaler Jüngling in Leipzig seiner Braut in Dresden eine Zeppelinkarte schreiben, sie in einen Postkasten werfen, und, siehe da, nach einem kleinen Umweg über Friedrichshafen-Leningrad-Franz-Joseph-Land-Archangelsk-Moskau-Zensurbehörde fiel die Karte sechs Monate später ordnungsgemäß in den

Eine Postkarte vom historischen Treffen
Der russische Eisbrecher Malygin nahm die Post mit, die an Bord geschrieben worden war. Ein begehrtes Sammlerobjekt für Briefmarkenfreunde.

Was der ›Zeppelin‹ auf seiner Arktisfahrt von den Ergebnissen des Fünfjahresplans in Sowjetrußland sah.
Die Mündung der nördlichen Düna bei Archangelsk mit den ungeheuren Mengen angeflößter Baumstämme, die von hier aus zum Export gelangen. Während sich auf anderen Wirtschaftsgebieten die Anforderungen der Sowjetregierung für den Fünfjahresplan als unerfüllbar erwiesen, ist es Rußland gelungen, sich zum größten Holzexporteur der Erde zu machen. Es führte im Jahre 1930 mehr als doppelt so viel Holz aus wie die Vereinigten Staaten und Finnland,die bisher an der Spitze der holzexportierenden Länder standen. Die nördlichen Wälder Rußlands werden zum Teil von Sträflingen und etwa 500 000 deportierten Bauern (Kulaken) abgeforstet.
Ullstein Pressedienst, 1931.

Knut Eckener am Höhensteuer von LZ 127 Graf Zeppelin
Der Sohn Hugo Eckeners machte zahlreiche Fahrten an Bord von LZ 127 mit.

Briefkasten der jungen Dresdener Dame. Daß man auf diese Weise tatsächlich 200 000 Mark einnehmen konnte, beweist wieder einmal die romantische Veranlagung der Deutschen.

Trotz dieser höchst respektlosen Präliminarien wurde der Flug selbst zu einem erhabenen Erlebnis. Kein weniger starkes Beiwort würde zu der Landschaft passen, über der wir im Schein der Mitternachtssonne durch vier ununterscheidbare Tage und Nächte schwebten, oder zu dem Luftschiff, das uns trug. [...]

Die Passagiergondel, wie man so poetisch sagte, war unterhalb des Rumpfes, nahe der Spitze, angebracht. Sie beherbergte die Kommandobrücke und die mit allem Luxus eines modernen Ozeandampfers ausgestatteten Passagierkabinen. Am Ende der Gondel befand sich eine üblicherweise verschlossene Tür. Von ihr führte ein dunkler Gang in ein Land der Geheimnisse: in den Bauch des Wals. Und der war in der Tat der phantastischste Ort, den man sich denken kann.

In dem ganzen Innenraum, dessen Ausmaße die einer Kathedrale übertrafen, nur daß sie zigarrenförmig in die Länge gezogen waren, herrschten Dunkelheit, ein Geruch wie nach Bittermandeln und ein dumpf knirschendes Geräusch, als schlügen unsichtbare Fledermäuse träge mit den Flügeln. Der Geruch kam von dem Zyanwasserstoff, der dem Treibstoff beigemengt war, und das Geräusch von den Ballonhüllen, den wichtigsten Organen des fliegenden Walfisches, seinen Schwimmblasen sozusagen, denn sie trugen mit ihrem Auftrieb das ungeheure Gebilde durch die Lüfte. Diese Ballone waren in zwei Reihen längs des gesamten Innenraums angeordnet und hingen wie riesige Birnen, jede etwa 15 Meter im

Im Führerstand von LZ 127 Graf Zeppelin
Walter Bosshard fotografierte Hugo Eckener (rechts) beim Studium letzter Meldungen.

Durchmesser, nach unten. Unter normalem Luftdruck, wenn das Schiff auf dem Boden ruhte, hingen sie schlaff, mit loser, faltiger Haut, wie die Brüste alter Hexen; aber wenn sich das Schiff in dünnere Luft erhob, wurden sie prall und fest und füllten den Bauch des Wals mit einem Geräusch wie tausend knallende Peitschen. Zwischen den Ballonreihen verlief in zwanzig Meter Höhe, frei in der Luft schwebend und in völligem Dunkel, ein gefährlich schmaler Laufsteg; von hier aus erfolgte die Wartung der Gaszellen, wegen der außerordentlichen Explosionsgefahr im Schein von Grubenlampen.

Obwohl dieser Steg nur in Begleitung eines Schiffsoffiziers betreten werden durfte, wanderte ich sehr oft auf ihm herum, ein immer tieferregendes Erlebnis. In der umschließenden Finsternis, inmitten des einschläfernden bitteren Mandelgeruchs war das Beben des Schiffsleibes, das vom Echo zurückgeworfene Knirschen und Knallen der Ballonhüllen überwältigend. Ein Fachlabyrinth von Trägern und Sparren, Trossen und Spanten, ein Dschungel von Stahl und Aluminium umgab mich, während sich nur einige hundert Meter tiefer die namenlosen weißen Wüsten des hohen Nordens erstreckten.

Wir starteten am 24. Juli in Friedrichshafen am Bodensee. 56 Mann waren an Bord – die reguläre Besatzung von 40 Mann und 16 Expeditionsteilnehmer, dies waren insgesamt vier Russen, einschließlich des Expeditionsleiters, Professor Samoilowitsch, acht Deutsche, zwei Amerikaner, darunter der Polarforscher Lincoln Ellsworth, ein Schwede und ein in Ungarn geborener Palästinenser.

Um mehr Treibstoff aufnehmen zu können, führten wir keine Zivilkleidung mit, sondern steckten schon jetzt in unseren schwerfälligen Polaruniformen – bei 25 Grad Wärme im Schatten, ein großes Gaudium für das Publikum, das zu Tausenden aus Deutschland und aus der Schweiz gekommen war, um dem Abflug zuzusehen.

Der Start eines solchen Kolosses ist ein einmaliges Schauspiel. Solange er sich, mit der Nase durch eine Art Druckknopfmechanismus an einem Mast befestigt, am Boden befindet, sind Gasfüllung und Ballast so genau aufeinander abgestimmt, daß sich Schwerkraft und Auftrieb aufs Gramm aufheben und sich das Schiff gleichsam gewichtlos in der Schwebe hält. Zuerst kletterten wir alle in die Gondel, dann zog das etwa hundert Mann starke Bodenpersonal den fliegenden Fisch an den von der Gondel herabhängenden Tauen aus dem Hangar. Vom Fenster sah es aus, als bemühe man sich, ein widerspenstiges Tier am Halfter vorwärts zu zerren. Auf dem freien Feld vor dem Hangar wurde aus ein paar Schläuchen das als Ballast dienende Wasser abgelassen; dann holte die Bodenmannschaft zu einem dramatischen Manöver aus. Auf Kommando ließen die Leute die Schleppseile los und packten zwei waagrecht längs des Gondelbodens angebrachte Stangen. Auf ein zweites Kommando hoben sie den Riesenwal von einem Schiff über ihre Köpfe und warfen ihn buchstäblich in die Luft. Das Schiff erzitterte und schwebte mit solcher Geschwindigkeit senkrecht zum blauen Himmel hinauf, daß Haltemannschaft, Hangar, Flughafen und Straßen in Sekundenschnelle zu winzigem Spielzeug zusammenschrumpften.

Da der Auftrieb jetzt die Schwerkraft übertrug, genügte dieser einmalige, fast spielerische Wurf der Haltemannschaft, das gewichtlose Ungetüm von der Erde abzustoßen und es, wie eine Luftblase in einem Teich, in die Atmosphäre entschweben zu lassen.

Dieses schnelle, stille und mühelose Steigen oder vielmehr Aufwärtsfallen ist ein berauschend schönes Erlebnis. Es hat nicht die geringste Ähnlichkeit mit dem geräuschvollen und energiegeladenen Start eines Flugzeuges, das unter dem Donner der Motoren im spitzen Winkel aufsteigt und sich dabei so beängstigend von Seite zu Seite legt. Das Luftschiff erhebt sich senkrecht, ruhig und mühelos wie durch eigenen Willen; es gibt einem die Vorstellung, daß man sich aus den Fesseln der irdischen Schwerkraft gelöst hat. Von einer ungeheuren Gasblase getragen, schwimmt man in die Luft.

Erst in etwa dreihundert Meter Höhe setzten die Maschinen ein, und das Schiff begann nun waagrecht zu fliegen. Da die fünf Motoren und die Propeller in eigenen Gondeln außerhalb des leicht entzündlichen Schiffsrumpfes angebracht waren, hörte man sie in der Passagiergondel nur als entferntes, sanftes Brummen. Man spürte weder Stöße noch Erschütterungen; Luftlöcher, kleinere Windstöße und Böen blieben auf das schwimmende Monstrum ohne Einfluß. Flugzeugpropeller entwickeln einen Luftstrom, der die Maschine wie einen Papierdrachen hochträgt; den fliegenden Wal dagegen trägt seine eigene Schwerelosigkeit, und die Propeller dienen lediglich dazu, ihn durch die Luft zu treiben. In der Tat, er fliegt nicht, sondern schwimmt. Und selbst wenn alle Motoren versagen sollten, wird er gutmütig wie ein Elefant immer noch weiterschwimmen. Alle diese Faktoren zusammen vermitteln dem Fahrgast ein Gefühl von Sicherheit, Beschaulichkeit und Gelöstheit, das er bei sonstigen Luftreisen nicht kennt.

Nachmittags um fünf Uhr erreichten wir Berlin, wo unsere erste programmgemäße Zwischenlandung erfolgte. Eckener, dessen außerordentliche nautische Begabung nur noch von seinem propagandistischen Talent erreicht wurde, kreiste eine ganze Stunde über der Stadt, um den Berlinern Gelegenheit zu neuen Begeisterungsstürmen zu geben. Auf unserem Weg quer über Deutschland hatten wir ein Lärmkonzert von heulenden Fabriksirenen, wild hupenden Autos, schreienden und winkenden Menschenmengen und wohl auch eine Epidemie von steifen Hälsen hinter uns gelassen. Freudianer haben den mehrere Jahre dauernden Zeppelinrummel des deutschen

Über Archangelsk
Der Schatten von LZ 127 Graf Zeppelin überquert gewaltige Holzstapelplätze.

Volkes damit erklärt, daß der Zeppelin ein phallisches Symbol darstelle; die Anhänger Adlers sahen in ihm die Überkompensation eines nationalen Minderwertigkeitskomplexes; und vom marxistischen Standpunkt aus war er ein ideologischer Überbau, ein Himmelskuchen, eine raffinierte Ablenkung vom Klassenkampf. Wie dem auch sei, unsere Paradevorstellung über den Dächern Berlins zeigte die gewünschte Wirkung: eine Massenwanderung nach dem Staakener Luftschiffhafen, wo der Zeppelin die Nacht über zu besichtigen war; das Eintrittsgeld teilten sich Eckener und der Berliner Magistrat.

Der Abflug von Staaken war auf fünf Uhr morgens festgesetzt. Infolgedessen hatten wir noch einen freien Abend vor uns, und ich nahm die beiden Amerikaner, Lincoln Ellsworth und Kapitän Smith, auf eine Privatexpedition mit, um ihnen das Berliner Nachtleben zu zeigen. Da wir in unseren Polaranzügen steckten, wurden wir angesichts des Zeppelinfiebers in jedem Lokal erkannt und mit Aufmerksamkeiten überschüttet. Taxichauffeure fuhren uns umsonst, Nachtlokalbesitzer traktierten uns mit Sekt, und Bardamen schmolzen dahin, sobald sie uns sahen. Es war schön, sich als Held zu fühlen.

Wir kamen unter den mißbilligenden Blicken der Herren Professoren, die uns schon aufgegeben hatten, eine halbe Stunde vor dem Start zum Flugplatz zurück.

Der zweite Tag brachte uns über Schweden, Estland und Finnland nach Leningrad. Obwohl ich das Mitgliedsbuch der Kommunistischen Partei erst fünf Monate später empfing, war meine Begeisterung für die ›Sache‹ schon so weit gediehen, daß ich in diesem meinem ersten Kontakt mit der

Sowjetunion den Höhepunkt der ganzen Expedition erblickte. [...]

In Leningrad wurden wir mit jener überwältigenden russischen Gastfreundlichkeit begrüßt, die, bei aller wohlüberlegten Absicht, nach den ersten Gläsern Wodka spontan wird und einen natürlichen und beinahe unwiderstehlichen Bundesgenossen der Sowjetpropaganda bildet. An der Grenze empfingen uns fünf russische Militärflugzeuge, die uns bis Leningrad begleiteten und mit Loopings und sonstigen Kapriolen um uns herumturnten wie ausgelassene Delphine um einen Wal. Auf dem Leningrader Flugplatz gab es das übliche üppige Bankett mit sechs verschiedenen Sorten Kaviar, den man mit Holzlöffeln aß, als wäre er eine Erbsensuppe, mit Trinksprüchen des deutschen Botschafters, des Vorsitzenden des Leningrader Sowjet, des Präsidenten der russischen Akademie und so weiter; mit Liedern des roten Soldatenchors und als komische Zugabe ein gewaltiges Banner mit der Inschrift: ›Wir grüßen die kühnen Helden der Arktis!‹ Diese Auszeichnung wird in der Regel erst nachträglich verliehen, aber es war nett, sie schon vorher zu erhalten. [...]

Am nächsten Morgen begann der eigentliche Polarflug. Wir stiegen am 26. Juli um 8 Uhr morgens auf und landeten am 30. Juli um 6 Uhr nachmittags nach einem ununterbrochenen Flug von vier Tagen und zehn Stunden, in denen für uns die Sonne nie unterging. Vom Standpunkt des Reporters aus verlief die eigentliche Expedition weniger ergiebig, denn alles ging glatt, und nichts Sensationelles war zu berichten. Polarexpeditionen sind nur dann aufregend, wenn irgend etwas schiefgeht und die Forscher, in einem arktischen Schneesturm eingeschlossen, ihren letzten Hund verspeisen, bevor sie sich gegenseitig aufzufressen beginnen. Zu meinem halb eingestandenen Bedauern ereignete sich nichts dergleichen. Geborgen in dem elektrisch geheizten Bauch unseres Walfisches, in dem die Temperatur nie unter den Gefrierpunkt sank, litten wir lediglich unter Schlafmangel, denn jeder Expeditionsteilnehmer hatte eine fest umrissene Aufgabe und sah sich so überreich mit wissenschaftlicher Arbeit eingedeckt, daß er sie kaum bewältigen konnte.

Wie ich schon erwähnte, war es gerade dieser undramatische, nach außen hin ereignislose, sozusagen selbstverständliche Verlauf der Expedition, der eine entscheidende Wendung in der Geschichte der Polarforschung einleitete.

Das Zeitalter der Hundeschlitten und Gewaltmärsche über das Eis war von dem des fliegenden Laboratoriums abgelöst worden. Der unmittelbar vorangegangene Versuch, die Arktis vom Luftschiff aus zu erforschen – Nobiles ›Italia‹-Expedition –, hatte mit einer Katastrophe geendet. Seit unserer Zeppelinexpedition haben amerikanische Militärflieger von Alaska aus mindestens 500 Routineflüge über den Pol durchgeführt. Doch dazu benutzten sie Flugzeuge, die ihre Aufgabe nach Rennfahrerart in wenigen Stunden erledigten. Wir dagegen schwebten tagelang in den arktischen Lüften, bewegten uns mit der gemütlichen Durchschnittsgeschwindigkeit von 90 Stundenkilometern – langsamer als jeder etwas auf sich haltende Autofahrer – und stoppten oft mitten in der Luft, um eine Aufnahme zu machen oder um kleine Wetterballons mit selbsttätigen Meßinstrumenten in die Stratosphäre aufsteigen zu lassen. Das Ganze hatte den stillen Zauber einer Reise auf dem letzten Segelschiff im Zeitalter der Schnelldampfer.

Der erste Tag führte über den Ladogasee und Karelien, über Archangelsk und die Halbinsel Kola zur Barentssee. Um 8 Uhr abends mitteleuropäischer Zeit passierten wir den Polarkreis. Ich mußte alle zwei Stunden einen Funkbericht senden – eine Aufgabe, die immer schwieriger wurde, weil wir in Nebel geraten waren und es draußen nichts mehr zu sehen gab. Über das Leben an Bord hatte ich schon in den vorangegangenen 48 Stunden alles Erwähnenswerte durchgegeben. Die folgenden Funksprüche mögen als Beispiel für die Nöte eines Reporters dienen:

Dr. Aschenbrenner, Prof. Moltchanoff, Knut Eckener und Kapitän von Schiller (von links nach rechts) beim Kartenstudium im Aufenthaltsraum.

Funktelegramm:

»ullsteinhaus berlin

18 uhr 45 mitteleuropazeit stop fahren winterküste entlang nähern uns polarkreis rüsten zur polartaufe schiffes die feierlich begehen wollen stop luft kühlt sich merklich ab seit morgens 23 grad auf 15 grad gefallen stop wetter bisher ausgezeichnet jedoch arktische witterungslage höchst schleierhaft da schlechter funkempfang arktischer stationen überdies arktische wetterberichte teils in unbekannter chiffre abgefasst, stop koestler«

Funktelegramm:

»ullsteinhaus berlin

20.00 mez stop himmel bedeckt temperatur noch 10 stop grauer spiegel der barentssee 230 meter unter uns vernebelt stop dieses arktische zwielicht das nie nacht wird liegt wie blei auf uns stop nebel wird immer dichter bleifarbene schwaden ziehen an gondelfenstern vorbei stop schiff schwimmt blind durch diese trübe brühe wie schmetterling in russischem dampfbad stop brücke meldet gerade 66$^1/_2$ grad nördlicher breite komma es ist erreicht komma schinkenwürstchen zwieback und wein werden in den speisesaal gebracht geophysiker professor ljungdahl singt schwermütiges schwedisches volkslied stop ende«

So also sah der Idealauftrag eines Reporters aus! Jeder Sportberichterstatter bei einem Fußballspiel hatte es besser.

Das einzige dramatische Ereignis der Reise war die Begegnung mit der ›Malygin‹, die am Nachmittag des 27. Juli stattfand. Ein dramatischer Vorgang nicht nur vom sportlichen Standpunkt aus, insofern er mit der ersten Landung eines Luftschiffes auf offener See verbunden war, sondern auch deshalb, weil wir beinahe vom Treibeis zerquetscht worden wären. Vor allem aber war diese Begegnung ergreifend wie jede in einer feindlichen Wildnis, diesmal inmitten des Karischen Meeres auf der Höhe des 80. Breitengrads.

Vormittags arbeiteten wir uns bei starkem Gegenwind langsam durch diesen dünnen, milchigen Polarnebel, der uns jetzt nachgerade auf die Nerven ging, nordwärts. Mittags überflogen wir den 75. Breitengrad, und Eckener wagte nach reiflicher Überlegung das nicht ungefährliche Manöver, in die klaren Regionen über der Nebelschicht zu steigen. Höhenänderungen in der Arktis bedeuten für ein Luftschiff immer ein Risiko, weil jeder Temperaturwechsel zur plötzlichen Bildung einer Eiskruste auf dem Schiffsrumpf führen kann. Bei der gewaltigen Oberfläche des Luftschiffs wird das Gewicht des Eises unter Umständen zum Verhängnis – die ›Italia‹ ist ein tragisches Beispiel dafür. Da uns aber unsere Wetterballons verläßliche Auskunft über die Temperatur in den höheren Luftschichten vermittelten, konnten wir es wagen, und in der Tat ging auch alles gut, wenn wir auch des öfteren von atmosphärischen optischen Täuschungen genarrt wurden, so daß wir manchmal nicht wußten, ob eine zackige Spitze vor uns ein Eisberg oder dichter Nebel war. Ein anderes ungewohntes und schönes Phänomen bildete auf der milchigen Oberfläche des Nebels unser uns gehorsam nachfolgender Schatten, um dessen Spitze sich plötzlich ein regenbogenfarbiger Ring wie ein leuchtender Heiligenschein legte.

Einmal wurden die phantastischen, milchigen Gebilde rund um uns so verwirrend, daß sogar Eckener beunruhigt war und argwöhnte, sein Höhenmesser spiele ihm einen Possen. Er kam in den Aufenthaltsraum und brummte Samoilowitsch an: »Kann mir jemand sagen, ob das Zeug da vorn aus Nebel oder Eis ist?« Glücklicherweise war es Nebel.

Zu guter Letzt, gegen 3 Uhr nachmittags, löste sich der Nebel auf, und eine bleifarbene, mit Eisschollen gesprenkelte See kam zum Vorschein. Wir hatten den 78. Breitengrad hinter uns und standen schon seit einigen Stunden in Funkverbindung mit der ›Malygin‹. Sie erwartete uns auf der Höhe der Hooker-Insel, eine der Inseln, die den als Franz-Joseph-Land bekannten Archipel bilden. Eine Stunde

Wiedersehen mit General Nobile

Lincoln Elsworth begrüßt seinen Freund, der mit einem Ruderbc ot
vom Eisbrecher ›Malygin‹ zum Treffen gekommen war.

später erreichten wir die Regionen des Packeises, in dem sich nur gelegentlich – gleich schwarzen Adern auf grauem Marmor – eine schmale Wasserrinne auftat.

Manche Leute glauben, Amundsen sei auf einem Eisfloß von der Bäreninsel, wo seine Maschine ins Meer stürzte, bis zum 900 km entfernten Franz-Joseph-Land gelangt. Ein Amerikaner namens Fiala hatte diese verrückte Hypothese veröffentlicht, und unmittelbar vor unserem Abflug erhielt Eckener den Brief einer Hellseherin, die eine bestimmte Bucht auf Franz-Joseph-Land beschrieb, in der Amundsens Leiche zu finden sei. Die Bucht existierte in der Tat und entsprach ziemlich genau der Beschreibung der Hellseherin – vielleicht hatte sie sich eine gute Polarkarte verschafft. Wir untersuchten mit unseren Teleskopen jede Ecke und Spalte, ohne etwas Menschenähnliches, tot oder lebendig, zu entdecken. Die sinnlose Suche wurde hauptsächlich Ellsworth zuliebe unternommen, der mit Amundsen befreundet gewesen war. Im Jahre 1926 hatten sie und Nobile als erste den Pol überflogen. Später entzweiten sich Amundsen und Nobile, und zwei Jahre darauf flog Nobile auf eigene Faust mit der ›Italia‹ in sein Unglück. Die ›Italia‹ zerschellte auf dem Eis, Amundsen startete von Spitzbergen, um das Leben des Feindes zu retten, und ging selbst dabei zugrunde, während Nobile gerettet werden konnte. Jetzt befand sich Ellsworth bei uns, Nobile auf der ›Malygin‹ – was dem arktischen Treffen der beiden jene tragische Note verlieh, die dem Publikum so pikant erscheint.

Wir sichteten die ›Malygin‹ kurz nach 6 Uhr nachmittags. Sie lag in einer offenen Bucht der Hooker-Insel vor Anker, war über und über mit Flaggen und Wimpeln geschmückt und ließ freudig ihre Sirenen heulen. Wir umkreisten sie eine Weile, stoppten dann die Motoren, öffneten einige Gasventile und gingen tiefer. Hundert Meter über dem Meeresspiegel wurden zwei an Tauen befestigte Segeltucheimer als Anker abgeworfen, ein Schlauch ins Meer gelassen und Wasser ins Schiff gepumpt, um es zu belasten und weiteres kostbares Gas zu sparen. Dabei gingen wir immer tiefer, bis die pneumatischen Puffer unter dem Gondelboden den Meeresspiegel berührten und das Schiff auf der glatten See zur Ruhe kam.

Wir mußten zweihundert Meter von dem Eisbrecher entfernt niedergehen, um die Funken aus seinem Schornstein zu vermeiden. Im Aufenthaltsraum lag wohl unser Schlauchboot bereit, doch bevor wir es zu Wasser bringen konnten, hatte ein Boot der ›Malygin‹ bereits längsseits unserer Gondel angelegt. Dann brach ein solches Durcheinander aus, daß mir von der ganzen historischen Begebenheit nichts im Gedächtnis geblieben ist als ein kurzes chaotisches Tohuwabohu. Die verdammten Postsäcke, die auf Eckeners Befehl zuerst ausgeladen werden mußten, blockierten die Tür. Die Männer draußen im Boot, in ihren schweren Pelzmänteln sehr malerisch, mußten sich damit zufrieden geben, sich ans Gondelgeländer zu klammern, ihre grinsenden Gesichter durch die Gondelfenster zu stecken und auf russisch durcheinanderzuschreien. Einer rief nach Ellsworth – Nobile. Ellsworth stürzte ans Fenster, gab ihm die Hand und sprach die denkwürdigen Worte: »Hallo, wie geht's?« So weit war ungefähr die Unterhaltung gediehen, als Eckener einen Befehl schrie, mehrere Mann der Besatzung von der Brücke durch die Messe liefen und achtern hinter der kleinen Tür im Schiffsbauch verschwanden. Ehe wir wußten, was los war, strömte Wasser aus den Schläuchen, die Segeltuchanker flogen in die Höhe, die pelzbemützten Köpfe an den Fenstern verschwanden, und wir schwebten wieder in der Luft. Die verblüfften Männer im Boot blieben zurück, verrenkten sich den Hals und starrten uns nach. Wir waren auf einer Strömung niedergegangen, die das Schiff mit großer Schnelligkeit auf mächtige Schollen von Packeis zutrug, an denen bei einem Zusammenstoß die zierliche Gondel wie eine Streichholzschachtel zerschellt wäre.

Die ganze abenteuerliche Begegnung hatte genau dreizehn Minuten gedauert. Als die Bucht lang-

LZ 127 Graf Zeppelin wassert im Eismeer
Alexander Kirchner hat die denkwürdige Begegnung im Gemälde festgehalten.

sam unserer Sicht entschwand, stimmte die Sirene der ›Malygin‹ ein langes Klagegeheul an wie eine verlassene Braut.

Den Rest des Tages verbrachten wir damit, uns einen geographischen Überblick über Franz-Joseph-Land zu verschaffen, ein Archipel, der im Jahre 1873 entdeckt und in den folgenden Jahren behelfsmäßig kartographiert worden ist.

Unser Objekt war eine Insel mit dem Namen Albert-Edward-Land. Sie zu finden war aber leichter gesagt als getan, denn Albert-Edward-Land hatte den Nachteil, daß es nicht existierte. Auf jeder Polarkarte war es zu finden, nur nicht im Polarmeer selbst. Wir suchten ziemlich lange, aber es war einfach nicht da, weder wo es sein sollte noch irgendwo anders.

Nächstes Ziel: Harmsworth-Land. So merkwürdig es klingt: Auch Harmsworth-Land existierte nicht. Wo es sein sollte, war nichts als die schwarze arktische See und die helle Widerspiegelung des darüber hingleitenden Luftschiffs.

Am nächsten Morgen um sieben Uhr schwebten wir über Sewernaja Semlja oder Nordland, dem zweiten Hauptziel unserer Reise. Wilkitzky hatte es 1913 entdeckt, aber nur einen Teil der Ostküste vermessen, der Rest bildete auf der Karte immer noch einen weißen Fleck.

Es ist ein seltsames Privileg, auf so einen leeren Landkartenfleck zu schauen und dabei zu sein, wenn er mit einem Panorama von überraschender Schönheit ausgefüllt wird. Allmählich begann ich, Unterschiede in der arktischen Landschaft wahrzunehmen. Franz-Joseph-Land hatte bei aller Farbenpracht etwas Starres und Unnahbares; Sewernaja Semlja schien auf eine phantastische Weise lebendig, denn seine gewaltigen Gletscher trugen bauschige Nebelmützen, so daß sie aussahen wie weiße Vulkane, die gefrorene Lava ausspeien. Selbst unsere Polarveteranen gaben zu, daß sie selten etwas Grandioseres gesehen hatten. Ich konnte den Anblick um so unbeschwerter genießen, als wir seit Kap Flora ohne Funkverbindung waren; befreit von der drückenden Verpflichtung, alle zwei Stunden einen sensationellen Bericht senden zu müssen, durfte ich endlich schauen und staunen und mit meinen Augen leben, ohne in Worte zu fassen, was ich sah.

Während wir in nordwestlicher Richtung langsam über das Karische Meer hinwegschwammen, führte mich einer unserer Gelehrten in die Wissenschaft der Eisforschung ein. Ich lernte die Unterschiede zwischen Inlandeis, Packeis und Treibeis kennen, erfuhr, daß Gletscher die Gewohnheit haben, zu ›kalben‹, das heißt kleine Eisberge in die Welt zu setzen, und hörte zu meinem Erstaunen, daß nach Professor Wiese eine Kausalverbindung zwischen den Veränderungen der Eisdecke der Barentssee und den Schwankungen des Wasserspiegels des Victoriasees in Zentralafrika bestehe. Auch wurde mir ein Gerät demonstriert, das ›Aitkens Staubzähler‹ heißt und dazu dient, die Staubpartikel in einem Kubikzentimeter Luft zu zählen. Seit wir den Polarkreis hinter uns gelassen hatten, wurde im Zähler ein Durchschnitt von 200 bis 300 Staubpartikeln festgestellt – in den großen Industriestädten beträgt der Durchschnitt für die gleiche Luftmenge 300 000 bis 400 000 Partikel.

Zur Vervollständigung meiner Ausbildung durfte ich auch einmal zwanzig glorreiche Minuten lang das Schiff selbst steuern. Genauer gesagt, ich durfte ans Seitensteuer, denn der Zeppelin wurde von zwei Mann gelenkt, die nebeneinander auf der Brücke standen und von denen der eine die Höhe und der andere die Richtung steuerte. Das Steuer wurde wie auf Ozeandampfern elektrisch betrieben; es bestand aus zwei beweglichen Hebeln, und je nach Druck auf den rechten oder den linken drehte sich die Schiffsnase nach rechts oder links. Zu sehen, wie der gigantische Wal einem leichten Daumendruck gehorchte, war natürlich ein berauschendes Gefühl. Ich kam mir sofort um zehn Jahre jünger vor, und wenn Eckener mir angeboten hätte, Steuermann auf dem Zeppelin zu werden, ich glaube, ich hätte auf der Stelle angenommen.

Nowaja Semlja war die letzte der auf unserem Programm vorgesehenen arktischen Inseln. Sie ist lang, schmal und erstreckt sich in ungefähr nord-südlicher Richtung zwischen dem 70. und 77. Breitengrad. Etwa in der Mitte wird sie von einem schmalen Wasserweg, der Matotschkin-Straße, durchschnitten. Dieser Kanal ist seiner Natur nach ein Cañon zwischen steilen Felswänden und Gletschern, die manchmal über tausend Meter hoch aufragen und an wilder Schönheit sogar Sewernaja Semlja übertreffen.

Schon über Nowaja Semlja konnte unser Funker mit einem Dampfer vor Spitzbergen in Funkverbindung treten und kurz danach auch mit den Festlandstationen. Der Bann war gebrochen, das Abenteuer näherte sich seinem Ende. Ich warf einen letzten langen Blick auf die funkelnden Gletscher und die in der stillen See majestätisch dahintreibenden Eisberge; dann sagte ich dem arktischen Nirwana Lebewohl und kapitulierte vor der Schreibmaschine. Vierundzwanzig Stunden später landeten wir in Berlin, von einer brennenden Julisonne und einer jubelnden Menschenmenge mit »Deutschland, Deutschland über alles« begrüßt.

Arthur Koestler als Berichterstatter
An Bord von LZ 127 Graf Zeppelin auf der Polarfahrt.

Die Katastrophe von Lakehurst 1937

Der deutsche Untersuchungsbericht

Bericht des deutschen Untersuchungsausschusses über das Unglück des Luftschiffes ›Hindenburg‹ am 6.5.1937 in Lakehurst, USA, vom 2.11.1937

A. Vorbemerkung

Unmittelbar nach Bekanntwerden des Unglückes des Luftschiffes »Hindenburg« in Lakehurst (USA) wurde vom Herrn Reichsminister der Luftfahrt, Generaloberst Göring, ein Untersuchungsausschuß, bestehend aus den Herren

Dr. Dr.-Ing. e.h. Hugo Eckener
Direktor Dr.-Ing. e.h. Dürr
Oberstleutnant Breithaupt
Professor Bock
Professor Dr. phil. nat. Dieckmann
Fliegeroberstabsingenieur Hoffmann,

eingesetzt. Aufgabe des Ausschusses war es, in Zusammenarbeit mit der von dem Department of Commerce eingesetzten amerikanischen Kommission die Ursachen des Luftschiffunglückes festzustellen. Bei seinen Arbeiten in USA hat der deutsche Untersuchungsausschuß die vollste Unterstützung sämtlicher amerikanischen Stellen gefunden. Nach Rückkehr des Ausschusses aus USA wurden in den Laboratorien der Deutschen Versuchsanstalt für Luftfahrt Berlin-Adlershof, der drahtlos-telegraphischen und luftelektrischen Versuchsstation Gräfelfing und des Luftschiffbaues Zeppelin Friedrichshafen eine Reihe von Versuchen angestellt, um die Vorgänge, die möglicherweise die Ursachen des Brandes gebildet haben, eingehend zu untersuchen. Im folgenden wird über das Ergebnis der Unfalluntersuchung und der im Anschluß daran durchgeführten Versuche berichtet.

B. Allgemeines

Das Luftschiff LZ 129 ›Hindenburg‹ wurde vom Luftschiffbau Zeppelin in Friedrichshafen als 118. Luftschiff erbaut und Anfang 1936 in Betrieb genommen. Nach einer großen Anzahl von Probefahrten erhielt das Luftschiff am 19.3.1936 vom Reichsminister der Luftfahrt – Prüfstelle für Luftfahrzeuge – seinen Lufttüchtigkeitsschein. Nach Übernahme durch die Deutsche Zeppelin-Reederei G.m.b.H. führte das Luftschiff im Jahre 1936 insgesamt 55 Fahrten durch, bei denen es etwa 300.000 km zurücklegte, den Ozean 34 mal überquerte und insgesamt etwa 2.800 Fahrgäste und mehr als 170.000 kg Post und Ladung beförderte, ohne daß im Jahre 1936 ein Unfall auftrat.

Bevor das Luftschiff seinen Fahrplan im Jahre 1937 aufnahm, wurde es von der Prüfstelle für Luftfahrzeuge einer nochmaligen Prüfung unterzogen und sein Lufttüchtigkeitsschein erneuert. [...]

C. Verlauf der letzten Fahrt

Das Luftschiff fuhr zu seiner ersten Nord-Atlantik-Fahrt im Jahre 1937 von Frankfurt a/M. am 3. Mai 1937 um 20.15 Uhr (ME-Zeit) mit einer Besatzung von 61 Köpfen ab und stand unter dem Kommando von Kapitän Pruß, der bereits eine große Anzahl von Fahrten mit dem Luftschiff durchgeführt hatte; an Bord befanden sich außerdem 36 Fahrgäste. Ferner wurden 108 kg Post, 148 kg Fracht und 879 kg Gepäck der Fahrgäste sowie 2 Körbe mit Hunden mitgeführt. An Betriebsstoffen waren vor der Anfahrt zur Landung in Lakehurst 8.500 kg Gasöl, 3.000 kg Schmieröl und 21.900 kg Wasser noch an Bord [...]

Die Überfahrt über den Ozean verlief ohne jede Störung, wurde jedoch durch Gegenwind verzögert. New York wurde um 14 Uhr (Ost-Amerikanische Zeit) passiert (s. Anl. 3). Von dort wurde Kurs auf Lakehurst genommen, das um 15.00 Uhr erreicht wurde. Die Landung wurde jedoch nicht durchgeführt, da sich eine breite Gewitterfront vom Westen her Lakehurst näherte. Der weitere Kurs des Schiffes längs der Küste führte vor der Gewitterfront her, die nach Erreichung der Küste langsam nach Norden abwanderte.

Das Schiff stand dauernd mit der meteorologischen Station Lakehurst wegen der Wetterverhältnisse in Verbindung. Als es mit Südwest-Kurs in Richtung Atlantic City mit der Gewitterfront an Steuerbord

LZ 129 Hindenburg über New York

Ein Plakat der Deutschen Zeppelin Reederei, gestaltet von Jupp Wiertz.

fuhr, erhielt es um 17.12 Uhr einen Funkspruch von Lakehurst, daß die Wetterbedingungen jetzt für eine Anfahrt zur Landung geeignet wären. Das Luftschiff machte darauf kehrt und nahm Kurs nach Lakehurst, wobei es in das Regengebiet allmählich eindrang. Um 18.08 Uhr wurde von Lakehurst empfohlen, die Landung so bald als möglich durchzuführen.

D. Durchführung der Landung und Verlauf des Brandes

Als sich das Schiff der Station Lakehurst von West-Süd-West in einer Höhe von 200 m näherte, war die Wolkenhöhe über der Station 600–900 m, und es fiel leichter Regen. Der Himmel zeigte jedoch Zeichen von Aufklärung im Westen. Der Luftdruck betrug 755 mm Hg, die Lufttemperatur 16 °C, die relative Feuchtigkeit 98%, der Bodenwind war schwach und veränderlich.

Beim ersten Überfahren des Platzes (s. Anl. 4) wurde von der Führung des Luftschiffes festgestellt, daß die Landemannschaften entsprechend einer Windrichtung aus Osten aufgestellt waren und daß die Anfahrt daher über dem im Westen des Platzes gelegenen Ankermast erfolgen mußte. Das Luftschiff ging daher in einem weiten Bogen etwa 5–6 Meilen vom Platz weg und näherte sich dann von dieser Richtung aus dem Landemast. Da inzwischen der Wind nach Süd-Osten umgesprungen war, holte das Luftschiff, um in dieser Windrichtung anfahren zu können, nach Backbord aus und näherte sich dem Mast nach Beendigung dieser zweiten Kurve aus nördlicher Richtung.

Die während der Anfahrt vorgenommenen Manöver sind in der in Anl. 4 beigefügten Skizze niedergelegt. Während des Durchfahrens der großen Kurve, etwa 10 Minuten vor Fallen der Landetaue wurde 15 Sekunden lang Gas an den Zellen 4–14 gezogen. Da das Schiff hecklastig war, wurde weiterhin vor und während der letzten Kurve an den vorderen 5 Zellen zweimal 15 Sekunden lang und einmal 5 Sekunden lang Gas gezogen. Aus demselben Grun-

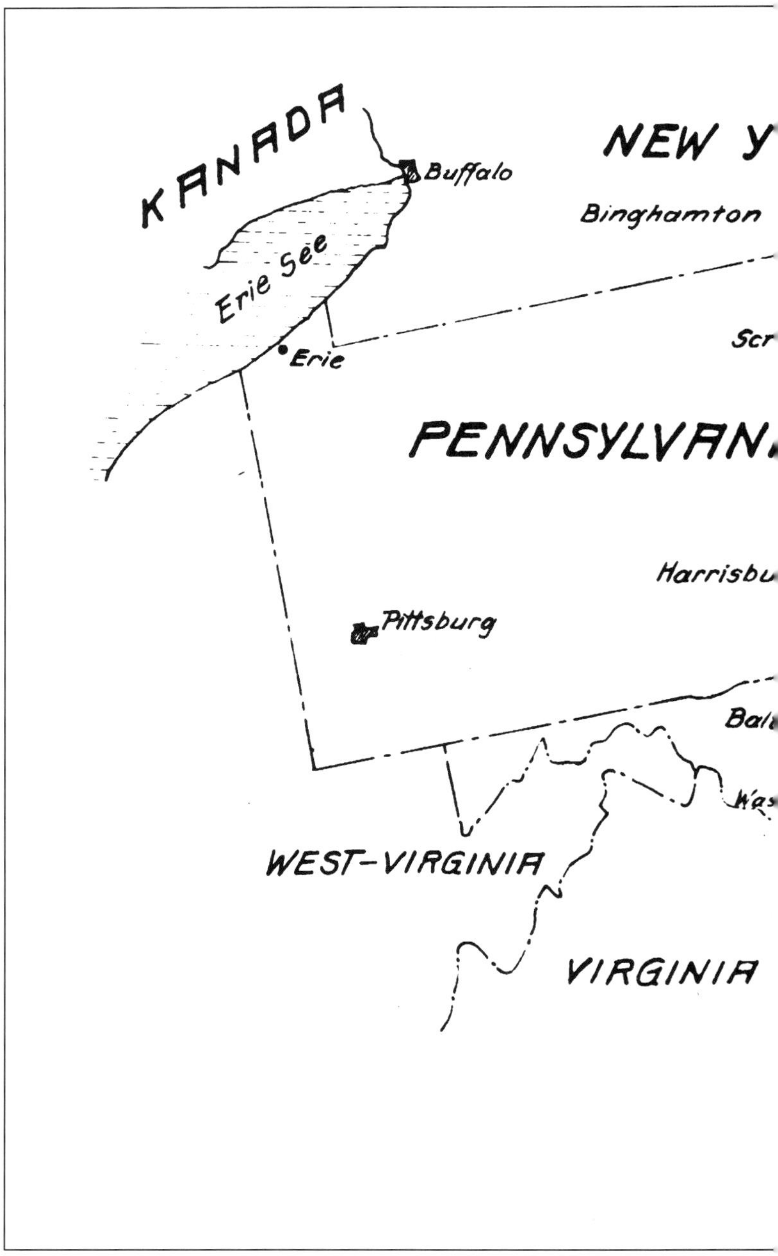

Fahrtroute von LZ 129 Hindenburg am 6. Mai 1937

de wurden am Ring 77 dreimal, insgesamt 1.100 kg Wasser abgelassen. Die Motoren waren nach Beendigung der ersten großen Kurve auf Leerlauf voraus gegangen. Während der Anfahrt in der letzten Kurve wurden mehrere kurze Manöver mit den Motoren vorgenommen. Etwa 2 Minuten vor Abwerfen der Bug-Ankertaue wurden alle Maschinen für die Dauer von etwa 1 Minute auf volle Rückwärtsfahrt gebracht. Danach gingen die vorderen Maschinen auf Leerlauf voraus und die hinteren Maschinen auf Leerlauf

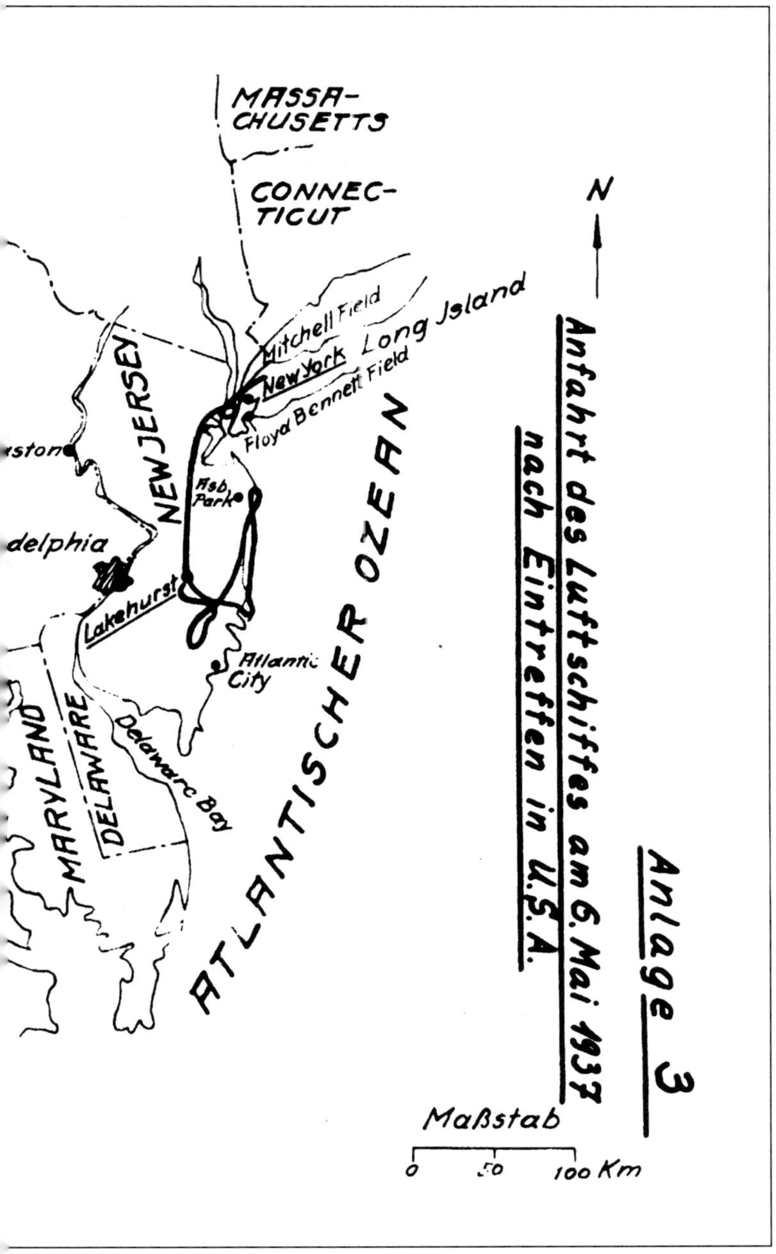

zurück. In dieser Stellung verblieben die Maschinen bis zum Schluß, mit Ausnahme eines kurzen Stoßes »voll voraus« an den vorderen Motoren.

Die Verteilung der Besatzung im Augenblick des Abwerfens der Landetaue geht aus der in Anl. 5 beigefügten Skizze hervor. Wegen der Hecklastigkeit des Schiffes waren während der Anfahrt zur Landung 6 Mann aus der Mitte des Schiffes in den Bug gesandt worden, um hierdurch das Schiff kopflastiger zu trimmen.

Im Augenblick des Abwerfens der vorderen Landetaue hatte die Führergondel eine Höhe von 90 m über dem Meeresspiegel, d.h. etwa 60 m über dem Boden. Zuerst wurde das Steuerbord-Ankertau und gleich darauf das Backbord-Ankertau ausgeworfen. Das Backbord-Tau wurde sofort, da das Schiff anfing, nach Westen abzutreiben, mit dem Tau des Ankertau-Aufholwagens verbunden, das sich dann scharf anspannte, während das Steuerbord-Tau von der Landemannschaft gehalten wurde. Das Hauptbugkabel, das zur Befestigung des Schiffes am Ankermast dient, war im Augenblick, als das Feuer ausbrach, etwa 15 m weit herausgelassen und demnach vom Boden noch weit entfernt; ebenfalls waren die Knebelbunde am Ring 62 heruntergegeben. Der Stander am Ring 47 wurde im Augenblick des Ausbruchs des Feuers gerade herausgegeben und war erst einige Meter abgelaufen.

Unmittelbar vor Ausbruch des Feuers wurde von einem Zeugen (R. H. Ward) ein Flattern der Außenhaut an der oberen B. B.-Seite zwischen den Ringen 62 und 77, die die Zelle Nr. 5 einschlossen, beobachtet. Da das Schiff keine Fahrt hatte und der Luftschraubenstrahl weit unterhalb der flatternden Stelle hindurchgehen mußte, ist diese Wellenbewegung der Außenhaut möglicherweise durch Gas verursacht worden, das aus einer Zelle ausströmte.

Um 18.25 Uhr, etwa 4 Minuten nach Fallen der Landetaue brach das Feuer am Heck des Schiffes aus. Die Aussagen über den Entstehungsort des Feuers gehen z.T. weit auseinander. Die Ursache hierfür liegt einmal in der sehr schnellen Ausbreitung des Feuers selbst, das andere Mal in den verschiedenen Beobachtungsorten, die die Zeugen bei der Landung des Schiffes innehatten, und der großen räumlichen Ausdehnung des Schiffes, die eine Übersicht sehr erschwerte. Bei Bewertung der Zeugenaussagen unter diesem Gesichtspunkt gelangt man zu dem Schluß, daß das erste Feuer an der Oberseite des Schiffes ausbrach und zwar vor der Eintrittskante der senkrechten Stabilisierungsfläche oberhalb der Zellen 4 und 5.

Von dort breitete es sich im Laufe von ungefähr 15 Sekunden etwa 20 bis 30 Meter nach vorn aus, bis die erste Explosion erfolgte. […]

Zwischen dem ersten Ausbruch des Feuers und dem Aufschlagen des Hauptschiffskörpers auf dem Boden lag etwa 1/2 Minute.

E. Ursachen des Brandes

Aus den Zeugenaussagen geht hervor, daß nach Ansicht aller Fachleute die Landung des Luftschiffes völlig ordnungsgemäß durchgeführt wurde und daß das Verhalten der gesamten Besatzung vor und während der Katastrophe vorbildlich war; ebenso deutet nichts darauf hin, daß das Schiff vor der Anfahrt zur Landung sich etwa nicht in einem technisch einwandfreien Zustand befunden hat.

Durch den Brand wurde das Luftschiff vollständig zerstört […] Eine genaue Untersuchung des Wracks lieferte daher keinen Hinweis auf die mögliche Ursache des Brandes. Obgleich ferner die Landung von mehreren Stellen gefilmt wurde, wurde der Teil des Luftschiffes, in dem das Feuer ausbrach, hierbei nicht erfaßt, da die Vorbereitungen zur Landung hauptsächlich am Bug des Schiffes vor sich gingen und die Aufnahmeapparate dorthin gerichtet waren. Auch Liebhaberaufnahmen vom Heck des Schiffes unmittelbar bei Entstehung des Brandes waren nicht zu erhalten.

Es blieb also nur der Weg, aus den Zeugenaussagen Schlüsse über die Entstehungsmöglichkeiten des Brandes zu ziehen und durch theoretische und experimentelle Untersuchungen festzustellen, welche von diesen Möglichkeiten in Betracht kommen und welche auszuscheiden sind.

Zur Klärung des Unglückes wurden grundsätzlich nach 2 Richtungen Untersuchungen angestellt:

I. Ist das Schiff einem verbrecherischen Anschlag erlegen?

II. Trafen eine Reihe von physikalischen oder sonstigen Umständen derart zusammen, daß ein Brand erfolgen konnte?

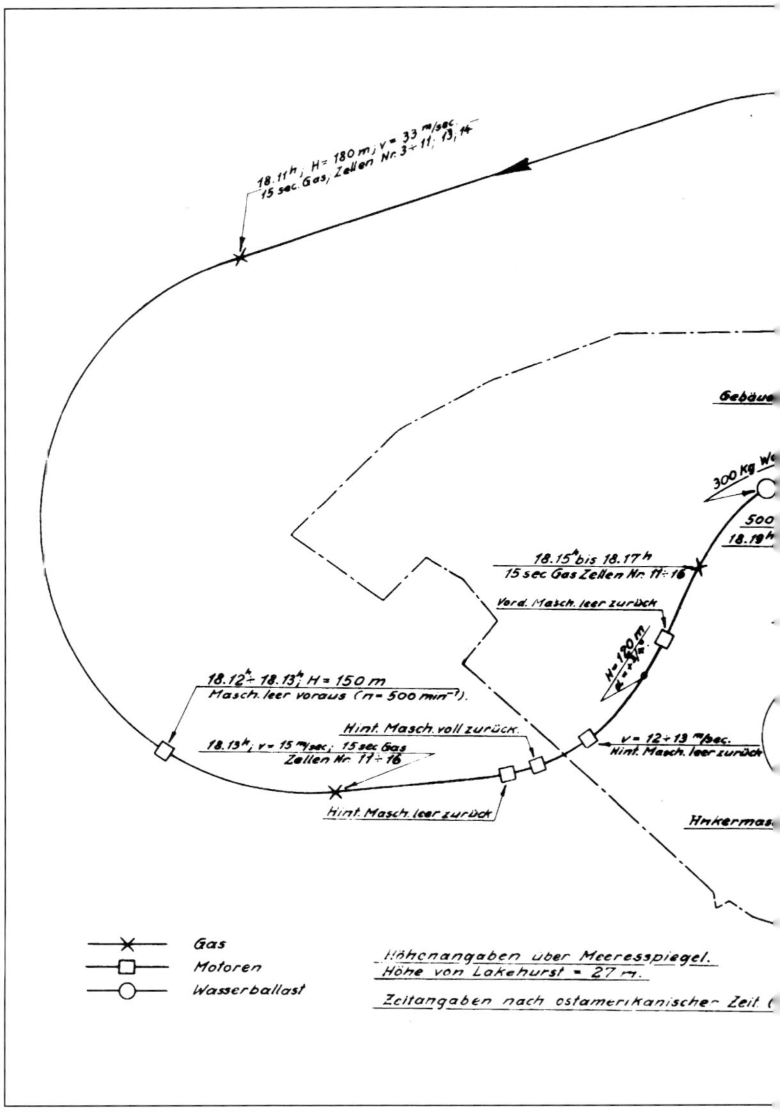

Fahrtroute von LZ 129 Hindenburg am 6. Mai 1937
Anfahrt auf Lakehurst.

Zur Klärung der ersten Frage wurden die Unglücksstelle und das Wrack des Luftschiffes durch die deutsche und die amerikanische Untersuchungskommission sowie deren Sachverständigen nach verdächtigen Anzeichen eingehend geprüft. Ebenso wurden die Besatzungsmitglieder ausführlich vernommen, ob sie irgend etwas Auffälliges in dieser Richtung bemerkt hatten. Daneben wurden alle Verdachtsmomente, die in zahlreichen Zuschriften an den deutschen und den amerikanischen Untersuchungsausschuß zum Ausdruck kamen, geprüft.

Als Ursache für eine absichtliche Zerstörung sind folgende Möglichkeiten denkbar:

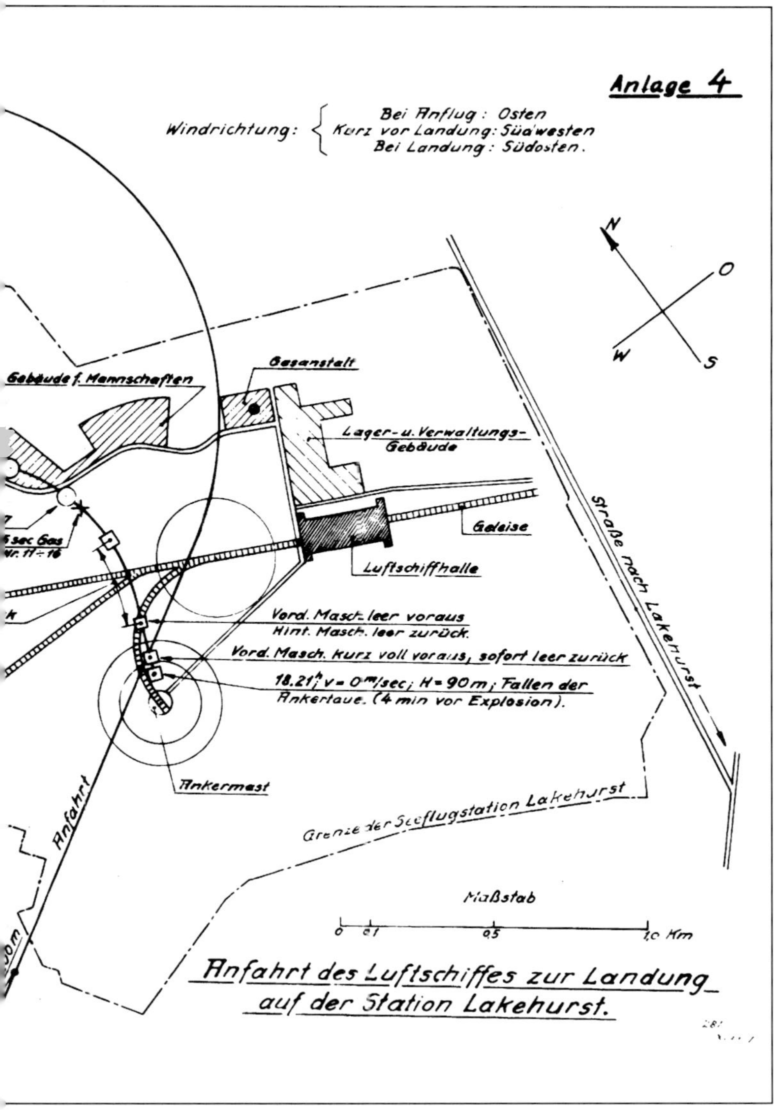

a) Vorrichtungen, die innerhalb des Schiffes angebracht wurden;
b) Einwirkungen, die von außen auf das Schiff ausgeübt wurden.

Die Anbringung von Vorrichtungen, die mit Hilfe von Zeitzündern oder anderen Auslösungen eine Explosion veranlassen können, hätte vor oder während der Fahrt erfolgen müssen. Es ist nachgewiesen, daß die Bewachung des Schiffes und aller mit dem Schiff in Berührung kommenden Personen vor und während der Fahrt äußerst streng und sorgfältig durchgeführt wurde, so daß sowohl die Einführung als auch die Anbringung derartiger Fremdkörper im Schiff nahezu unmöglich war. Zudem wäre es schwierig gewesen, angesichts der unbestimmten Fahrtzeiten und Fahrtdauer des Luftschiffes den Zeitpunkt der Zündung richtig zu wählen.

Für die Einwirkung von außen auf das Luftschiff kommt ein Schuß mit einem Brandgeschoß in Frage. Angesichts der zahlreichen anwesenden Menschen und der amerikanischen Absperrung des Geländes erscheinen nur Schüsse, die aus einem geräuschlosen Gewehr inmitten einer Gruppe Eingeweihter aus näherer Entfernung abgefeuert wurden, oder Schüsse aus einer weittragenden Waffe möglich. Unter allen Umständen wäre die Gefahr der Entdeckung bei der zahlreich anwesenden Menge sehr groß gewesen. Gegen die Entzündung durch ein Brandgeschoß spricht ferner die Tatsache, daß im Verlauf des Brandes eine heftige Explosion erfolgte. Wie die Erfahrungen mit Fesselballonen während des Weltkrieges gezeigt haben, verbrennen durch ein Brandgeschoß entzündete Ballone jedoch im allgemeinen ohne eine Explosion, da sich größere Mengen von Knallgas nicht bilden können. Alle anderen Erklärungsmöglichkeiten, wie z. B. Einwirkung aus Luftfahrzeugen kommen nicht in Betracht. Beweise für die Ausführung eines Gewaltaktes, wie im vorstehenden beschrieben, konnten trotz gründlichster Nachforschung nicht erbracht werden. Die Möglichkeit einer gewaltsamen Zerstörung des Luftschiffes muß aber, da eine andere Entstehungsursache ebensowenig bewiesen werden kann, zugegeben werden.

Viel größere Wahrscheinlichkeit für die Entstehung des Brandes hat andererseits auf Grund der durchgeführten Versuche und Ermittlungen die unbeabsichtigte Zündung als Folge ungünstiger Umstände. Es müssen aber immer, wenn man diese Möglichkeit unterstellt, zwei Hauptvoraussetzungen zusammengetroffen sein, nämlich

1. Das Vorhandensein einer brennbaren Mischung von Wasserstoff und Luft;
2. das Auftreten einer Zündung zur Entflammung dieses Gemisches.

Im folgenden sollen beide Fälle getrennt untersucht werden:

1. Entstehung eines brennbaren Wasserstoff-Luftgemisches

a) Diffusion des Wasserstoffes durch die Zellenwände

Die Wände der Gaszellen bestehen aus 2 Lagen Baumwollstoff, zwischen denen ein gasdichtender Film eingebettet ist, und besitzen eine mittlere Durchlässigkeit von 1 ltr/m^2 in 24 Stunden. Wie eine Messung des Reinheitsgrades des in den Zellen befindlichen Wasserstoffgases vom 28. 4. 1937 zeigt, ist der Reinheitsgrad in allen Zellen gleichmäßig gut; es ist daher mit Sicherheit anzunehmen, daß die Gaszellen sich bei der letzten Fahrt in einem einwandfreien Zustand befunden haben und der Stoff der Zellenwände keine unzulässige Durchlässigkeit infolge Alterungserscheinungen aufwies.

Die untere Grenze für die Brennbarkeit eines Wasserstoff-Luftgemisches liegt bei einem Gehalt von etwa 15 Gewichtsprozent Wasserstoff in Luft. Bei der guten Belüftung des Luftschiffes ist es völlig ausgeschlossen, daß durch die normale Diffusion des Wasserstoffgases durch die Zellenwände ein derart reiches Gemisch sich bilden konnte, wie von einem Zeugen geäußert wurde.

b) Hängenbleiben eines Ventils

Zwischen je 2 Zellen führt ein Gasschacht an die Oberseite des Schiffes, wo er mit einer nach hinten geöffneten Hutze abgedeckt ist. Der an der Hutze entstehende Sog sorgt für eine kräftige Entlüftung des Gasschachtes und des Inneren des Schiffes; hierbei wird er durch die Kaminwirkung der im Inneren des Schiffes erwärmten und im Schacht aufsteigenden Luft unterstützt. In den Gasschacht münden oberhalb des Axialsteges von jeder Zelle 2 Ventile, von denen das eine automatisch bei der Erreichung der Prallhöhe sich öffnet, das andere beim Manövrieren von der Führergondel aus bedient wird. Da das Schiff während des letzten Teiles der Fahrt nur ungefähr 80% prall war, ist mit Sicherheit anzunehmen, daß die automatischen Ventile in dieser Zeit nicht gearbeitet haben. Die Manövrierventile an den Zellen 4 und 5, über denen der Brand zuerst beobachtet wurde, wurden zum letzten Male etwa 10 Minuten vor Fallen der Ankertaue gezogen. Es erscheint nicht völlig ausgeschlossen, daß eines dieser Ventile dabei hängengeblieben ist und dadurch Gas in den Schacht entweichen konnte.

Die Füllung der Zellen wird von der Führergondel aus durch einen Feindruckmesser überwacht, der als unterste Grenze der Genauigkeit Unterschiede in der Gasfüllung von $^1/_5$ m Höhe angibt. Bei 80% praller Zelle ist also das Ausströmen von 100 m^3 Gas am Feindruckmesser bei genügender Aufmerksamkeit zu erkennen. Ob die Feindruckmesser während des letzten Teiles der Anfahrt zur Landung mit einer derartigen Genauigkeit beobachtet wurden, war nicht festzustellen. Es sei jedoch bemerkt, daß Störungen in den Manöverierventilen auf den Luftschiffen ›Graf Zeppelin‹ und ›Hindenburg‹ nie beobachtet wurden; nur bei einer Fahrt nach Südamerika im Jahre 1936 hat einmal ein automatisches Überdruckventil geklemmt, dessen Konstruktion abgeändert wurde.

c) Eindringen eines Luftschraubenbruchstückes

Im Wrack des Luftschiffes wurde am Backbord-Motor ein Luftschraubenstück von 30 cm Länge gefunden, das von Zellenstoff eingehüllt und unverbrannt war. Nach eingehender Prüfung ist jedoch aller Wahrscheinlichkeit nach dieses Luftschraubenstück erst beim Auftreffen der Motore und der Luftschraube auf dem Boden abgeflogen. Hierfür spricht insbesondere die Tatsache, daß die vier Blätter der hinteren Backbord-Luftschraube in verschiedenen fast gleichmäßig abgestuften Längen abgebrochen waren, wie es beim Aufschlagen eines laufenden Motors auf dem Boden der Fall sein muß. Diese Beobachtung deckt sich auch mit der Aussage des

Zeugen Deutschle, der sich in der hinteren Backbord-Maschinengondel befand und der keine Schwingungen der Maschine vor dem Absturz beobachtete, wie sie bei einem Luftschraubenbruch hätten auftreten müssen.

d) Leckwerden einer Zelle

Um zu verhindern, daß die Gaszellen in unmittelbare Berührung mit dem Gerippe des Luftschiffes kommen, sind innerhalb des Gerüstes Feldverspannungen aus Stahldraht gezogen, gegen die sich die Gaszellenwände legen. Es ist mitunter – wenn auch sehr selten – vorgekommen, daß ein Draht dieser Feldverspannung riß. Irgendwelche Folgen für die Festigkeit des Luftschiffes oder den Zustand der Zellen hat dies aber bisher nie gehabt. Dennoch ist es denkbar, daß ein Draht der Feldverspannung bei der Anfahrt des Schiffes zur Landung zufällig gerissen ist und das scharfe Ende des Spanndrahtes ein Leck an einer der hinteren Zellen hervorgerufen hat, durch das Gas in den Raum zwischen Zellen und Außenhüllen strömen konnte. Diese Vermutung wird dadurch gestützt, daß das Schiff während der letzten Kurve sich als stark hecklastig erwies, so daß ein Teil der Besatzung aus der Mitte des Schiffes nach vorn geschickt, noch zweimal an den vorderen Zellen Gas gezogen und am Heck insgesamt 1100 kg Wasserballast abgelassen wurde. Das entweichende Gas kann auch das beobachtete Flattern der Außenhaut hervorgerufen haben. Da außerdem infolge der verringerten Fahrt die Entlüftung nachließ, kann auf diese Weise ein brennbares Wasserstoff-Luftgemisch innerhalb der Hülle des Schiffes entstanden sein.

2. Zündung des Gasgemisches

a) Mechanische Ursachen

Mechanisch wäre eine Zündung dadurch vorstellbar, daß ein Bauteil, z. B. ein Spanndraht, reißt und hierbei ein Funken auftritt, der ein dort vorhandenes Gasgemisch zündet.

Im Augenblick des ersten Feuers hatte das Schiff keine Fahrt mehr, so daß das Auftreten großer Beanspruchungen, die das Reißen eines Spanndrahtes hervorrufen könnten, völlig unwahrscheinlich ist. Außerdem haben Versuche, die beim Luftschiffbau Zeppelin durchgeführt wurden, ergeben, daß die Energie eines Funkens beim Reißen eines Spanndrahtes nicht ausreicht, um ein Wasserstoff-Luftgemisch zu zünden.

b) Chemische Ursachen

Ein Wasserstoff-Luftgemisch kann sich beim Vorbeistreichen an Baustoffen, die als Katalysator wirken, selbst entzünden. Die im Luftschiff verwendeten Werkstoffe kommen jedoch als Katalysatoren nicht in Betracht. Ebenso erscheint es völlig ausgeschlossen, daß ein als Katalysator wirkender Stoff, wie z. B. Platinschwamm, an die Stelle, wo der erste Brand beobachtet wurde, gelangen und dort eine längere Zeit wirksam bleiben konnte.

c) Thermodynamische Ursachen

Ausführlich wurde die Brandentstehung durch Auspuffgase oder durch Funkenflug der Motoren in gemeinsamen Versuchen des Luftschiffbaues Zeppelin, der DVL und der Prüfstelle für Luftfahrzeuge geprüft.

Die Auspuffgase der Diesel-Motoren des Luftschiffes besitzen bei höchster Belastung unmittelbar nach Verlassen der Zylinder im Abgasrohr eine Temperatur von etwa 600 °C. Durch Zumischung von Frischluft innerhalb der Abgasanlage wird ihre Temperatur bis zum Austritt aus der Gondel auf ungefähr 500 °C gesenkt. Bereits 0,25 m von der Auspuffmündung entfernt ist die Temperatur der Abgase auf etwa 350 °C herabgesunken. Diese Temperatur liegt weit unterhalb der niedrigsten Zündtemperatur eines Wasserstoff-Luftgemisches, die von den näheren Umständen stark abhängt und ungefähr 550 °C beträgt.

Die in den Abgasen insbesondere beim plötzlichen Gasgeben auftretenden Funken, die in der

Hauptsache aus glühenden Ölkohlenteilchen bestehen, besitzen eine wesentlich höhere Temperatur als die Auspuffgase selbst. Es wäre vorstellbar, daß Funken vom Auspuff der hinteren Maschinen bis auf die Oberseite des Schiffes getragen worden sind und ein dort vorhandenes Gasgemisch entzündet haben. Nach eingehenden Versuchen kann jedoch ein Wasserstoff-Luftgemisch selbst unter Umständen, die für die Entzündung wesentlich günstiger sind als die im Luftschiff vorhandenen, nicht durch Funkenflug zur Entzündung gebracht werden; offenbar ist die Wärmeenergie der Funken hierzu zu klein.

d) Elektrische Ursachen
aa) Störungen in der elektrischen Anlage des Schiffes

Die elektrische Zentrale befindet sich zwischen Ring 140 und 156. Sie enthält zwei Generatoren für 220 V, die von je einem Diesel-Motor angetrieben werden und im wesentlichen Beleuchtung, Heizung und FT-Umformer beliefern; außerdem ist an jedem Diesel-Motor ein 24-V-Generator angeschlossen, der über eine Batterie die Instrumente und Notbeleuchtung versorgt. Alle Leitungen, Dosen und Schalter der Bordnetzanlage sind nach den Schlagwetterschutzvorschriften des Bergbaues ausgeführt. In der Nähe der vermutlich ersten Brandstelle befinden sich an elektrischen Geräten nur die Feindruckmesser, die den in der Gaszelle befindlichen Druck auf elektrischem Wege in der Führergondel anzeigen. Der Feindruckmesser enthält eine Membran, die sich gegen einen gefederten Teller legt. Mit dem Teller ist ein elektrischer Widerstand in Potentiometerschaltung fest verbunden, dessen Verhältniswiderstände sich mit der Stellung des Tellers ändern. Der Stromübergang zwischen dem festen Teil des Feindruckmessers und dem verschiebbaren Widerstand geschieht durch Rollen. Es ist nun vorstellbar, daß bei starker Verschmutzung der Rollen an dieser Stelle ein Funken auftritt, der ein dort vorhandenes Wasserstoff-Luftgemisch entzündet.

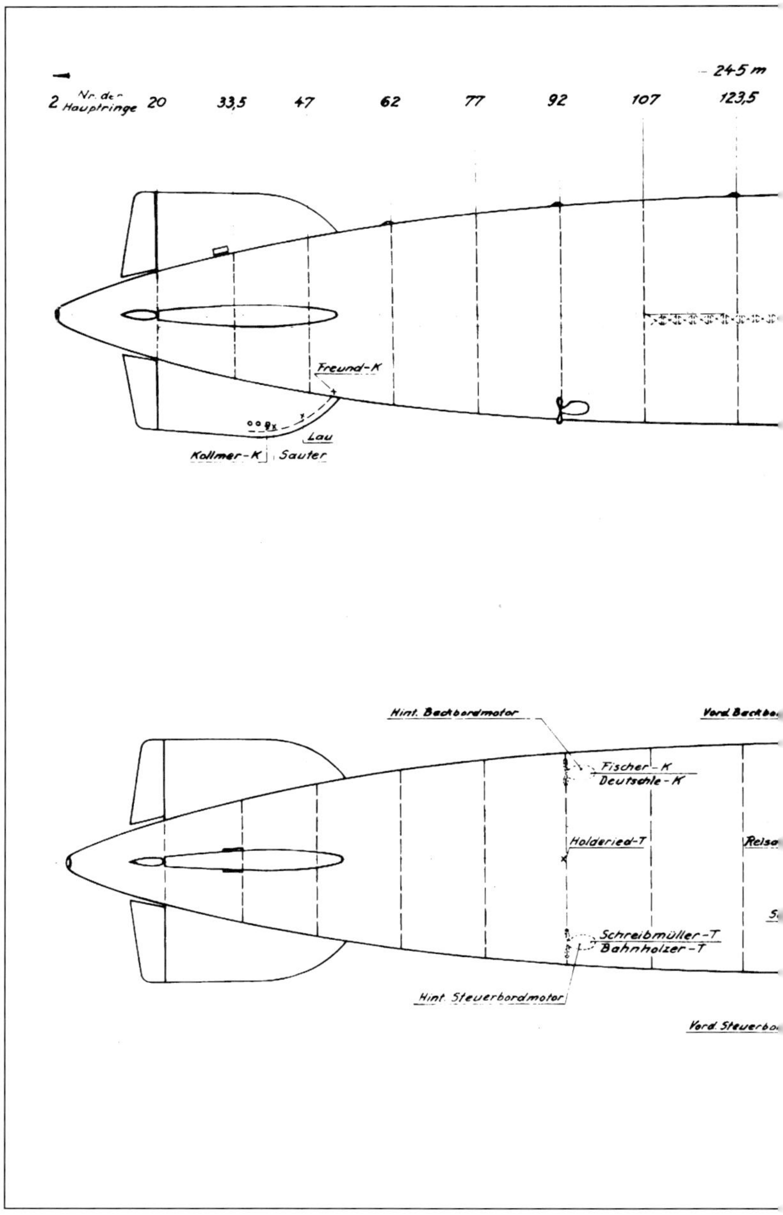

Die Verteilung der Besatzung zum Zeitpunkt der Katastrophe.

Bei Versuchen, die gemeinsam vom Luftschiffbau Zeppelin und der drahtlos-telegraphischen Versuchsstation Gräfelfing durchgeführt wurden, ist jedoch selbst unter Bedingungen, die für eine Funkenbildung besonders günstig sind, die Entzündung eines Wasserstoff-Luftgemisches im Gehäuse des Feindruckmessers nie gelungen.

Da außerdem die Ansammlung eines Wasserstoff-Luftgemisches in dem Gehäuse des Feindruckmessers infolge seiner guten Belüftung im Axialsteg des Luftschiffes ganz unwahrscheinlich ist, kann eine Störung

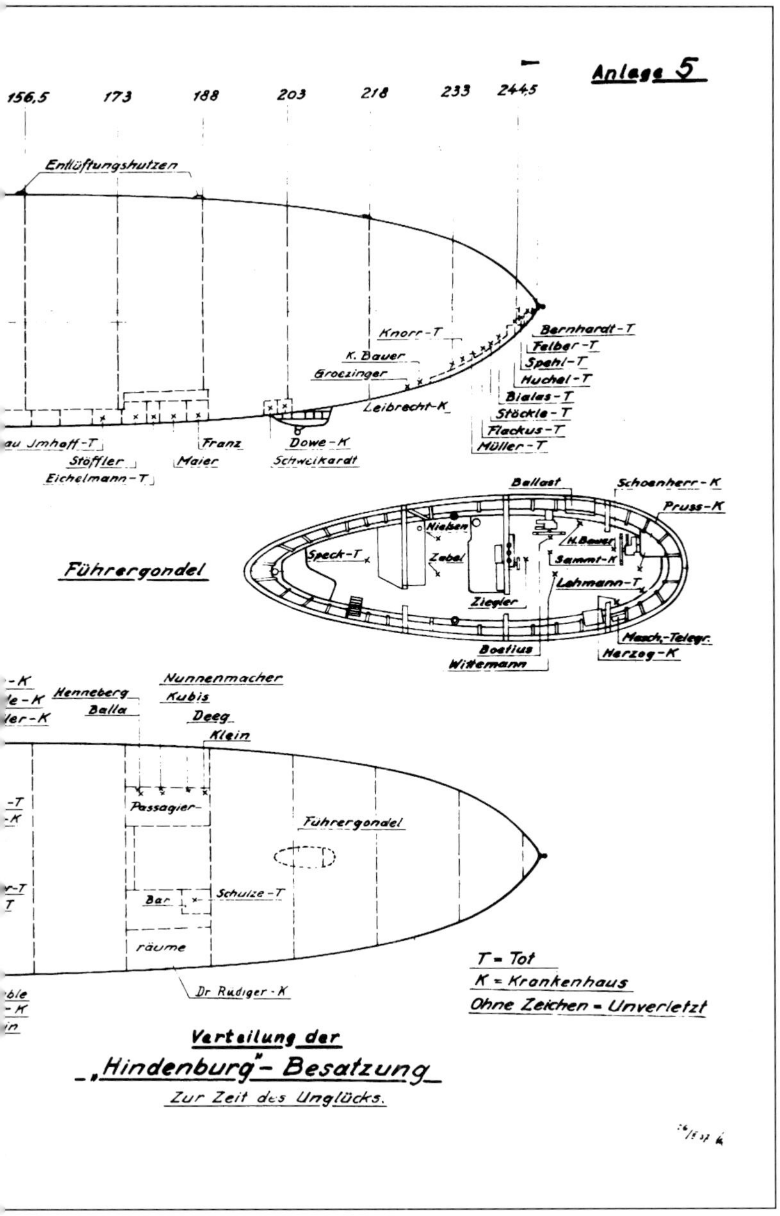

am Feindruckmesser als Brandursache ausgeschieden werden.

bb) Hochfrequenzerregung

Durch einen in der Nähe des Luftschiffes arbeitenden starken Kurzwellensender kann u. U. durch Induktionswirkung eine Hochfrequenz-Erregung herbeigeführt werden, die zu einer elektrischen Entladung innerhalb des Schiffes führt. Diese Vermutung lag besonders deshalb nahe, weil die Explosion in dem Augenblick auftrat, in dem am Heck des Schiffes ein Stander, der aus einem Drahtseil bestand, heruntergelassen wurde. Während der Landung arbeitete auf der Station Lakehurst nur ein lokaler Richtstrahlsender, dessen Frequenz 278 KH und dessen Ausgangsleistung 15 W betrug. Das Schiff war im Augenblick der Entzündung etwa 600 m von diesem Sender entfernt. Die Feldstärke war daher am Ort des Schiffes so gering, daß sie eine elektrische Entladung nicht herbeiführen konnte.

Nach Mitteilung des FT-Offiziers der Luftschiffsstation sind andere Kurzwellenstationen in der Umgebung von Lakehurst nicht vorhanden. Die in größerer Entfernung befindlichen Stationen ergeben in Lakehurst, wie überschlägige Rechnungen zeigen, nur so geringe Feldstärken, daß sie für eine Funkenentladung nicht ausreichen würden.

Die FT-Station des Luftschiffes hat während der Landung nicht gearbeitet. Wie aus dem Protokoll über den FT-Verkehr zwischen Schiff und Station Lakehurst hervorgeht, wurde der letzte Funkspruch zwischen Schiff und Boden auf einer langen Welle um 18.10 Uhr gewechselt, d. h. 15 Minuten vor Ausbruch des Feuers. Eine Erregung eines Teiles des Schiffes durch die eigene Senderanlage ist daher ebenfalls unmöglich.

cc) Elektrostatische Ursachen

Bei der Landung eines Luftschiffes wird das in einiger Höhe schwebende Schiff durch die mehr oder weniger gut leitenden Halteseile rascher oder langsamer leitend mit der Erde verbunden. Die etwaige Eigenladung und die nicht gebundene Influenzladung des Schiffes fließen zur Erde ab, das Gerippe und die angeschlossenen Metallteile nehmen Erdpotential an.

Über dem Rücken des geerdeten Schiffes müssen alle sonst tiefer verlaufenden Äquipotentialflächen ausweichen. Namentlich über dem Bug und besonders über den hervorstehenden Teilen des Heckes, wie z. B. an den Stabilisierungsflächen, ergibt sich ein erhöhtes Potentialgefälle. Zur Zeit der Landung waren in Lakehurst wahrscheinlich stärkere elektrische Störungen in der Atmosphäre vorhanden. Der Umstand, daß die Richtung und Temperatur des Windes sich änderten, machte das Auftreten eines Nachgewitters wahrscheinlich. Unter derartigen Bedingungen ist erfahrungsgemäß mit einer Vergrößerung des Potentialgefälles in der Nähe der Erde und damit im vorliegenden Fall besonders verstärkt über der Vertikalflosse des Schiffes zu rechnen. Es könnte also zwischen Schiff und Atmosphäre das Auftreten einer Büschel- oder Elmsfeuerentladung vorstellbar sein. Da ein Wasserstoff-Luftgemisch annähernd farblos brennt, könnte u. U. die erste Entzündung am oberen Teil der senkrechten Stabilisierungsfläche vor sich gegangen sein und sich von dort schnell zum Ansatzpunkt der Flosse am Schiffskörper ausgedehnt haben.

Grundsätzlich können, wie Versuche in der DVL und in der drahtlos- telegraphischen und luftelektrischen Versuchsstation Gräfelfing gezeigt haben, durch Spitzenentladungen Temperaturen, die zu einer Entzündung von Wasserstoff-Luftgemischen führen, erzeugt werden. Die Möglichkeit einer Entzündung durch Elmsfeuer ist also nicht von der Hand zu weisen, aber sie setzt, wenn man nicht Voraussetzungen macht, die im vorliegenden Fall kaum haben zutreffen können, das Auftreten ganz außerordentlich hoher Gefälle voraus.

Eine weitere Zündungsmöglichkeit kann bei sich zeitlich änderndem Gefälle durch die verschiedenen elektrischen Leitwerte der Baustoffe eines Luftschiffes gegeben sein.

Ein Zeppelinluftschiff ist aus Baustoffen sehr verschiedener elektrischer Leitfähigkeit bzw. verschiedenen elektrischen Widerstandes hergestellt.

Das im wesentlichen aus Duralumin bestehende eigentliche Gerippe, die Drahtverspannungen, Seilzüge usw. sind metallische Leiter mit kleinem Widerstand. Zwischen ihnen können sich keine nennenswerten Potentialdifferenzen bilden.

Der elektrische Widerstand der Gaszellenstoffe, der Außenhülle, der aus Manilahanf bestehenden Landeseile dagegen hängt, da dies alles Halbleiter sind, stark vom Wassergehalt, also der Feuchtigkeit ab. Die Längs- und Querwiderstände derartiger Materialien können sehr hohe Werte haben.

Wenn man etwa einen geladenen Kondensator durch einen solch hohen Widerstand entladen will, so braucht es stets einige Zeit, bis die ursprüngliche Spannung auf einen bestimmten Bruchteil abgeklungen ist. Je größer die Kapazität dieses Kondensators und je höher der Widerstand ist, um so größer ist auch der Betrag dieser sogenannten Zeitkonstante.

Betrachtet man das Metallgerippe des Schiffes gegenüber der Erde als Kondensator, der über das Landetau verbunden ist, so beträgt die Zeitkonstante zwischen 1/1000 Sekunde und vielen Minuten.

Nimmt man auf dem Rücken des Schiffes auf dem Außenhüllenstoff einen durch Regenwasser erzeugten, nassen, verhältnismäßig gut leitenden, begrenzten Fleck an – der Außenanstrich ist wasserabweisend, so daß man das tun darf –, dann ist die Kapazität dieses Fleckes über den Widerstand des geschichteten Außenhüllenstoffes mit dem Gerippe verbunden, und man findet eine größenordnungsmäßig nach Sekunden zählende Zeitkonstante.

Bei zeitlich rasch ablaufenden atmosphärisch-elektrischen Feldänderungen treten zwischen dem nassen Fleck, der als Leiter sich in dem atmosphärisch-elektrischen Feldteil befindet, der durch die Gitterkonstruktion des Schiffes von außen nach innen durchgreift, und dem Gerippe selbst sowie zwischen dem Gerippe und der Erde Potentialdifferenzen auf, deren zeitlicher Ablauf durch die jeweiligen Zeitkonstanten vorgeschrieben wird.

Wenn das Manilalandetau verhältnismäßig gut leitet, der Außenhüllenstoff verhältnismäßig weniger gut, dann können bei hinreichend hohen raschen Änderungen des luftelektrischen Potentialgefälles die Spannungsdifferenzen zur Bildung eines zündfähigen Funkens durch den Außenhüllenstoff hindurch ausreichen. Beide Leiter, Luftschiffgerippe und Feuchtigkeitsschicht, befinden sich bei äußeren Feldänderungen unter ganz verschiedenen Bedingungen. Das nicht gebundene Vorzeichen der Influenzladung des Luftschiffes kann dann rasch zur Erde abfließen, das Gerippe nimmt sehr schnell wieder Erdpotential an, das nicht gebundene Vorzeichen der Feuchtigkeitsschicht dagegen kann nicht so schnell harmlos abfließen, es schlägt, wenn die Spannungsdifferenz hoch genug ist, durch einen Funken zum Gerippe über, und leitet bei Anwesenheit von zündfähigem Gasgemisch die Katastrophe ein. Bei der Durchführung von Modellversuchen in der drahtlos-telegraphischen und luftelektrischen Versuchsstation Gräfelfing, bei denen das elektrische Erdfeld durch ein künstliches ersetzt wurde und die bei der Landung wahrscheinlich vorliegenden Verhältnisse sinngemäß nachgeahmt wurden, konnte in sehr vielen Fällen Zündung des Wasserstoff-Luftgemisches erzielt werden.

Außer den durch das äußere Feld hervorgerufenen elektrischen Erscheinungen können an einem Luftfahrzeug auch andere Aufladungserscheinungen auftreten. Wie früher bei der Versuchsstation Gräfelfing und der DVL nachgewiesen wurde, wirken laufende Benzinmotore elektrizitätstrennend. Das eine Vorzeichen bleibt auf dem Luftfahrzeug, das andere geht mit den Auspuffgasen weg. Wie anzunehmen war und neuere Untersuchungen bei der DVL bewiesen haben, ist die Aufladung durch Diesel-Motore zwar erheblich höher, aber doch nicht zu einer wahrscheinlichen Erklärung des ›Hindenburg‹-Unglückes ausreichend.

Es darf erwähnt werden, daß auch beim Ausströmen von Gas unter bestimmten Voraussetzungen elektrische Aufladungen und Zündungen hervorgerufen werden. In diesem Fall führt das Gas feste oder flüssige Teile mit hinreichender Geschwindigkeit an der Öffnungsbegrenzung entlang. Diese Erscheinung spielt beim Ausströmen von gedrücktem Gas aus Hochdruckbehältern eine Rolle, kann aber beim Austreten aus Gaszellen wegen der geringen Strömungsgeschwindigkeiten nicht zur Entzündung führen.

Eingehend erörtert wurde endlich die Möglichkeit, ob ein Kugelblitz ein Leck in einer Zelle des Schiffes und gleichzeitig eine Entzündung hätte herbeiführen können. Auf das Auftreten eines Kugelblitzes deutete die Beschreibung der ersten Feuererscheinung durch mehrere Zeugen, die ausdrücklich betonten, daß das erste Feuer nicht die Form von Flammenzungen gehabt habe, sondern ähnlich wie ein Faß oder Neon-Licht ausgesehen habe. In der Literatur des In- und Auslandes werden Kugelblitze ähnlich beschrieben. Da sie jedoch meist in Verbindung mit Linienblitzen auftreten und das sichtbare Gewitter über Lakehurst bereits vor längerer Zeit hinweggezogen war, erscheint diese Erklärung abwegig.

F. Schlußfolgerung

Der Untersuchungsausschuß hat im vorstehenden eine Reihe von Möglichkeiten aufgeführt, die das Unglück am Luftschiff ›Hindenburg‹ vom 6. Mai 1937 verursacht haben können. Trotz ausführlicher Vernehmung sämtlicher Zeugen, trotz eingehender Besichtigung und Durchsuchung des Wracks und trotz Auswertung aller über den Verlauf des Brandes Auskunft gebenden Bilddokumente ist für keine der oben aufgeführten Möglichkeiten ein völlig sicherer Beweis zu finden. Angesichts der Tatsache, daß im deutschen Zeppelin-Luftschiffverkehr in einem jahrzehntelangem Fahrbetrieb bei Benutzung des Wasserstoffes als Traggas Unfälle nicht aufgetreten sind und auf Grund aller Zeugenaussagen und Untersuchungen hat der Ausschuß die Überzeugung gewonnen, daß seitens sämtlicher für die reibungslose Durchführung des Luftschiffverkehrs verantwortlichen Stellen alles getan war, um ein Unglück zu verhüten. Falls daher nicht eine der vorher erwähnten verbrecherischen Anschlagsmöglichkeiten in Frage kommt, kann der Ausschuß als Ursache des Luftschiffbrandes nur das Zusammentreffen einer Reihe unglücklicher Umstände als einen Fall höherer Gewalt annehmen. In diesem Falle erscheint folgende Erklärung des Unglücks als die wahrscheinlichste:

Während der Anfahrt zur Landung entstand in der Zelle 4 oder 5 im Heck des Schiffes vielleicht durch Reißen eines Spanndrahtes ein Leck, durch das Wasserstoffgas in den Raum zwischen Zelle und Hülle einströmte. Hierdurch bildete sich im oberen hinteren Teil des Schiffes ein brennbares Wasserstoff-Luftgemisch.

Für die Entzündung dieses Gemisches sind 2 Fälle denkbar:

a) Infolge elektrischer atmosphärischer Störungen war z. Zt. der Landung des Luftschiffes das Potentialgefälle in der Nähe des Bodens so hoch, daß es nach Erdung des ganzen Schiffes an der Stelle seiner stärksten Erhöhung, nämlich am Heck, zu Büschelentladungen und damit zur Zündung geführt hat.

b) Nach Abwerfen der Landetaue wurde die Oberfläche der Außenhülle des Luftschiffes wegen der geringeren elektrischen Leitfähigkeit des Außenhüllenstoffes weniger gut geerdet als das Gerippe des Luftschiffes. Bei raschen Änderungen des atmosphärischen Feldes, wie sie bei einem Nachgewitter die Regel und auch im vorliegenden Fall anzunehmen sind, entstanden dann Potentialdifferenzen zwischen Stellen der Außenseite der Hülle und dem Gerippe. Falls diese Stellen hinreichend feucht waren, was gerade in der Gegend der Zellen 4 und 5 infolge der vorangegangenen Durchfahrt durch ein Regengebiet wahrscheinlich war, konnten diese Potentialdifferenzen einen Spannungsausgleich durch einen Funken herbeiführen, der möglicherweise die Zündung eines über den Zellen 4 oder 5 vorhandenen Wasserstoff-Luftgemisches verursachte.

Von den beiden genannten Erklärungen erscheint die unter b) bezeichnete als die wahrscheinlichere.

Der deutsche Untersuchungsausschuß:

[gez.] Eckener	[gez.] Dürr
[gez.] Breithaupt	[gez.] Bock
[gez.] Dieckmann	[gez.] Hoffmann

Sensational Pictures of Zeppelin Disaster—Pages 2, 3, 4, 5, 6, 25 and 42

METROPOLITAN FORECAST

AVERAGE TEMPERATURES

(Detailed weather report on Page 18)

New York American

CHARACTER QUALITY AMERICA FIRST! ENTERPRISE ACCURACY

AN AMERICAN PAPER FOR THE AMERICAN PEOPLE

6 A.M.

IN TWO SECTIONS—SECTION ONE

No. 19,651—DAILY FRIDAY, MAY 7, 1937—42 PAGES

HINDENBURG EXPLODES AT LAKEHURST; 35 DEAD

MIGHTY MONARCH OF THE SKY BECOMES A FALLING STAR

Copyright, 1937, International News Photos.

HORRIFYING SCENE as Zeppelin Hindenburg bursts into flame, starts to disintegrate and begins its dive of death to the ground. This remarkable closeup clearly shows how near the ship is to the mooring mast, almost impaling itself on the movable tower. After many successful crossings of the Atlantic, the largest dirigible ever built comes to this tragic end.

Dirigible Crashes In Flames as It Tries to Land; 64 Survive

CAUSE VAGUE

Germany's pride, the dirigible Hindenburg, largest lighter-than-air craft ever built, exploded and fell in a mass of flames as it prepared to land at the Naval Air Station, Lakehurst, N. J., at 7:20 o'clock last night.

After four hours of frantic rescue work in the smouldering ruins, Zeppelin Co. officials asserted 64 of the 99 persons aboard had survived—20 passengers and 44 crew members.

A canvass of hospitals and other places in the Lakehurst area, however, accounted for only 31 survivors. It was believed the exact number saved might not be known until today.

Some of the survivors escaped death by jumping as the flaming hulk dropped to the ground before the eyes of horrified spectators.

Others were blasted from the great luxury airliner and miraculously escaped. Many of those saved were critically injured.

Thinks Hydrogen Was Released

The cause of the explosion, which came as the proud sky queen was nearing her mooring mast and only 150 feet above ground, was not immediately learned. Federal officials launched an immediate investigation and Dr. Hans Luther, German Ambassador, flew from Washington to Lakehurst to open an independent inquiry.

A high Government expert at the Naval

Continued on Page 2, Column 2.

Die Wiedergeburt der Zeppeline

Der neue Zeppelin NT

von Klaus Hagenlocher

Dipl.-Ing. Klaus Hagenlocher
Seit 1972 Entwicklungsleiter der Zeppelin-Metallwerke in Friedrichshafen. Chefkonstrukteur und Programmleiter der neuen Luftschifftechnologie seit 1989 sowie Inhaber zahlreicher Patente.

Nach sechzig Jahren wird zum erstenmal wieder ein Zeppelin entwickelt und gebaut, und zwar mit modernster Technik. Damit nimmt der Luftschiffbau einen Neuanfang.

Zu Beginn des Zweiten Weltkriegs wurden die beiden letzten Zeppeline, LZ 127 und LZ 130, auf Befehl Görings demontiert. Die Zeit der großen Starrluftschiffe (mit einem festen Innengerüst) war damit endgültig vorbei.

Die US-Navy betrieb während des Zweiten Weltkriegs rund 300 Pralluftschiffe (ohne festes Innengerüst, die Form entsteht durch Überdruck des Füllgases), die sogenannten Blimps, zur Überwachung des Schiffsverkehrs. Die letzten dieser Luftschiffe wurden um 1960 ausgemustert. Die wenigen Blimps, die danach für Reklameeinsätze gebaut wurden, waren relativ einfache Konstruktionen mit 2000 bis 7000 m^3 Volumen.

Erst Anfang der achtziger Jahre entwickelte Roger Munk in Großbritannien eine moderne Version der Pralluftschiffe: Airship 500 und das Nachfolgemodell Airship 600. Sie hatten ein Volumen von 6000 bzw. 7000 m^3. Eine wesentliche Verbesserung sind zwei Antriebe mit schwenkbaren Propellern seitlich an der Gondel. Durch Schwenken der Propeller nach oben kann vertikaler Schub, wie bei einem Hubschrauber, erzeugt werden. Das Hantieren mit Ballast ist dabei weitgehend überflüssig, da mit variablem Propellerschub das Steigen und das Sinken des Luftschiffs gesteuert werden kann.

In dieser Technik wurden von der Firma Airship Industries Ltd. bis etwa 1990 16 Luftschiffe gebaut, von denen die meisten noch in Betrieb sind. Der weltweite Bestand von nur 18 heliumgefüllten Luftschiffen im Jahr 1995 belegt ihre Rolle als exotisches Nischenprodukt.

Die positiven Eigenschaften der Luftschiffe – das ruhige, langsame Gleiten, die Senkrechtstartmöglichkeit, der geringe Kraftstoffverbrauch und die bis heute vom Flugzeug nicht erreichte Flugdauer ohne Nachtanken – ermöglichen es ihnen, Leistungen zu erbringen, die zwischen den Möglichkeiten von Flugzeug und Hubschrauber liegen. Das Interesse an modernen Luftschiffen, das gerade in den achtziger Jahren stark zugenommen hat, veranlaßte den Vorsitzenden der Zeppelin-Stiftung und Oberbürgermeister der Stadt Friedrichshafen, Dr. Bernd Wiedmann, und die damaligen Geschäftsführer der Luftschiffbau Zeppelin GmbH, Max Mugler und Heinz Kollmann, ein Ingenieurteam mit der Untersuchung des Markts für moderne Luftschiffe zu beauftragen und Ideen zu entwickeln, wie ein nach dem neuesten Stand der Technik gebautes Luftschiff aussehen müßte.

Zunächst untersuchten zwei Ingenieure die positiven und die negativen Eigenschaften sowohl der großen Starrluftschiffe als auch der heutigen Pralluftschiffe.

Die Auswertung bisheriger Unfälle anhand der umfangreichen und weitgehend unbekannten

Bestände des Archivs der Luftschiffbau Zeppelin GmbH ergab einen Anforderungskatalog für ein modernes Luftschiff, dessen wichtigste Punkte sind:

Sicherheit und zuverlässiger Betrieb

Die Brandgefahr wurde bei amerikanischen Luftschiffen bereits ab 1923 vermieden durch Verwendung des unbrennbaren Edelgases Helium, das es damals in größeren Mengen nur in den USA gab. Für die deutschen Zeppeline stand es aus politischen Gründen nicht zur Verfügung, sonst hätte das Brandunglück der LZ 129 ›Hindenburg‹ in Lakehurst 1937 vermieden werden können.

Die heutigen Luftschiffe sind Pralluftschiffe. Ihr Nachteil ist, daß bei Druckabfall – bei Lecks der Gaszellen oder Versagen der Luftversorgung der Ballonetts – die Hülle ihre Form verliert und das Luftschiff nicht mehr steuerbar ist.

Reduzierung der Bodenmannschaft

Die mangelnde Manövrierfähigkeit bei Langsamfahrt erfordert eine große Bodenmannschaft, die das Luftschiff beim Anlanden an Leinen festhält, bis es am Mast verankert ist. Dieses Personal – bei den heutigen Blimps sind es bis zu 18 Mann – ist für einen wirtschaftlichen Betrieb zu kostenintensiv. Mit einer verbesserten Manövrierbarkeit könnte der Verankerungsvorgang mechanisiert und damit Personal eingespart werden.

Verbesserung der Flugleistungen

Heutige Luftschiffe haben eine maximale Geschwindigkeit von 90 bis 100 km/h. Zur Überbrückung größerer Strecken und für Ausweichmanöver, z. B. Umfahrung einer Gewitterfront, ist eine Fahrgeschwindigkeit von 120 bis 140 km/h erforderlich. Dies würde größere Sicherheit bieten. Auch würde damit die Allwetterfähigkeit des Luftschiffs verbessert, da alle Komponenten auf die höhere Belastung ausgelegt sein müssen.

Umweltverträglichkeit

Geringe Lärm- und Schadstoffemission sowie ein hoher Fahrkomfort in der Kabine ohne Motorenlärm und Vibrationen.

Die Untersuchungen ergaben, daß diese Forderungen von der alten Starrluftschiffbauweise am besten erfüllt werden. Das Problem war, für die bekannte Ringträger-Tragstruktur eines Zeppelins eine Alternative zu finden, die auch für kleinere Luftschiffe geeignet ist, d. h. dieses Gerüst mußte wesentlich leichter und mit geringerem Aufwand zu bauen sein als das konventionelle Luftschiffgerippe aus Aluminium. Außerdem mußte die Empfindlichkeit der früheren Tragstrukturen – etwa bei harter Landung – behoben werden.

Der andere Aspekt, die Untersuchung des Marktes und der Einsatzgebiete für Luftschiffe, war ebenso anspruchsvoll. Denn außer dem Reklamesektor war bislang kein Markt vorhanden.

Mit der Hilfe von Marketingfachleuten wurden Marktstudien über die Einsatzmöglichkeiten moderner Luftschiffe erarbeitet. Das Ergebnis zeigte, daß moderne Luftschiffe durchaus Chancen haben, Aufgaben auszuführen, die weder von Flugzeugen noch von Hubschraubern übernommen werden können, und zwar vor allem dort, wo die besonderen Vorteile der Luftschiffe liegen:

Lange Einsatzzeiten in der Luft
Ruhige, stabile Plattform für Meßgeräte, TV-Kameras usw.
Komfortable, geräuscharme Kabine
Senkrechtstart- und -landeeigenschaften

Solche Leistungen sind erforderlich bei Beobachtungs- und Kontrollfahrten über dem Meer und in der Küsten- und Seestraßenüberwachung, bei meteorologischen Forschungseinsätzen und bei der Messung von Luftschadstoffen sowie im Tourismussektor für Sightseeing-, Kreuz- und Zubringerfahrten. Hier

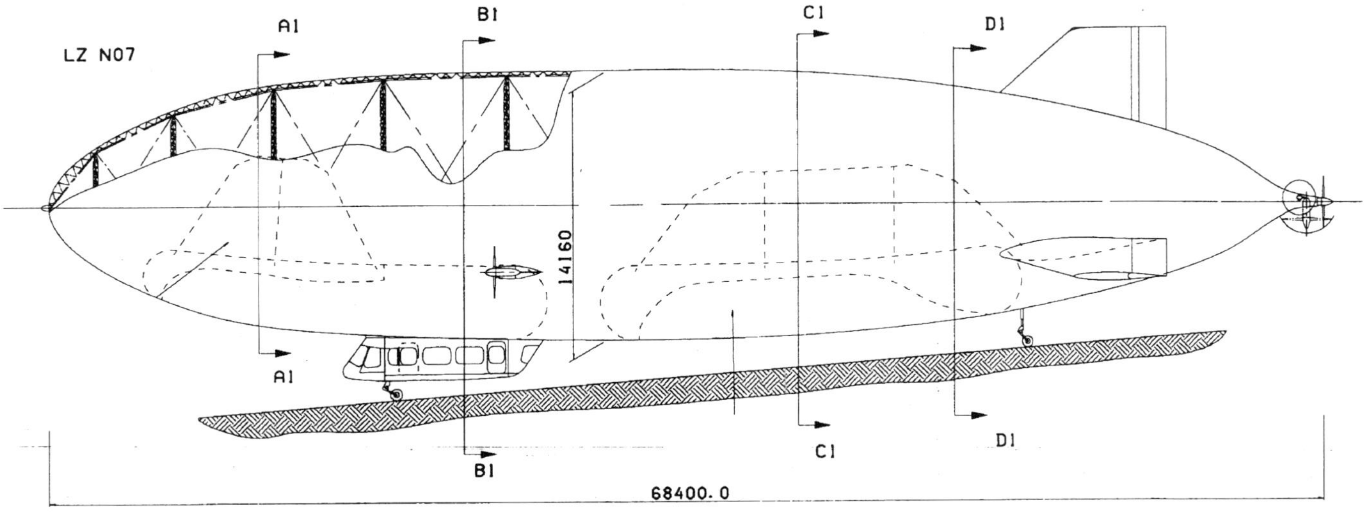

Die Seitenansicht des LZ N07
zeigt die Anordnung der Tragstruktur und der Anbauten.
Länge des Luftschiffes: 68,4 m
Maximaler Durchmesser: 14,2 m

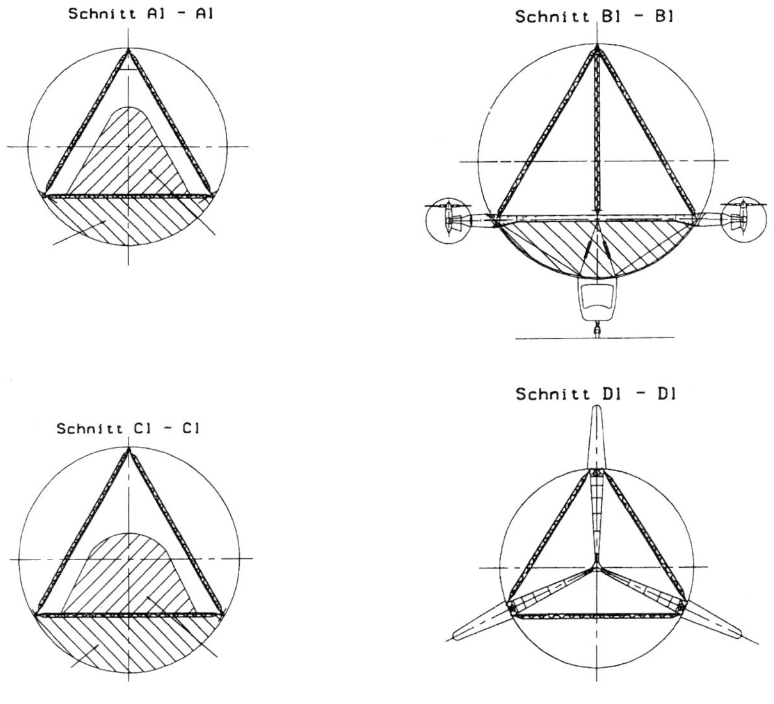

Die dreieckförmige Struktur wird im Bereich der Gondelaufhängung und der
Leitwerksanschlüsse durch zusätzliche Träger ergänzt.
Die schraffierten Flächen stellen die variablen Luftkammern dar,
die eine Konstanthaltung des Innendrucks ermöglichen.

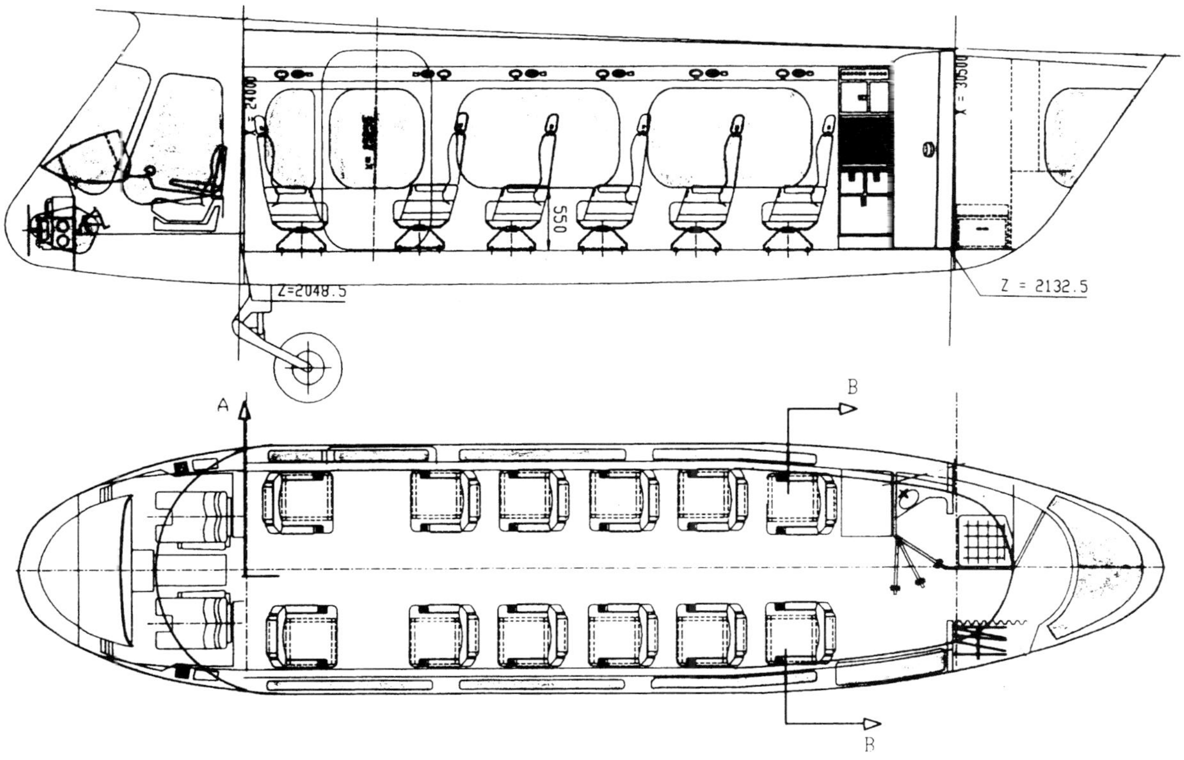

Gondel des LZ N07 mit Cockpit für Pilot und Copilot sowie
Kabine für 12 Passagiere.

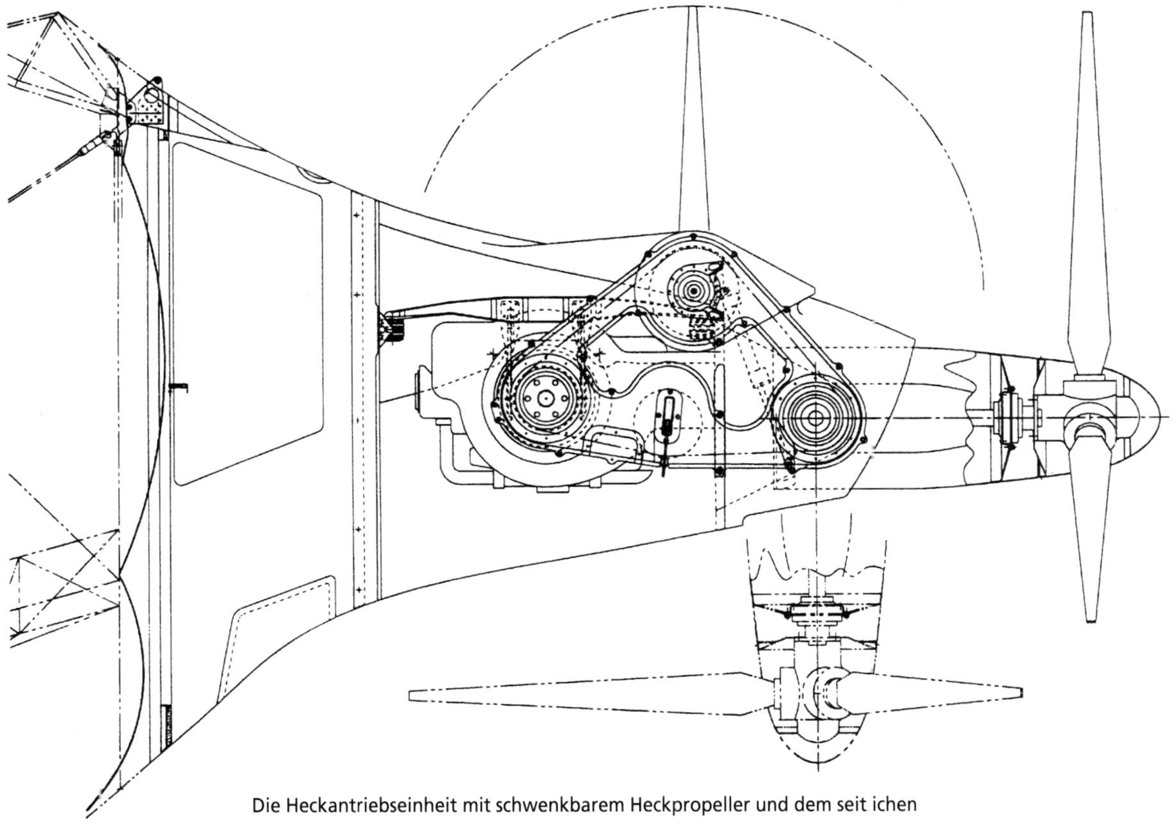

Die Heckantriebseinheit mit schwenkbarem Heckpropeller und dem seit ichen
Lateralpropeller gibt dem LZ N07 hohe Manövierfähigkeit.

kann das Überfliegen der Landschaft in geringer Höhe zu einem überragenden Erlebnis werden.

Die Untersuchungen ergaben auch ein klares Bild von den wirtschaftlichen Größen zukünftiger Luftschiffe. Sie liegen zwischen 7000 und 70 000 m^3; das wären Luftschiffe mit einer Tragfähigkeit von etwa 1,5 bis 30 Tonnen. Sicherlich gibt es auch noch einen Bedarf an kleineren Luftschiffen für Werbezwecke. Diese können jedoch weniger unter wirtschaftlichen Gesichtspunkten betrachtet werden. Auch ist die Zeit der Zeppelin-Riesen vorbei. Wirtschaftlichkeitsuntersuchungen, etwa für Fracht- oder Schwertransporte, haben keinen ökonomischen Vorteil gegenüber dem Flugzeug ergeben, da die Transportleistung beim Großflugzeug in Tonnen-Stundenkilometer aufgrund der sechs- bis achtfach höheren Geschwindigkeit wesentlich besser ist.

Das Ingenieurteam bei Zeppelin entwickelte aus den Ergebnissen der Studie eine neue Bauweise für Luftschiffe, die alle zuvor gestellten Anforderungen erfüllt. Die Bezeichnung dieser Luftschiffe als ›Zeppelin Neuer Technologie (NT)‹ soll zeigen, daß die reiche Erfahrung des wohl bekanntesten Luftschiffherstellers mit den modernsten Techniken und Materialien kombiniert wird. Die Technik des Zeppelin NT ist weltweit durch Patente geschützt.

Die Studie und der daraus resultierende Luftschiffentwurf gewährleisten eine erfolgreiche Wiederaufnahme der Luftschiffproduktion. Folgerichtig wurde in Friedrichshafen mit der Realisierung begonnen.

Kernstück der neuen Technologie ist eine stark vereinfachte Tragstruktur in Form eines dreieckigen räumlichen Fachwerks, welches das Luftschiff vom Bug bis zum Heck stützt. An dessen Knotenpunkten können alle wichtigen Komponenten wie Leitwerke, Triebwerke und Gondel fest angebaut werden.

Die Hülle ist an den durchgehenden drei Längsträgern befestigt. In ihr befinden sich Luftkammern, mit denen die Volumensänderung des Heliums beim Steigen und Sinken ausgeglichen wird. Sie besitzen Ventile und Luftgebläse, mit denen sie gefüllt und entleert werden. Dabei wird im Luftschiff ständig ein Überdruck von rund 5 mb (Millibar) aufrechterhalten. Dies ist seit jeher auch beim Pralluftschiff üblich gewesen.

Beim Zeppelin NT konnte durch die Kombination einer druckausgesteiften Hülle mit einer steifen Struktur ein System geschaffen werden, das mehrfache Sicherheit bietet. Beim normalen Betrieb unterstützt die membranversteifte Hülle die Tragstruktur. Bei Druckverlust übernimmt das feste Gerippe die gesamte Belastung und hält das Luftschiff steuer- und flugfähig. Nimmt aber dieses Schaden, geht die Stützwirkung von der Hülle aus, die auch bei Druckabfall in der Lage ist, Beschädigung etwa eines Trägers auszugleichen.

Durch die Verwendung moderner Werkstoffe wie Kohlefaserverbund-Kunststoff (CFK) und Kevlar (hochfeste Aramid-Kunststoffaser) konnte das Gewicht des kompletten Tragsystems auf 40% der ehemaligen Aluminiumgerippe gesenkt werden. Damit waren die Voraussetzungen geschaffen, auch Luftschiffe kleinerer bis mittlerer Größe kostengünstig zu bauen. Die sehr langen schlanken Träger der dreieckigen Spanten können so leicht und so fest nur aus CFK gebaut werden, weil dieser Werkstoff eine Steifigkeit und Festigkeit wie Stahl hat, aber lediglich ein Fünftel davon wiegt. Auch der Bauaufwand konnte drastisch vereinfacht werden; so verringert sich die Gesamtlänge der erforderlichen Träger auf ein Viertel, die Anzahl der komplizierten Knotenpunkte um den Faktor 10.

Das im Flugzeugbau übliche Aluminium wird eingesetzt, wo es von Vorteil ist. So sind die Längsträger aus Aluminiumrohren geschweißt. Sie bilden die elektrische Masse des Luftschiffs und bieten damit Schutz gegen Blitzschlag.

Zu erwähnen ist noch, daß sowohl die CFK- als auch die Aluminiumträger dieselbe Dreiecksform besitzen, wie sie bei Zeppelinen ab 1904 entwickelt worden ist.

Die Hülle besteht aus einem heliumdichten und alterungsbeständigen Schichtpreßstoff aus einer Folie und Gewebe. Bei größeren Luftschiffen über 15 000 m^3 ist der Traggasraum wie bei den alten Zeppelinen in zwölf Gaszellen unterteilt. Bei dem kleinen Luftschifftyp von 7200 m^3, dem LZ N07, wird es aus Gewichtsgründen nur eine Zelle geben. Die Unterteilung in Gaszellen hat neben der höheren Sicherheit den Vorteil, daß die Trägerstruktur im Innern des Luftschiffs zugänglich ist und leicht überprüft werden kann.

Im Gegensatz zu den ehemaligen Zeppelin-Luftschiffen ermöglicht die Verwendung moderner Materialien den Verzicht auf separate Traggaszellen: Die Außenhülle des Luftschiffs ist identisch mit den Seitenwänden der Traggaszellen. Damit kann erheblich an Gewicht eingespart werden.

Bei der Entwicklung des Antriebs stand die Verbesserung der Manövrierfähigkeit im Vordergrund. Der Zeppelin NT ist mit drei Motoren ausgestattet, die so plaziert sind, daß eine maximale Kontrolle der Luftschiffhauptachsen erreicht wird: Je ein Motor ist links und rechts am Rumpf vor dem Auftriebsschwerpunkt installiert; der dritte befindet sich am Heck. Jeder Motor treibt über ein Winkel-Untersetzungsgetriebe einen Schwenkpropeller an. Bei den seitlichen Triebwerken läßt sich der Propeller von 0° bis 120° schwenken. Die 0°-Position ist die Schubrichtung für Vorwärtsfahrt. Die vertikale Position ist für senkrechten Schub wie beim Hubschrauber, wobei beim Luftschiff die Schubrichtung durch Schwenken des Propellers schnell geändert werden kann. Die Heckantriebseinheit hat einen zusätzlichen Propeller, der Schub quer zur Luftschiffachse geben kann. Damit wird die Gierachse kontrolliert.

Schub in alle Richtungen auszuüben verleiht dem Zeppelin NT eine bisher bei Luftschiffen unbekannte Manövrierfähigkeit. Er läßt sich im Schwebeflug um Nick- und Gierachse (vertikal und horizontal) drehen und kann somit den Ankerplatz selbständig und zielsicher ansteuern.

Der Start erfolgt senkrecht mit Unterstützung der drei vertikal geschwenkten Propeller. Das Luftschiff ist dabei in der Regel 10% schwerer als Luft, d. h. es muß nicht durch Ballast exakt auf den Schwebezustand getrimmt werden. Denn in schwerem Zustand kann es besser gesteuert werden, und die Zuladung ist höher. Mit zunehmender Flugdauer nimmt durch den Kraftstoffverbrauch das Gewicht des Luftschiffs ab. Man spricht daher nicht mehr wie früher vom ›Fahren‹, sondern vom ›Fliegen‹.

Als Triebwerke werden beim Luftschiff LZ N07 (**L**uftschiff **Z**eppelin **N**eu 7000 m^3) Vierzylinderflugmotoren mit je 200 PS verwendet. Bei größeren Typen sollen Turbinentriebwerke eingesetzt werden, da diese über das beste Leistungsgewicht verfügen. Bedauerlicherweise stehen keine erprobten Flugdieselmotoren zur Verfügung; sie wären wegen ihres geringen Treibstoffverbrauchs von Vorteil.

Das Luftschiff ist in bezug auf Antriebssysteme sehr variabel. Denkbar sind Hybridantriebe, bei denen Stromgeneratoren der neuen Generation von Turbinen angetrieben werden. Der Propeller würde dann direkt durch Elektromotoren in Bewegung versetzt. Es könnte Solarstrom von Solarzellen eingespeist werden, die auf der großen Oberfläche des Luftschiffrumpfes anzubringen wären. Diese Lösung ist aber erst dann sinnvoll, wenn hinreichend leichte und leistungsfähige Solarzellen zur Verfügung stehen.

Die drei Leitwerke mit Ruderflächen des Zeppelins NT sind in Form eines umgekehrten Y angebaut. Mischfunktionen können den Ausfall eines Ruders ausgleichen. Der Wegfall eines bei Luftschiffen üblichen unteren Seitenleitwerks ergibt mehr Bodenfreiheit und Sicherheit. Die Leitwerke sind bei LZ N07 je 32 m^3 groß. Diese riesigen Flächen werden in einem Kohlefaser-Sandwich-Verfahren hergestellt.

Bei den kleineren und mittleren Luftschiffen sind die Piloten und die Passagiere in einer einzigen Gondel untergebracht. Auch diese Gondel ist in Kohlefaser-Sandwich-Bauweise gefertigt. Das Cockpit

ZEPPELIN

ist für einen Piloten und einen Kopiloten ausgelegt. Die Bedienung des Luftschiffs ist auch für nur einen Piloten möglich; die Sicherheitsvorschriften für Passagierflug verlangen jedoch einen Kopiloten. Gestaltung und Ausstattung der Kabinen richten sich nach Einsatzart und Luftschifftyp. Die geräuscharmen und recht großen Passagierkabinen bieten First-Class-Komfort.

Die Instrumentierung entspricht im wesentlichen der von Passagierflugzeugen. Die Steuerung des Luftschiffs erfolgt voll elektronisch über Steuerhebel für Triebwerke, Propellerverstellung und Propellerschwenken. Die Ruder werden über je einen Sidestick von den zwei Piloten bedient. Die elektrischen Signale gehen über Datenleitungen zu Kontrollboxen, elektrischen Stellmotoren und Stellspindeln und regulieren Ruder, Propeller und Triebwerk. Auf Monitoren kann der Pilot die Funktion aller Systeme überprüfen. Mit dieser Cockpitausstattung ist die Belastung des Piloten auf ein notwendiges Minimum reduziert, eine der Voraussetzungen für lange Touren.

Wie bereits erwähnt, ist einer der wichtigsten Punkte die Verringerung des Bodenpersonals auf eine bei anderen Fluggeräten übliche Größe. Dieses Ziel wurde mit dem Zeppelin NT erreicht. Durch die konsequente Entwicklung des Antriebssystems mit Vektorschub in alle Richtungen und die leichte Bedienbarkeit ist ein zielgenaues Landen ohne große Mannschaft möglich. Der Pilot verringert bei Annäherung an den Landepunkt die Geschwindigkeit. Durch Vertikalschwenken der drei Propeller senkt er das Luftschiff auf den Landeplatz ab, dabei hält er das Luftschiff mit dem Querpropeller am Heck und mehr oder weniger Vorwärts- oder Rückwärtsschwenken der zwei vorderen Propeller in Position. Von der Gondel wird eine Halteleine abgelassen, die ein Mann der Bodencrew an einer Elektrowinde befestigt. Damit wird das Luftschiff nach unten gezogen; dabei hält der Propellerschub die Leine ständig gespannt. Bei starkem Wind oder Sturmwarnung wird ein mobiler Mast an den Bug gekoppelt. Das Luftschiff kann dann frei um den Mast schwojen (drehen).

Der Start erfolgt ebenso einfach: Bei laufenden Triebwerken wird der Mast oder die Bodenleine abgekoppelt, das Luftschiff hebt senkrecht ab und geht durch das Schwenken der Propeller in Vorwärtsflug über.

Das kleine Ingenieurteam ist inzwischen zu einer großen Entwicklungsabteilung angewachsen, mit Fachleuten jeder Disziplin, die in der Luftfahrt benötigt wird. Damit ist gewährleistet, daß alle technischen Neuerungen, die für ein Luftschiff sinnvoll sind, in die Entwicklung einfließen. So wird es 100 Jahre nach dem Erstflug des LZ 1 wieder Zeppeline geben, die wie damals den neuesten Stand der Technik widerspiegeln und von denen wie bei ihren berühmten Vorgängern wesentliche Impulse ausgehen.

Das moderne Luftschiff hat ein enormes ökologisches und wirtschaftliches Zukunftspotential. Wachsende Aufgaben auf dem weiten Feld des Umweltschutzes wie etwa der Gewässerüberwachung und der Atmosphärenforschung, aber auch die Förderung eines ›sanften‹ Tourismus, verbunden mit dem denkbar höchsten Sicherheitsstandard, lassen die Zukunftsaussichten für die Zeppeline Neuer Technologie äußerst günstig erscheinen. Um die unterschiedlichen Anforderungsprofile optimal abdecken zu können, wird in Friedrichshafen eine Baureihe von Luftschiffen entwickelt.

ZEPPELIN

Anhang

Was hat die Luftschiffahrt dem Luftschiffbau Schütte-Lanz zu verdanken?

Von Oberstleutnant a. D. Karl Grützner

Prof. Schütte übte einen entscheidenden Einfluß auf die Entwicklung des Starrluftschiffes aus – auch wenn er selbst von sich behauptete, es hätte keine Luftschiffe von ihm gegeben, wenn Graf Zeppelin auf seine Vorschläge eingegangen wäre.
Er ist immer Schiffbauer geblieben und aus dieser Tätigkeit ist das frühe Auftauchen strömungsgünstiger Leitwerke und Motorengondeln zu erklären.
Im April 1909 gründete er zusammen mit Dr. Karl Lanz in Mannheim seine eigene Luftschiffbaugesellschaft – sie überlebte das Ende des Ersten Weltkriegs nur um wenige Jahre.
In einem 1924 veröffentlichten Beitrag von Karl Grützner, aus dem hier ein Auszug folgen soll, wird Zeit und Umfeld der Arbeit von Schütte-Lanz überzeugend geschildert:

Prof. Dr. e. h. Johann Schütte (1873–1946)
Als Dozent für Schiffbau an der TH Danzig tätig entwickelte er ›nebenbei‹ 1911 sein eigenes Starrluftschiff. Bereits der Nachfolger SL 2 erwies sich 1913 als schnellstes Luftschiff der Welt und sorgte für Aufsehen in der Fachwelt.

Der Name und das Werk des verehrungswürdigen, unvergeßlichen Grafen Zeppelin gehören der Weltgeschichte an. Niemand kann und wird jemals die großen Verdienste anzweifeln, oder verkleinern wollen, die unser Graf Zeppelin, der Stolz der deutschen Nation, im Kampfe um die Eroberung der Luft sich erwarb. In dieser meiner Ansicht fühle ich mich eins mit den Gründern des Luftschiffbaues Schütte-Lanz: Geh. Reg.-Rat Prof. Dr.-Ing. E. H. Johann Schütte, Geh. Kom.-Rat A. Röchling und dem leider inzwischen verstorbenen Kom.-Rat Dr. Karl Lanz, Mannheim.

Diese drei Sätze seien hier vorausgeschickt, um nicht etwa die Ansicht aufkommen zu lassen, als bezweckten die nachfolgenden Ausführungen etwas anderes, als rein sachlich zu beleuchten, welcher maßgebende Anteil an der fortschreitenden Vervollkommnung der Starrluftschiffe der systematischen, streng wissenschaftlichen, zielbewußten Arbeit des Luftschiffbaus Schütte-Lanz beizumessen ist.

Da ich das Glück hatte, schon vom Frühjahr 1909 an als Adjutant der nachmaligen Generalinspektion des Militärverkehrswesens an der Organisation des Militärluftschiffwesens an verantwortlicher Stelle mitarbeiten zu können, vor allem auch Gelegenheit hatte, mit den damals im Luftschiffbau aller Systeme führenden Persönlichkeiten dauernd enge Fühlung zu halten, glaube ich objektiv und auch mit einer gewissen Berechtigung mein Urteil abgeben zu können. – Nur nebenbei möchte ich erwähnen, daß ich häufig in die Lage kam, nicht bloß als Zuschauer, sondern als Mitfahrer an den Übungen der Luftschiffe der verschiedenen Systeme teilzunehmen und unmittelbare Eindrücke zu sammeln.

Die Generalinspektion vertrat immer den Standpunkt, daß der junge Luftschiffbau sich auf breiter Grundlage entwicklen müsse. Unter Ablehnung einseitiger Bevorzugung eines Systems – denn keinem konnte zunächst eine unbedingte Überlegenheit zugesprochen werden – ließ sie ihre Fürsorge und ihr Interesse in gleicher Weise der Entwicklung der unstarren P.-Schiffe (Parseval-Schiffe), der halbstarren M.-Schiffe (Militär-Schiffe) und der starren Z.-Schiffe (Zeppelin-Schiffe) zuteil werden. Das war zweifellos richtig, weil durch den Wettstreit der einzelnen Systeme um konstruktive Verbesserungen und gewisse Höchstleistungen der ganzen Sache fraglos und nachgewiesenermaßen ein großer Dienst erwiesen wurde.

Von diesem Gesichtspunkte aus konnte es die Generalinspektion nur begrüßen, als im Frühjahr

1909 Professor Schütte seinen Plan für Erbauung eines Luftschiffes des starren Systems der Heeresverwaltung unterbreitete, der von vornherein den zuständigen Sachverständigen äußerst beachtenswert erschien. – Die Generalinspektion förderte bewußt die Ausführung des Schütte'schen Entwurfes. Bisher waren nur Prallschiffe – M. und P. – mit dem starren Zeppelinschiff in Wettbewerb getreten. Nunmehr wurde die Möglichkeit geschaffen zu einem Wettstreit von Starrluftschiffen zweier Konstrukteure, von denen der eine, Graf Zeppelin, in praktischer Ausübung der Luftschiffahrt bereits eine Fülle wertvoller Erfahrungen gesammelt hatte, der andere, Professor Schütte, sich in der Schiffbautechnik eines besonders guten Namens erfreute. – Gestützt auf die Urteile maßgebender militärischer Stellen hatten sich die Großindustriellen Dr. Karl Lanz und Geh. Rat Aug. Röchling entschlossen, die Schütte'schen Pläne in die Wirklichkeit umzusetzen, und so entstand im April 1909 der Luftschiffbau Schütte-Lanz. Es war zu erhoffen, daß die alte Zeppelinwerft und die neu zu errichtende Schütte-Lanz-Werft bei ihren Bauten befruchtend aufeinander einwirken würden in Erfüllung der Forderungen, die von der Heeresverwaltung mit Bezug auf die Betriebssicherheit und Leistungsfähigkeit der Starrluftschiffe zu stellen waren. Und diese Hoffnung hat nicht getäuscht.

Ganz leicht wurde es übrigens der Generalinspektion nicht gemacht, sich mit ihren Ansichten durchzusetzen; aber der an ihrer Spitze stehende, weit ausschauende nachmalige General der Infanterie à la suite des Luftschiffer-Bataillons 2, Freiherr von Lynkker, verstand es, mit ebenso viel Energie wie Geschick die mancherlei offenen, aber fast noch mehr latenten Widerstände zu überwinden.

Wie wenig Vertrauen teilweise den Leistungen der jungen Schütte-Lanz-Werft entgegengebracht wurde, beweist eine Äußerung, die eine Persönlichkeit in recht einflußreicher Stellung wenige Monate vor der ersten Fahrt des Schütte-Lanz 2 mir gegenüber machte, indem sie erklärte, dieses Schiff würde wohl nie aus seiner Halle herauskommen. Aber es kam doch ganz anders! Der SL 2 schlug bezüglich Nutzlast und Geschwindigkeit alle bis dahin gebauten Starrluftschiffe.

Bevor ich weiterhin auf Einzelheiten eingehe, muß hervorgehoben werden, daß die Schütte-Lanz-Werft in der Art, wie sie die Starrluftschiffe durchkonstruierte und baute, zielbewußt ihre eigenen Wege gegangen ist, in planmäßigem Vorgehen auf Grund gründlicher wissenschaftlicher Forschung und Arbeit. Daß sie anderseits durch die Erfahrungen, die mit anderen Luftschiffen gemacht wurden, wertvolle Anregungen erhielt, wird niemand bestreiten wollen.

Ein berühmter, Weltruf genießender deutscher Statiker, Müller-Breslau, hat gelegentlich zum Ausdruck gebracht, daß die große Allgemeinheit die Schütte-Lanz-Schiffe viel zu wenig würdige, und weiterhin, daß der Wissende einen bedeutsamen Anteil an der Schaffung des heutigen Zeppelin-Schiffes durch Graf Zeppelin und seine Mitarbeiter der führenden Tätigkeit des »Luftschiffbaus Schütte-Lanz« zuerkennen wird.

Die hohe Leistungsfähigkeit und die Vervollkommnung der heutigen Starrluftschiffe liegen außer in der Verbesserung der Konstruktion und weitgehender Ausnutzung des Baustoffes in folgendem begründet:

Einführung der Form geringsten Luftwiderstandes, der einfachen Steuereinrichtung, der seitlichen Gondelanordnung, der Lagerung der Luftschrauben am Gondelende mit Stirnräderuntersetzung, der Einführung des innenliegenden Laufgangs, der Gasschächte nach dem Rücken des Schiffes.

Mit dem SL 1 – erste Fahrt 17. Oktober 1911 – erschienen zum ersten Male im Starrluftschiffbau die nur geringen Widerstand bietende Schiffsform mit sanften gleichmäßigen Übergängen im Bereich des Hauptspantes und scharf gebautem Hinterschiff, ferner die durch große Einfachheit und gute Wirkung sich auszeichnende Steuerung und die Anordnung der Propeller am hinteren Ende der Maschinengon-

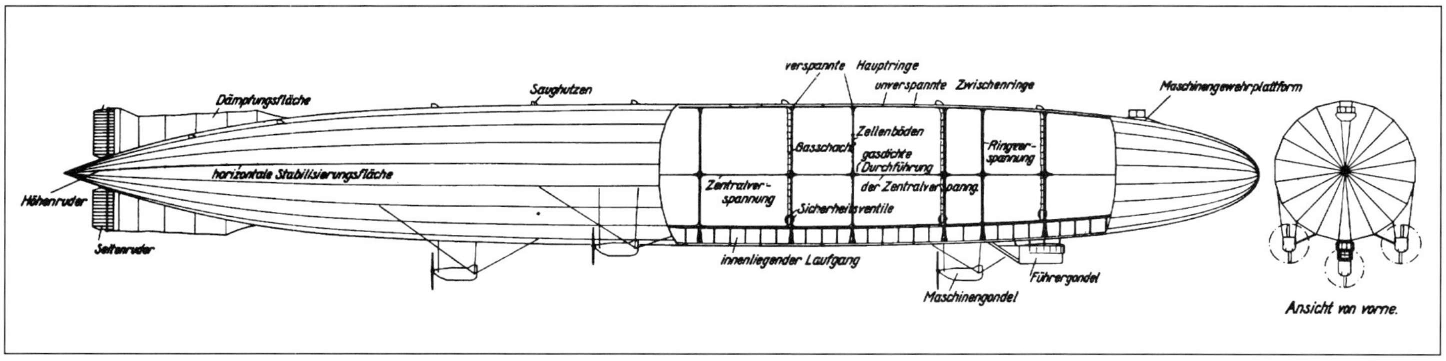

Schütte-Lanz SL 2
Seitenriß und Querschnitt des mit einer geodätischen Gerippestruktur versehenen und aerodynamisch ausgereiften Luftschiffs.
Baujahr 1913, Probefahrt 28. Februar 1914 – Länge 144 m.

deln. In ihren allgemeinen Grundzügen war hier die Ausgestaltung schon die heute übliche.

Der SL 2 – erste Fahrt 28. 2. 1914 – weist bereits alle charakteristischen Merkmale des modernen Starrluftschiffes auf, wie: Äußere Form des Schiffsrumpfes, einen innenliegenden Laufgang, die Steuer- und Stabilisierungsflächen, die Trennung von Führergondel und Motorgondeln, die seitlich am Rumpf angeordneten Maschinengondeln mit Lagerung zweiflügliger Luftschrauben an ihrem Ende – Stirnräderantrieb –, elektrische Signalübermittlung, elektrischen Bombenabwurf und die nach dem Rücken des Schiffes führenden Gasschächte.

Die Vorzüge dieser Bauweise, deren Lebensfähigkeit bei den zahlreichen folgenden Luftschiffbauten erwiesen wurde, waren schon damals vom Luftschiffbau Schütte-Lanz klar erkannt.

Vergleicht man die Bilder des SL 2 und des etwa gleichalterigen Zeppelinschiffes »Sachsen«, so treten die Unterschiede der beiden Bauarten markant hervor. – Die »Sachsen« als bereits siebzehntes Schiff der Zeppelin-Werft, wirkt, schon vom Standpunkt des Laien betrachtet, gegenüber dem SL 2 zweifellos schwerfällig durch die unförmlichen Kastenruder, den wulstartig außenliegenden Laufgang, das komplizierte Antriebsgestänge der Propeller.

Das hölzerne Schiffsgerippe des SL 2 war als steifes Raumfachwerk, bestehend aus zwei steilen aneinandergefügten Schwedlerkuppeln mit gut verspannten Ringen ausgebildet, eine Lösung, die anerkanntermaßen vom Luftschiffbau Schütte-Lanz selbständig gefunden war, wie überhaupt hervorzuheben ist, daß vom SL 2 an alle Schütte-Lanz-Schiffe auf Grund einer eingehenden statischen Untersuchung konstruiert wurden.

Die Anordnung des inneren Laufganges, die vom SL 2 an bei allen Schiffen des Luftschiffbaues Schütte-Lanz beibehalten wurde, erhielt, abgesehen von anderen ungeheuren Vorteilen, die sie bot, besondere Bedeutung, als die Unterbringung schwerer, sperriger Lasten im Laufgang gefordert wurde, die teilweise abwerfbar eingerichtet werden mußten.

Erst bei ihrem 36. Schiff – erste Fahrt 8. März 1915 – ging auch die Zeppelinwerft endgültig zu obiger Anordnung über, nachdem in dieser wichtigen Frage Schütte-Lanz führend vorangegangen war. – Einmal allerdings hatte die Zeppelinwerft schon, und zwar auf Veranlassung des Reichsmarineamts, den Laufgang nach dem Vorbild des Schütte-Lanz-Entwurfs in das Schiffsinnere verlegt, es war bei dem unglücklichen Marineluftschiff L 2. Nach dem Brand und Absturz dieses Schiffes ging man aber wieder zur Verlegung des Laufganges nach außen über, weil die Zeppelin-Werft den Brand der veränderten Bauweise zuschrieb.

Die Ursache des bedauernswerten Unglückes dürfte jedoch lediglich in der unvollkommenen Gasabführung in Verbindung mit einer unvorteilhaften Anordnung von Windschirmen auf den dicht unter dem Bauch des Schiffes sitzenden Motorgondeln

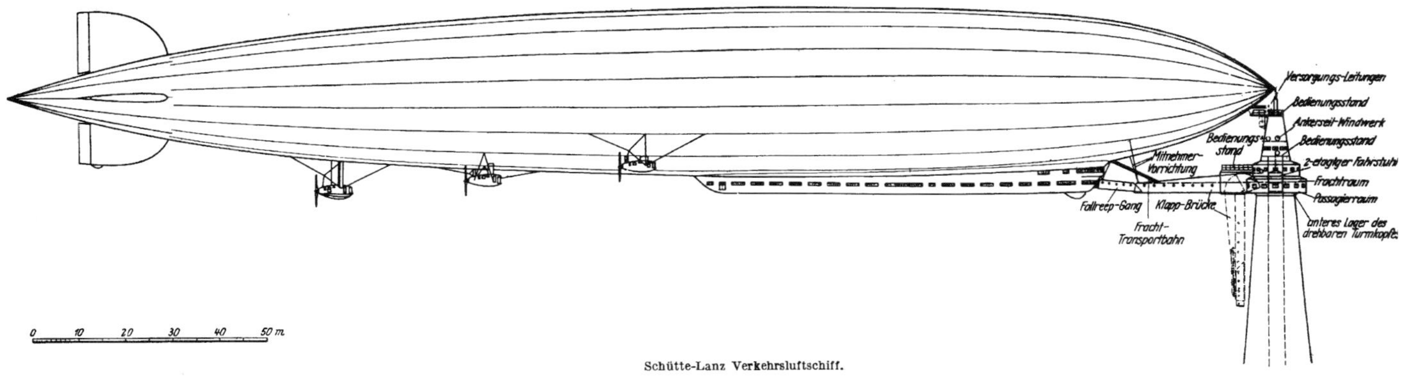

Schütte-Lanz Verkehrsluftschiff.

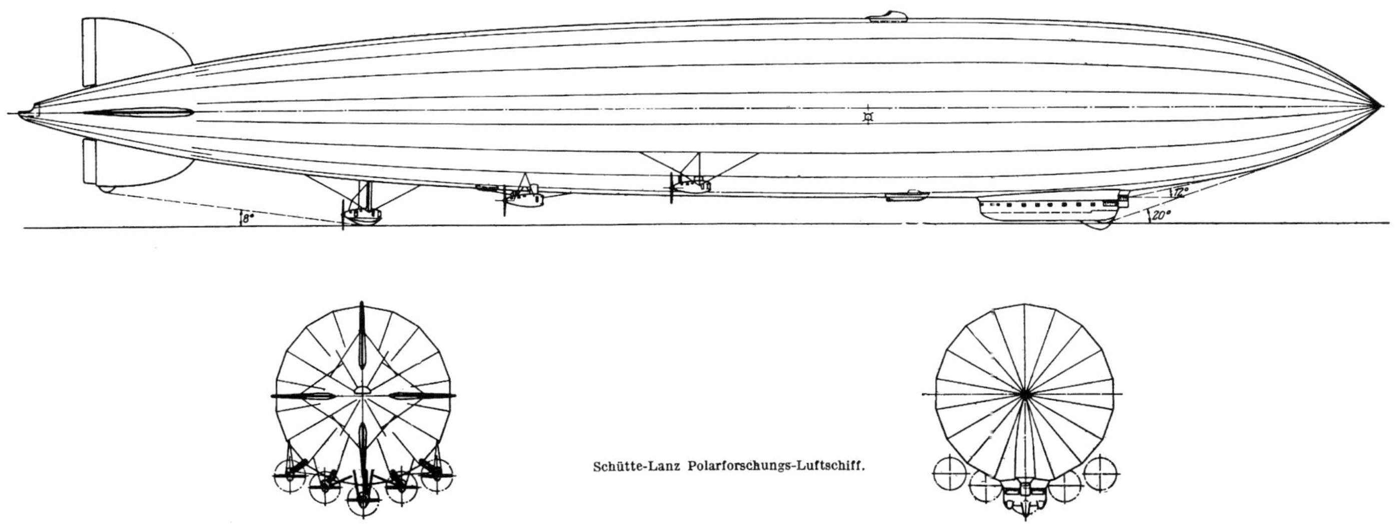

Schütte-Lanz Polarforschungs-Luftschiff.

bestanden haben. – Hieraus erhellt, welche ausschlaggebende Bedeutung den schon im SL 2 erstmalig angebrachten zum Rücken des Schiffes führenden Gasschächte beizumessen ist. Die Zeppelin-Werft entschloß sich erst bei ihrem 62. Schiff zu dieser Anordnung.

Die nachfolgenden Angaben sollen im einzelnen einen Überblick darüber geben, wie der Luftschiffbau Zeppelin teils aus eigenem Entschluß, teils durch die Bauaufsicht veranlaßt, seit dem LZ 25 – erste Fahrt 29. Juli 1914 – allmählich zur Annahme der vorerwähnten charakteristischen Merkmale des Luftschiffbaues Schütte-Lanz überging. Bei dem LZ 25 trat erstmalig die beim SL 1 bereits angewandte Hinterschiffskonstruktion hervor, die durch scharfe Form und je vier einfache Dämpfungsflächen und Ruderflächen gekennzeichnet wird; bei dem folgenden LZ 26 – erste Fahrt 14. Dezember 1914 – ging die Zeppelin-Werft dazu über, zunächst bei der vorderen Maschinengondel einen zweiflügligen Holzpropeller unmittelbar am Ende derselben unterzubringen.

Das 36. Schiff der Zeppelin-Werft – erste Fahrt 8. März 1915 – erhielt, wie schon erwähnt, endgültig

Projekte nach dem Ersten Weltkrieg

Verkehrsluftschiff (oben)

Länge: 266 m; größter Durchmesser: 34,25 m; Geschwindigkeit: 130 km^h;
Anzahl der Passagiere: 100; Fracht: 38 000 kg.
Interessant die Vorrichtung zum Festmachen am Ankermast. Die Passagiere sollten nicht mehr in einer Gondel, sondern in einem fest mit dem Schiffsrumpf verbundenen ›Passagierdeck‹ reisen.

Polarforschungs-Luftschiff (darunter)

Länge: 263,5 m; größter Durchmesser: 34,25 m; Geschwindigkeit: 130 km^h;
Aktionsradius: 14.400 km; Mitglieder der Besatzung: 50.
Vorgesehen war die Mitnahme eines Ruder- und Motorbootes zur Aussetzung bei Tiefseeforschungen. Beobachtungsstände sind auf dem Rücken und im Heck erkennbar. Sie waren bereits aerodynamisch verkleidet.

den in das Schiffsinnere verlegten Laufgang. Bei dem im Mai 1915 in Dienst gestellten LZ 40 befindet sich zum ersten Male auch an der hinteren Gondel – hinteres Ende – ein zweiflügliger Holzpropeller.

Der wesentliche Unterschied der Zeppeline gegenüber den Schütte-Lanz-Schiffen ist zu jener Zeit noch das Fehlen von seitlichen Motorengondeln, von Gasschächten, die nach dem Rücken des Schiffes führen, und die noch nicht vollzogene Trennung von Führer- und Motorgondel. – Beim LZ 62 – erste Fahrt 28. Mai 1916 – finden sich dann auch die seit dem SL 2 bei den Schütte-Lanz-Schiffen gebräuchliche Anordnung von seitlich am Schiffskörper hängenden Motorgondeln mit direktem Propellerantrieb und, wie schon erwähnt, die zum Rücken des Schiffes führenden Gasschächte.

Hiermit besteht, wenn man von dem Konstruktionsmaterial und der Anordnung der Führergondel absieht, ein grundsätzlicher Unterschied zwischen den Schiffen der beiden Werften kaum mehr. Die weitere Entwicklung vollzog sich bis zum Kriegsende beiderseits wesentlich im Rahmen der Vergrößerung des Tragvermögens und der Steigfähigkeit der Schiffe.

Es wird behauptet, daß der Luftschiffbau Schütte-Lanz sich gegen Kriegsende genötigt gesehen hätte, auf die Verwendung von Holz als Baumaterial zugunsten des vom Luftschiffbau Zeppelin angewandten Aluminiums zu verzichten, weil die Nutztragkraft hinter der der Zeppelin-Schiffe zurückblieb und die Festigkeit sehr zu wünschen übrig ließ.

Hierzu sei folgendes bemerkt: Holz ist bei kleineren Kräften, also auch bei kleineren Fahrzeugen als Baustoff weder dem Aluminium noch dem Duraluminium unterlegen. Bei größeren Kräften, also auch bei größeren Schiffstypen ist das Duraluminium dem Holz überlegen. – Erst dadurch, daß der Luftschiffbau Zeppelin vom Aluminium über Zinkaluminium zu dem um 30 vH tragfähigerem Duraluminium überging, machte sich allmählich seine Überlegenheit bemerkbar. Zweimal war es dem Luftschiffbau Schütte-Lanz gelungen, die Zeppelin-Schiffe an Nutzlast zu übertreffen, und zwar mit dem SL 2 Typ b und dem Typ der d-Schiffe (38.800 m).

Trotzdem standen die größeren Schütte-Lanz-Schiffe den Zeppelin-Schiffen nur um ein Geringes an Tragfähigkeit nach. Vorbedingung hierfür war die eingehende wissenschaftliche Durcharbeitung der Konstruktion, die sich der Luftschiffbau Schütte-Lanz angedeihen ließ; sie führte zu einer weitgehenden Durchbildung der neuen, bis dahin völlig unbekannten statischen Berechnungsverfahren in solcher Vollkommenheit, daß man instand gesetzt wurde, das Gerippe des Holzluftschiffes im wesentlichen mit annähernd gleicher Zuverlässigkeit statisch zu untersuchen, wie jede beliebige Eisenkonstruktion.

Der Luftschiffbau Schütte-Lanz entschloß sich erst 1918 zum Übergang auf den Metallbau, einmal, weil die entsprechende Umstellung des Betriebes während des Krieges auf Schwierigkeiten stieß, andererseits dies auch zunächst behördlicherseits gar nicht gewünscht wurde, weil es gelungen war, das Holz wasserfest zu machen. Da bei der damals in Frage kommenden Schiffsgröße Stahl nicht wirtschaftlich war, wurde eine Trägerkonstruktion aus Duraluminium gewählt, die infolge ihrer Eigenart ganz besonders hochwertig war und erheblich von der des Luftschiffbaues Zeppelin abwich. Nebenbei sei bemerkt, daß für diese neuartige Trägerkonstruktion hochwertiges Duraluminiumrohr zur Anwendung kam, das an und für sich zurzeit das hochwertigste Material für diesen Zweck darstellt.

Die erheblichen Schwierigkeiten, die sich der konstruktiven Durchbildung und der Werkstattausführung entgegenstellten, wurden überwunden. Geh. Rat Professor Dr. Müller-Breslau von der Technischen Hochschule in Charlottenburg hebt in einem Gutachten vom Juli 1922 diese Rohrträgerkonstruktion als sehr beachtenswert hervor.

Durch den Übergang von der Holzkonstruktion zu der Duraluminiumrohrkonstruktion wurde die Schütte-Lanz-Werft zuletzt noch in die Lage versetzt,

SL 22 in der Halle

Deutlich ist die Steuerbord-Motorengondel zu erkennen. Mittig unter dem Luftschiff sind die vordere Motorengondel und die Führergondel sichtbar.

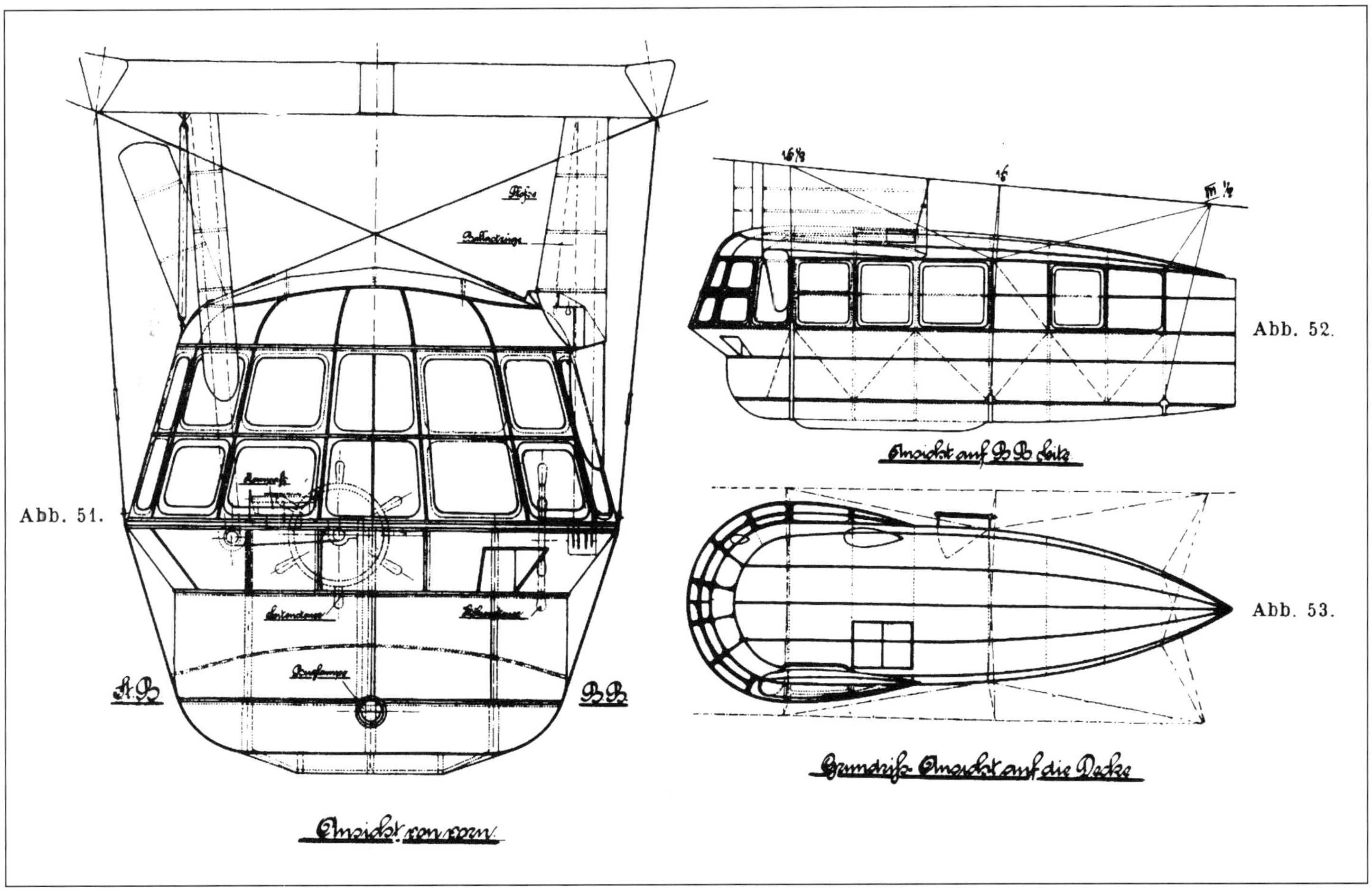

Schnitte und Ansichten der Führergondel

den Bau von zwei Schiffen in Angriff zu nehmen, deren Gerippegewicht ganz erheblich leichter war, als das gleich großer Zeppelin-Schiffe.

Wenn man die Bilder der einzelnen Zeppelin- und Schütte-Lanz-Schiffe aus der Zeit vor und während des Krieges vergleicht, so zeigt sich, wie nach und nach die Charakteristika schon der beiden ersten Schütte-Lanz-Schiffe auf die Zeppelin-Schiffe übergegangen sind. – Eine Gegenüberstellung der Bilder des Amerikaluftschiffes LZ 126 und des SL 2 läßt dem Laien diese zum Verwechseln ähnlich erscheinen.

Vorstehende Ausführungen werden keinen Zweifel darüber bestehen lassen, daß die technisch-wissenschaftliche Arbeit des Luftschiffbaus Schütte-Lanz von maßgebendem Einfluß auf die Entwicklung des Starrluftschiffes war, was von den ›Eingeweihten‹ des In- und Auslandes auch anerkannt wird. – Die typischen Kennzeichen, die bereits SL 2 aufwies, finden sich heute auch bei den englischen Starrluftschiffen, die allerdings als mißglückte Nachbildung der deutschen Starrluftschiffe anzusprechen sind.

So war die von der Generalinspektion des Militärverkehrswesens seinerzeit erwartete gegenseitige Befruchtung der beiden führenden Luftschiffwerften zur Wirklichkeit geworden!

Der Allgemeinheit ist bisher von dem großen Einfluß des Luftschiffbaus Schütte-Lanz auf die Entwicklung der Starrluftschiffe wenig oder gar nichts bekannt geworden. Dies hat seinen Grund wohl hauptsächlich darin, daß SL 2 erst kurz vor Beginn des Krieges in Dienst gestellt war, und nach der Mobilmachung die Starrluftschiffe und alles, was damit zusammenhing, von Heer und Flotte sogleich mit Beschlag belegt und als strenges Kriegsgeheimnis behandelt wurde.

SL 2: Aufhängung der Traggas-Zellen
Deutlich ist zu erkennen, wie sich die Zellen um den Laufgang herumlegen. Die trichterförmigen Gebilde sind die Ventile, durch die Traggas zu den erstmals von Schütte realisierten Gasabzugsschächten nach oben abgeleitet wurde.

Wenn heute das weltbewegende Ereignis der Überquerung des Ozeans durch ein deutsches Luftschiff mit deutscher Führung und Besatzung die Herzen aller Patrioten höher schlagen läßt, so möge man bei aller Würdigung der bahnbrechenden Taten unseres verehrungswürdigen Grafen Zeppelin auch jenen deutschen Mann und Techniker nicht vergessen, der in frühzeitiger klarer Erkenntnis so mancher technischen Notwendigkeiten durch mühevolle, streng wissenschaftliche, schöpferische Arbeit zu dem großen Erfolge ganz wesentlich beitrug.

Breslau, den 21. Februar 1925

KAISERLICHES PATENTAMT

AUSGEGEBEN DEN 13. AUGUST 1898

PATENTSCHRIFT

— № 98580 —

KLASSE: **77** SPORT

GRAF F. VON ZEPPELIN IN STUTTGART.

Lenkbarer Luftfahrzug mit mehreren hintereinander angeordneten Tragkörpern.

Patentirt im Deutschen Reiche vom 31. August 1895 ab.

Den Gegenstand der vorliegenden Erfindung bildet ein lenkbarer Luftfahrzug, welcher im Wesentlichen dadurch gekennzeichnet ist, daß er aus mehreren beweglich miteinander verbundenen Fahrzeugen besteht, von denen das eine das Triebwerk enthält, während die übrigen zur Aufnahme der zu befördernden Lasten dienen.

Ein derartiger Luftfahrzug ist auf der beiliegenden Zeichnung in Seitenansicht und in verschiedenen Schnitten und Einzelteilen dargestellt.

Das Zugfahrzeug und die Lastfahrzeuge haben im wesentlichen eine zylindrische Form von gleichem Durchmesser.

Das Zugfahrzeug *Z* (Fig. 1) hat an seinem vorderen Ende eine Spitze x^1 und trägt an seinem hinteren abgeflachten Ende die bewegliche Kupplung *c* (Fig. 3) zum Anhängen der Lastfahrzeuge *L*. Die Lastfahrzeuge haben ebenfalls abgeflachte Enden und sind mit entsprechenden Kupplungen versehen. Das letzte Lastfahrzeug ist an seinem hinteren Ende abgerundet. Der Zwischenraum zwischen je zwei Fahrzeugen wird durch einen zylindrischen Mantel *e* (Fig. 3), welcher sich über die zylindrische Hulle der beiden benachbarten Fahrzeuge legt, abgeschlossen, so daß sich der Wind nicht in dem Zwischenraum fangen kann.

Um dem Luftfahrzeug eine feste Form zu geben, ist dasselbe mit einem Gerippe aus Röhren *r*, Drahtseilen *s* und Drahtgeflechten *d* (Fig. 1 und 2) versehen, über welches eine äußere Hülle d^1 aus Seidenstoff oder ahnlichem Material gespannt ist. Versteift wird das Gerippe im Innern durch Zwischenwände *a*, Vertikalstreben *v* (Fig. 2), zwischen diesen liegenden Umfangrinnen und Diagonalstreben *w*.

Durch die erwähnten Zwischenwände wird das Luftfahrzeug in einzelne Abteilungen — Kammern — (Fig. 2) geteilt, in welche entsprechend geformte Gashüllen zusammengefaltet, eingebracht und dann mit Gas gefullt werden. Diese Anordnung, die jedoch nicht zur vorliegenden Erfindung gehort, sondern durch Patent Nr. 91887 geschützt ist, ermöglicht, die festen Kammern als Gasräume zu benutzen, ohne das Gas bei der Füllung mit der in der Kammer befindlichen atmosphärischen Luft in Berührung zu bringen. Die Füllung geschieht jedoch ohne Beeinträchtigung der durch die äußere Hülle *d* stets erhaltenen zylindrischen Form des Fahrzeuggerippes nur bis zu dem Grade, daß noch der erforderliche freie Raum bleibt für die Ausdehnung des Gases bei Erhebung in größeren Höhen und bei Erwärmung. Durch diese beschränkte, aber doch genügenden Auftrieb verleihende Gasfüllung wird erreicht, daß die erforderliche Gasmenge auch bei Fahrten von sehr langer Dauer erhalten bleibt. Die Gashüllen sind mit Sicherheitsventilen und Auslaßventilen versehen, welche jedoch für gewöhnlich nicht betätigt werden. Um zu vermeiden, daß bei langen Fahrten zum Ausgleich der durch Verbrauch von Betriebsmaterial entstehenden Verminderung des zu tragenden Gewichtes Gas aus den einzelnen Hüllen ausgelassen werden muß, was infolge Eindringens von Luft ein Verderben des Gases zur Folge hätte, werden in einzelnen Kammern neben den Hüllen *o* besondere Nebenhüllen, sogen. Manövrierbehälter *p* (Fig. 4), von demselben Durchmesser und entsprechender Länge angebracht. Bei der Füllung werden diese besonderen Manövrierhüllen *p* vor den Hüllen *o*, mit welchen sie verbunden sind, mit Gas gefüllt, so daß sie ihren Platz behaupten, wenn nachher die Füllung der Hülle *o* erfolgt. Wird nun, sobald die Gewichtsverminderung dies erforderlich macht, aus der Manövrierhülle Gas ausgelassen, so breitet sich die Hülle *o* unter der Wirkung ihres nach oben drückenden Gasinhaltes aus, bis sie nach Entleerung der Manövrierhülle den ganzen oberen Teil der Kammer ausfüllt. Die Hüllen *o* bewahren auf diese Weise ihren vollen Gasinhalt.

Unter dem Zugfahrzeug *Z* befinden sich, fest mit demselben verbunden, zwei oder mehrere Gondeln *g* zur Aufnahme der Führer, der Triebwerke und des Betriebsmaterials. Jedes Triebwerk betätigt zwei zu beiden Seiten des Tragzylinders ungefähr in der Höhe des Widerstandszentrums angebrachte Luftschrauben *t* (Fig. 1).

Durch das gegebene Gewicht eines Motors wird die zu seiner Hebung erforderliche Gasmenge bestimmt. Zu dieser tritt die Gasmenge hinzu, deren Auftrieb dem Gewicht des übrigen Fahrzeuges entspricht. Für einen Zylinder, welcher dieses Gas aufnehmen soll, ergibt sich daraus ein bestimmter kleinstmöglicher Durchmesser, indem die Gewinnung des zur Gasaufnahme erforderlichen Raumes durch Verlängerung des Zylinders in dessen behufs der nötigen Festigkeit zu schwer werdenden Bau ihre Grenze findet.

Die Anordnung des Verlegens der Motoren auf die ihrem Gewicht entsprechende Zylinderlänge ermöglicht daher allein die Anwendung mehrfacher Triebkraft ohne Vergrößerung des Zylinderdurchmessers und mit diesem des Luftwiderstandes beim Fahren.

Die Seitensteuerung des Luftfahrzuges geschieht durch zwei Steuerruder *q* (Fig. 1), welche oben und unten an dem Vorderteil des Luftfahrzuges angebracht sind und von dem vorderen Betriebsraum *g* aus gesteuert werden.

Um den Luftfahrzug in die gewollte wagrechte oder schräge Lage zu bringen, bzw. ihn in dieser zu erhalten, ist unter jedem Tragkörper ein Gewicht *b* mittelst eines Flaschenzuges b_1 (Fig. 1 und 5) aufgehängt. Die Laufkatze *n*, an welcher der Flaschenzug befestigt ist, ruht fahrbar auf einem am Mantel des Tragkörpers befestigten Drahtseil und kann durch ein endloses Zugdrahtseil, welches über zwei von der Mitte des Tragkörpers gleichweit entfernte drehbare Trommeln *y* (Fig. 5) mehrfach umläuft, zwischen diesen Trommeln hin und her gezogen werden. An jeder der beiden Trommeln befindet sich eine mit der Trommel zugleich sich umdrehende Schnecke *z*. Die Windungen der Schnecke sind derart berechnet, daß von ihnen nach dem Laufgewicht *b* gespannte Drahtseile b_2, indem sie sich das eine auf-, das andere abwickeln, stets gespannt erhalten, wenn die Lage des Gewichts durch Verschiebung seiner Laufkatze geändert wird. Diese Anordnung bewirkt, daß bei wagrechter Lage des ganzen Tragkörpers, gleichviel wohin das Laufgewicht zum Ausgleich der anderweiten Gewichtsverlegungen (z. B. Ortsveränderung von Menschen) verschoben werden muß, die beiden Drahtseile b_2 stets in leichter Anspannung bleiben. Dadurch tragen sie selbstwirkend zur Erhaltung der wagrechten Lage bei; denn wenn z. B. das Vorderende des Tragkörpers sich zu heben begönne, so würde das Laufgewicht in seinem Bestreben, senkrecht unter der Laufkatze *n* zu bleiben, einen Zug in dem zur vorderen Schnecke laufenden Drahtseil ausüben. Soll der Tragkörper in einer z. B. aufwärts gerichteten Lage erhalten werden, so übt das vordere Drahtseil zwar fortwährend einen Zug aus, jedoch verstärkt sich derselbe, sobald die Spitze sich noch weiter erheben will.

Die Aufhängung des Gewichtes mittelst eines Flaschenzuges b_1 geschieht, um dasselbe während der Landung hochziehen zu können. Will man das Gewicht, auch während es teilweise oder ganz hochgezogen ist, noch als einfaches Laufgewicht benutzen, so kann man die Schnecken von der Verbindung mit den Trommeln auslösen und die Drahtseile b_2 vom Gewicht *b* abhaken, damit diese nicht störend herabhängen.

Um die Wirkung der schrägen Lage des Luftfahrzuges beim Fahren noch zu erhöhen, sind an der Mantelfläche noch horizontale Seitenkiele *h* (Fig. 1) angebracht.

Unter dem Fahrzug befindet sich ein Laufgang *l*, von welchem aus man mittelst Strickleitern *f* nach allen Teilen des Fahrzuges gelangen kann.

Die Lastfahrzeuge *L* (Fig. 1) sind im Wesentlichen von derselben Einrichtung wie das Zugfahrzeug; es fehlen denselben jedoch die Triebwerke und die Ruder zur Seitensteuerung. In den unter den Lastfahrzeugen angebrachten Gondeln befinden sich die Bemannung, Passagiere, ein Teil der Betriebsvorräte für Fahrten von sehr langer Dauer, sowie die Lasten, außerdem enthalten dieselben einen Wasservorrat *i*. Dieser dient als Ballast, insbesondere wird er aber zur Herstellung des Gleichgewichts zwischen den verschiedenen Fahrzeugen benutzt, indem das Wasser mittelst Pumpen in geeigneten Rohrleitungen *k* zu den Teilen geleitet wird, welche durch Materialverbrauch leichter geworden sind.

Patent-Ansprüche:

1. Ein lenkbarer Luftfahrzug, gekennzeichnet durch mehrere beweglich miteinander verbundene Tragkörper, von denen der erste zur Aufnahme der Triebwerke und die übrigen zur Aufnahme der Lasten dienen, wobei der Zwischenraum zwischen je zwei Tragkörpern mittelst einer elastischen Hülle (*e*) überdeckt ist, welche sich an die festen Hüllen der benachbarten Tragkörper anschließt.
2. Bei dem durch Anspruch 1 gekennzeichneten Luftfahrzug die Anordnung mehrerer möglichst weit auseinander liegender und voneinander unabhängiger Triebwerke in dem ersten Tragkörper zur Erzielung großer Triebkraft bei verhältnismäßig kleinem Querschnitt der Tragkörper.
3. Bei dem durch Anspruch 1 gekennzeichneten Luftfahrzug die Einführung von besonderen Manövriergashüllen (*p*), aus denen das Gas nach Bedarf entlassen werden kann, so daß die in derselben Kammer befindliche Gashülle (*o*) den Platz der Manövrierhülle (*p*) einnimmt, zum Zwecke, den Gasinhalt der Hüllen (*o*) konstant zu erhalten und vor Verunreinigung mit Luft zu schützen.
4. Bei dem durch Anspruch 1 gekennzeichneten Luftfahrzug ein an einem Flaschenzug (b_1) herabhängendes, in seiner Höhenlage verstellbares Laufgewicht (*b*), dessen Laufkatze (*n*) durch Verbindung mit zwei drehbaren Trommeln (*y*) hin und her bewegt werden kann, wobei Drahtseile (b_2), die von dem Gewicht (*b*) nach mit den Trommeln verbundenen Schnecken (*z*) gespannt sind, sich bei Verschiebungen des Laufgewichts derartig auf- bzw. abwickeln, daß sie immer gespannt bleiben.

Hierzu 1 Blatt Zeichnungen.

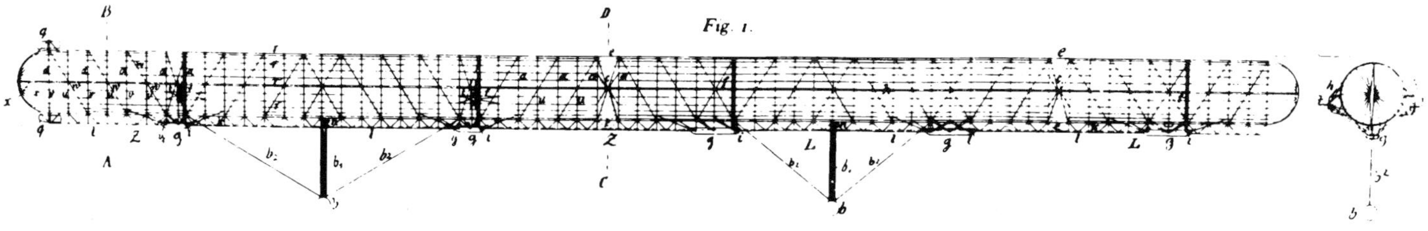

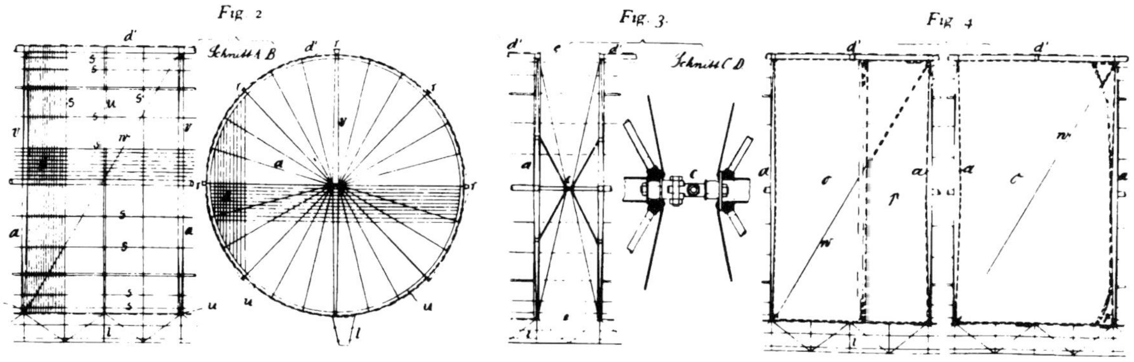

Zu der Patentschrift

№ 98580.

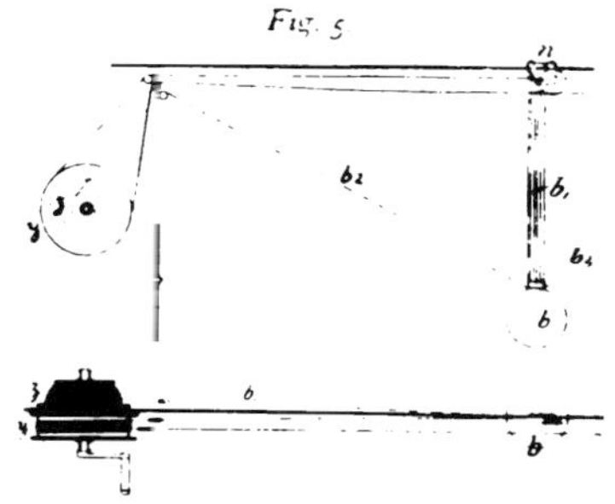

GRAF F. VON ZEPPELIN IN STUTTGART

Lenkbarer Luftfahrzug mit mehreren hintereinander angeordneten Tragkörpern

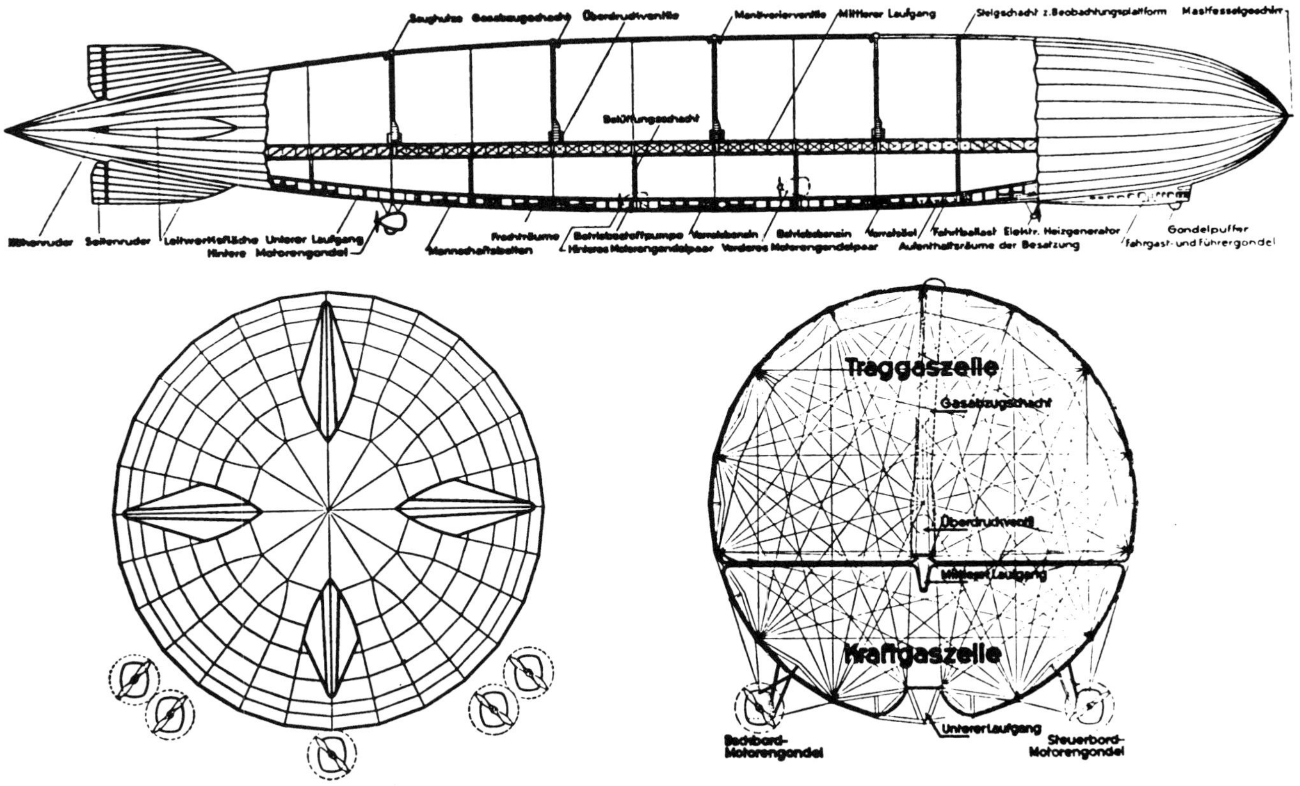

Tafel XIX. Längsschnitt, Achteransicht und Querschnitt des LZ 127

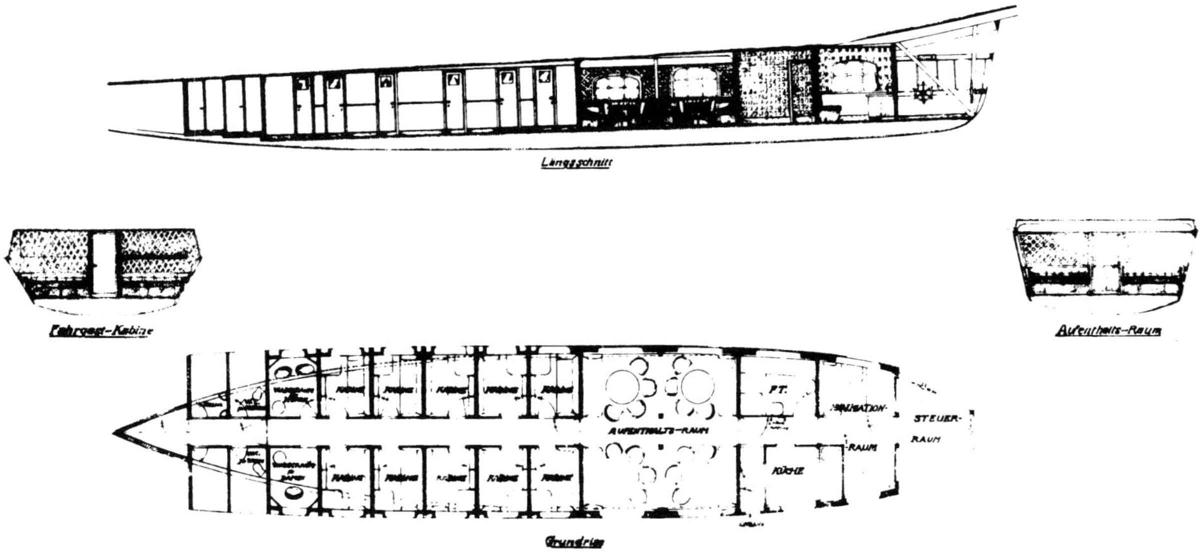

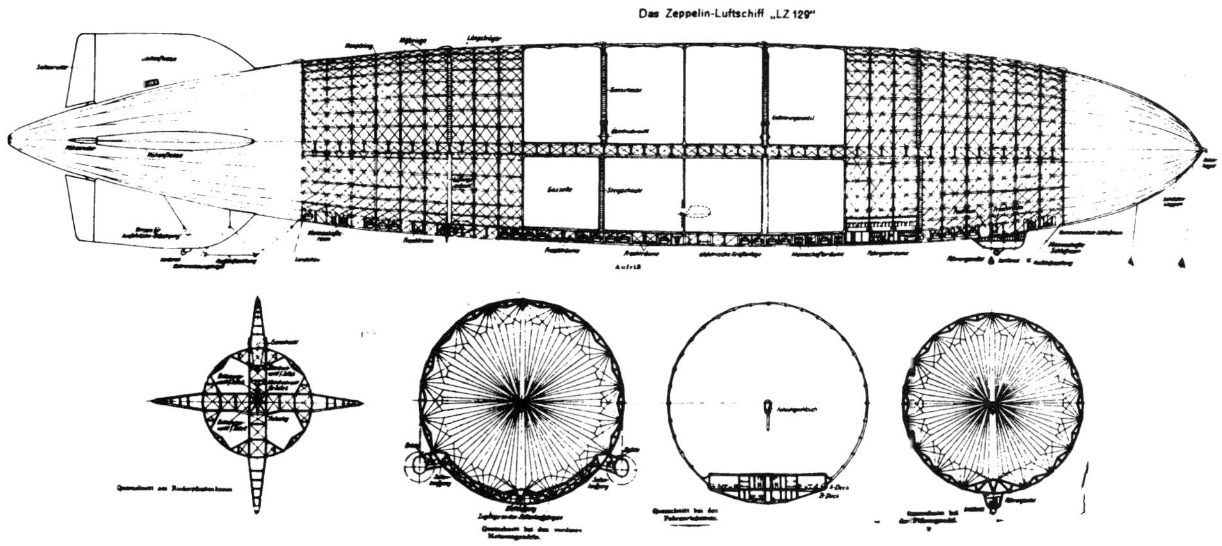
Das Zeppelin-Luftschiff „LZ 129"

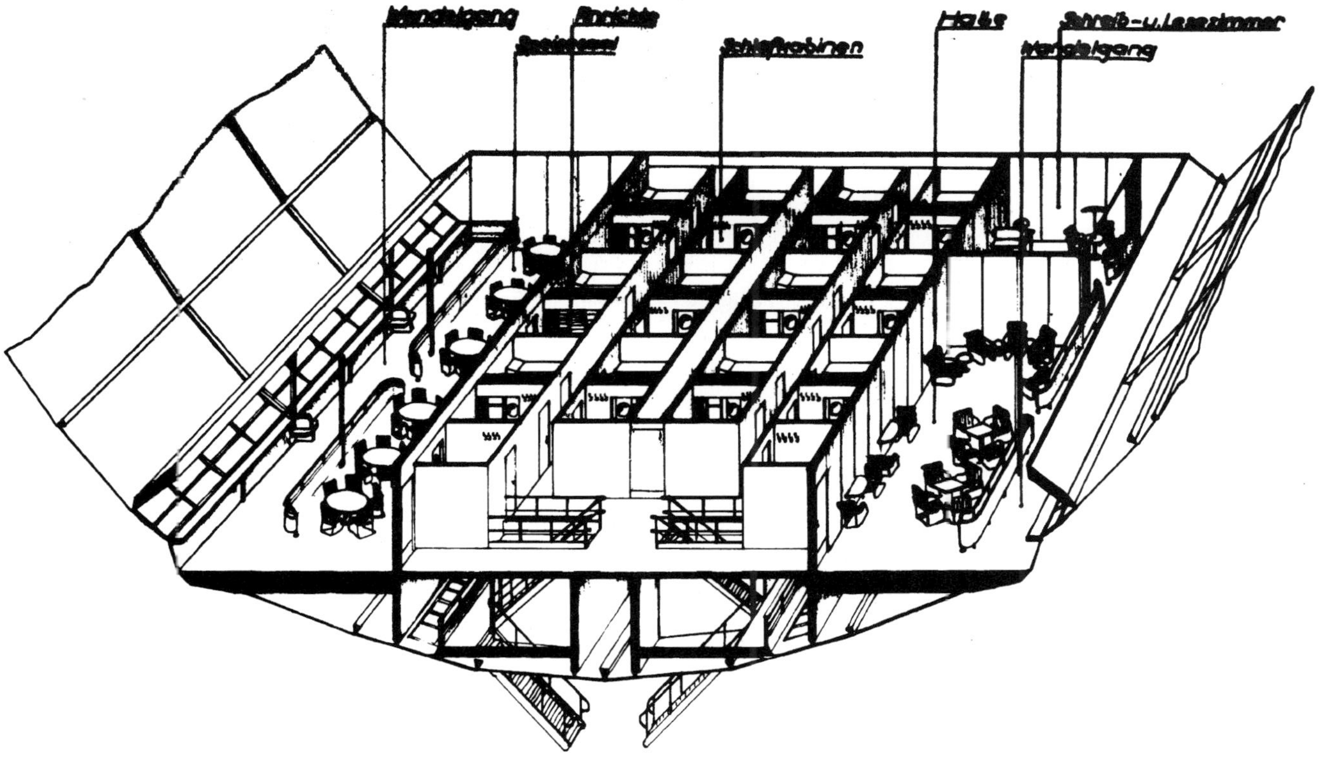
Wandelgang
Schlafkabinen
Halle
Schreib- u. Lesezimmer
Wandelgang

Von allen Plätzen Europas **Flugzeug-Anschlüsse** durch das Streckennetz der Deutschen Lufthansa und der anderen europäischen Luftverkehrsgesellschaften.

Der Abflug von den wichtigsten Städten Europas ist in den meisten Fällen erst am Tage der Abfahrt des Luftschiffes notwendig.

Dienst der Deutschen Zeppelin-Reederei

Vorläuf. Fahrtenübersicht. Änderung jederzeit vorbehalten!

Fahrt Nr.	1	2	3	4	5	6	7	8	9	10	11	12	13	14	15	16	17	18
Luftschiff-Einsatz	Hindenburg	Hindenburg	Hindenburg	Hindenburg	Hindenburg	Hindenburg	Hindenburg	Hindenburg	Hindenburg	Hindenburg	Hindenburg	Hindenburg	Hindenburg	Hindenburg	Hindenburg	Hindenburg	Hindenburg	Hindenburg
Nach New-York westwärts (Ausreise) ab **Frankfurt a. M.** Wegen Einschiffung bitte Rückseite beachten!	Mo./Di. 3./4. Mai	Di./Mi. 11./12. Mai	Sa./So. 22./23. Mai	Mi./Do. 2./3. Juni	Sa./So. 12./13. Juni	Di./Mi. 22./23. Juni	Sa./So. 3./4. Juli	So./Mo. 11./12. Juli	Fr./Sa. 13./14. Aug.	Fr./Sa. 20./21. Aug.	Fr./Sa. 27./28. Aug.	Fr./Sa. 3./4. Sept.	Fr./Sa. 10./11. Sept.	Fr./Sa. 17./18. Sept.	Di./Mi. 28./29. Sept.	Fr./Sa. 8./9. Okt.	Di./Mi. 19./20. Okt.	Sa./So. 30./31. Okt.
an **New-York** (Lakehurst)	Do./Fr. 6./7. Mai	Fr./Sa. 14./15. Mai	Di./Mi. 25./26. Mai	Sa./So. 5./6. Juni	Di./Mi. 15./16. Juni	Fr./Sa. 25./26. Juni	Di./Mi. 6./7. Juli	Mi./Do. 14./15. Juli	Mo./Di. 16./17. Aug.	Mo./Di. 23./24. Aug.	Mo./Di. 30./31. Aug.	Mo./Di. 6./7. Sept.	Mo./Di. 13./14. Sept.	Mo./Di. 20./21. Sept.	Fr./Sa. 1./2. Okt.	Mo./Di. 11./12. Okt.	Fr./Sa. 22./23. Okt.	Di./Mi. 2./3. Nov.

Fahrpreis (einschl. Verpflegung u. Trinkgelder) **Frankfurt-Lakehurst:** Für Fahrten 1-8 u. 15-18 RM 1000.-, Einzelkabinen RM 1700.-. Für Fahrten 9—14 einschl. Saisonzuschlag RM 1125.—, Einzelkabinen RM 1875.—. Freigepäck ist für 1937 auf 30 kg pro Person erhöht. Weiteres über Fahrpreise, Ermäßigungen usw. siehe Rückseite.

Zwischen dem Luftschiffhafen Lakehurst und New-York schnellste Verbindung mit den Sonderflugzeugen der American Air Lines. Beförderungszeit etwa 20 Minuten. Flugpreis Lakehurst-Newark (Flughafen von New-York) USA $ 6.— oder RM 15.— pro Person einschl. Gepäckbeförderung und Autozubringer-Dienst nach New-York City.

Von New-York ostwärts (Heimreise) ab **New-York** (Lakehurst)	Do./Fr. 6./7. Mai	Fr./Sa. 14./15. Mai	Di./Mi. 25./26. Mai	Sa./So. 5./6. Juni	Di./Mi. 15./16. Juni	Fr./Sa. 25./26. Juni	Di./Mi. 6./7. Juli	Mi./Do. 14./15. Juli	Mo./Di. 16./17. Aug.	Mo./Di. 23./24. Aug.	Mo./Di. 30./31. Aug.	Mo./Di. 6./7. Sept.	Mo./Di. 13./14. Sept.	Mo./Di. 20./21. Sept.	Fr./Sa. 1./2. Okt.	Mo./Di. 11./12. Okt.	Fr./Sa. 22./23. Okt.	Di./Mi. 2./3. Nov.
an **Frankfurt a. M.**	So./Mo. 9./10. Mai	Mo./Di. 17./18. Mai	Fr./Sa. 28./29. Mai	Di./Mi. 8./9. Juni	Fr./Sa. 18./19. Juni	Mo./Di. 28./29. Juni	Fr./Sa. 9./10. Juli	Sa./So. 17./18. Juli	Do./Fr. 19./20. Aug.	Do./Fr. 26./27. Aug.	Do./Fr. 2./3. Sept.	Do./Fr. 9./10. Sept.	Do./Fr. 16./17. Sept.	Do./Fr. 23./24. Sept.	Mo./Di. 4./5. Okt.	Do./Fr. 14./15. Okt.	Mo./Di. 25./26. Okt.	Fr./Sa. 5./6. Nov.

Bei Landung in Frankfurt a. M., Flug- und Luftschiffhafen Rhein-Main, Anschluß an das Streckennetz der Deutschen Lufthansa und der anderen europäischen Luftverkehrsgesellschaften. Fragen Sie nach den schnellsten Flugmöglichkeiten von Frankfurt a. M. nach Berlin und anderen Orten!

Verbilligung für Rundreisepassagiere!

Einzelheiten über Fahrpreise, Ermäßigungen, Gepäck usw. siehe Rückseite!

Vorläufiger Fahrplan für den Südamerika-Dienst 1937 der Deutschen Zeppelin-Reederei

Europa – Südamerika

Von allen Plätzen Europas Flugzeug-Anschlüsse durch das Streckennetz der Deutschen Lufthansa und der anderen europäischen Luftverkehrsgesellschaften. Der Abflug von den wichtigsten Städten Europas ist in den meisten Fällen erst am Tage der Abfahrt des Luftschiffes notwendig.

Dienst der Deutschen Zeppelin-Reederei

Fahrt Nr.		1	2	3	4	5	6	7	8	9	10	11	12	13	14	15
Luftschiff-Einsatz		Hindenburg	Graf Zeppelin	Graf Zeppelin	Graf Zeppelin	Graf Zeppelin	Graf Zeppelin	Graf Zeppelin	Graf Zeppelin	Hindenburg	Graf Zeppelin	Graf Zeppelin	Graf Zeppelin	Graf Zeppelin	Graf Zeppelin	Graf Zeppelin
		Ausreisen Europa – Südamerika														
ab **Frankfurt a. M.**	Dienstag Abend	16. März	—	—	—	—	—	—	—	19. Juli Ausnw. Montag	—	17. Aug.	31. Aug.	14. Sept.	—	12. Okt.
ab **Friedrichshafen** (Bodensee)	Dienstag Abend		13. April	27. April	11. Mai	25. Mai	8. Juni	22. Juni	6. Juli	*	3. Aug.				28. Sept.	
an und ab **Recife** (Pernambuco)	Samstag		17. April	1. Mai	15. Mai	29. Mai	12. Juni	26. Juni	10. Juli	*	7. Aug.	21. Aug.	4. Sept.	18. Sept.	2. Okt.	16. Okt.
an **Rio de Janeiro**	Samstag	20. März	17. April	1. Mai	15. Mai	29. Mai	12. Juni	26. Juni	10. Juli	23. Juli Ausnw. Freitag	7. Aug.	21. Aug.	4. Sept.	18. Sept.	2. Okt.	16. Okt.

*Voraussichtlich Sonderfahrt des Luftschiffes zwischen Rio de Janeiro und Buenos Aires

Fahrpreise (einschl. Verpflegung und Trinkgelder) **Frankfurt-Recife RM 1400.-, Einzelkabine RM 2100.-; Frankfurt-Rio de Janeiro RM 1500.-, Einzelkabine RM 2200.-**
Weiteres über Fahrpreise, Ermäßigungen usw. siehe Rückseite

Unmittelbare Flugzeug-Anschlüsse der Syndicato-Condor Ltda. (Mehrmotorige Flugzeuge)

	1	2	3	4	5	6	7	8	9	10	11	12	13	14	15
Porto Alegre	So. 21.	So. 18.	So. 2.	So. 16.	So. 30.	So. 13.	So. 27.	So. 11.	So. 25.	So. 8.	So. 22.	So. 5.	So. 19.	So. 3.	So. 17.
Montevideo	So. 21.	So. 18.	So. 2.	So. 16.	So. 30.	So. 13.	So. 27.	So. 11.	So. 25.	So. 8.	So. 22.	So. 5.	So. 19.	So. 3.	So. 17.
Buenos Aires	So. 21.	So. 18.	So. 2.	So. 16.	So. 30.	So. 13.	So. 27.	So. 11.	*So. 25.	So. 8.	So. 22.	So. 5.	So. 19.	So. 3.	So. 17.
Santiago de Chile	Mo. 22.	Mo. 19.	Mo. 3.	Mo. 17.	Mo. 31.	Mo. 14.	Mo. 28.	Mo. 12.	Mo. 26.	Mo. 9.	Mo. 23.	Mo. 6.	Mo. 20.	Mo. 4.	Mo. 18.

Südamerika – Europa

		1	2	3	4	5	6	7	8	9	10	11	12	13	14	15
Santiago de Chile		Samstags durch den bestehenden Dienst														
Buenos Aires		Mo. 22.	Mo. 19.	Mo. 3.	Mo. 17.	Mo. 31.	Mo. 14.	Mo. 28.	Mo. 12.	*So. 25.	Mo. 9.	Mo. 23.	Mo. 6.	Mo. 20.	Mo. 4.	Mo. 18.
Montevideo		Mo. 22.	Mo. 19.	Mo. 3.	Mo. 17.	Mo. 31.	Mo. 14.	Mo. 28.	Mo. 12.	Mo. 26.	Mo. 9.	Mo. 23.	Mo. 6.	Mo. 20.	Mo. 4.	Mo. 18.
Porto Alegre		Mo. 22.	Mo. 19.	Mo. 3.	Mo. 17.	Mo. 31.	Mo. 14.	Mo. 28.	Mo. 12.	Mo. 26.	Mo. 9.	Mo. 23.	Mo. 6.	Mo. 20.	Mo. 4.	Mo. 18.
		Heimreisen Südamerika – Europa														
ab **Rio de Janeiro**	Montag	22. März	19. April	3. Mai	17. Mai	31. Mai	14. Juni	28. Juni	12. Juli	27. Juli Ausnw. Dienstag	9. Aug.	23. Aug.	6. Sept.	20. Sept.	4. Okt.	18. Okt.
an und ab **Recife** (Pernambuco)	Dienstag		20. April	4. Mai	18. Mai	1. Juni	15. Juni	29. Juni	13. Juli		10. Aug.	24. Aug.	7. Sept.	21. Sept.	5. Okt.	19. Okt.
an **Friedrichshafen** (Bodensee)	Samstag/Sonntag		24./25. April	8./9. Mai	22./23. Mai	5./6. Juni	19./20. Juni	3./4. Juli	17./18. Juli					25./26. Sept.		23./24. Okt.
an **Frankfurt a. M.**	Samstag/Sonntag	27./28. März	—	—	—	—	—	—	—	1./2. Aug. Ausnw. So./Mo.	14./15. Aug.	28./29. Aug.	11./12. Sept.	—	9./10. Okt.	—

Freigepäck ist 1937 auf 30 kg pro Person erhöht!
Einzelheiten über Fahrpreise, Ermäßigungen, Gepäck usw. siehe Rückseite

Bei Landung in Friedrichshafen a. B. jeweils Sonderflugzeug Friedrichshafen — Frankfurt — Berlin. In Frankfurt am Main Flug- und Luftschiffhafen Rhein-Main Anschluß an das Streckennetz der Deutschen Lufthansa und der anderen europäischen Luftverkehrsgesellschaften.

Doppeldrehhalle in Nordholz (1. Weltkrieg)

Luftaufnahme der Doppeldrehhalle »Nobel« in Nordholz

Drehbare Hallen bildeten die einzige Möglichkeit, der Gefahr durch wechselnde Winde beim Ein und Aushallen zu begegnen. »Nobel« war die größte gebaute Drehhalle und konnte innerhalb einer Stunde um 360° gedreht werden.

LZ 127 Graf Zeppelin wird am Ankermast in Staaken bei Berlin festgemacht.
Auf dem Gelände der ehemaligen Luftschiffwerft wurde ab 1919 ein Landeplatz für zivile Luftschiffe eingerichtet.

Ankermast in Recife

Blick aus LZ 127 Graf Zeppelin auf den Ankermast des Landeplatzes Recife.
Der abgespannte Ankermast wurde von LZ 127 bis 1936 benutzt.

Nachdem auch LZ 129 Hindenburg im Südamerikadienst eingesetzt wurde, mußten die auf LZ 127 ausgelegten Landemasten erneuert werden. Das Bild zeigt den für die beiden unterschiedlichen Durchmesser ausziehbaren Ankermast auf dem Landeplatz in Recife (1936).

Glossar

Ankermast: Der Ankermast diente zum sicheren Befestigen der Luftschiffe am Boden. Diente der sog. Hochmast auch für einen längeren Aufenthalt des Luftschiffes, so wurden die sich letztlich durchsetzenden Niedermasten nur zum Andocken des Luftschiffs bei der Landung genutzt und mit diesem dann in die Halle eingefahren.

Außenhülle: Die Außenhülle schützt die Gaszellen vor den Witterungseinflüssen und verleiht dem Luftschiff eine möglichst strömungsgünstige Form. Sie bestand bis 1945 aus mehrfach behandelten Baumwollstoffen. Aus Gewichtsgründen wurde sie am Luftschiffrumpf in unterschiedlichen Stärken aufgelegt.

Ballast: Zum statischen Aufstieg oder zum Ausgleich von Traggasverlusten wurde von Luftschiffen abwerfbarer Ballast mitgeführt. In der Regel in Form von Wasser, das in speziellen Ballastbehältern – auch aufgrund ihrer Form als Ballastwasserhose bezeichnet. In wenigen Ausnahmen fand auch Sand Verwendung.

Ballonet: Das Ballonet war ein Sack innerhalb der Gaszelle bei Prallluftschiffen, der über einen Ventilator oder über die Luftschraube gleichmäßig mit Luft gefüllt wurde. Dadurch wurde die Hülle gleichmäßig prall gehalten; die notwendige Festigkeit gegen Knikkung, Biegung und Einstülpung wurde damit sichergestellt. Bei Ausdehnung des Traggases konnte die Luft über Ventile aus den Ballonets austreten. Das oder die Ballonets umfaßte ein Drittel bis ein Fünftel des Traggasvolumens.

DELAG: Abkürzung für Deutsche Luftschiffahrts Aktiengesellschaft. Diese erste Luftverkehrsgesellschaft der Welt wurde 1909 auf Betreiben des Geschäftsführers der Luftschiffbau Zeppelin GmbH, Alfred Colsman, gegen den anfänglichen Widerstand des Grafen Zeppelin gegründet, um die weitere Abnahme von Zeppelin-Luftschiffen sicherzustellen. Die DELAG ging 1935 in der DZR auf.

Deutsche Zeppelin Reederei: Die DZR wurde 1935 auf Betreiben des Reiches gegründet. Eine weitgehende Teilhaberschaft des Reiches sicherte den defizitären Fortbestand des Luftschiff-Passagierverkehrs.

Ein-/Aushallen: Mit dem Ein- oder Aushallen wird der Vorgang des Ein- oder Ausfahren eines Luftschiffes in die Luftschiffhalle bezeichnet.

Führergondel: In der Führergondel befanden sich die Organe der Schiffsführung: Seiten- und Höhensteueranlage, Funkkabine und Kartenraum waren hier untergebracht.

Gasventile: Es gab zwei Arten von Gasventilen: Überdruckventile und Steuerventile. Erstere ließen automatisch Traggas entweichen, wenn die Prallhöhe erreicht war und die Gaszellen bei weiterem Steigen zu platzen drohten. Letztere konnten von der Führergondel aus bedient werden, um gezielt Traggas abzublasen, wenn das Schiff ausgewogen oder statisch tiefer gesteuert werden sollte.

Gaszelle: Die Gaszelle enthält das notwendige Traggas. Die deutschen Luftschiffe der Zeit bis 1939 fuhren mit dem brennbaren Wasserstoffgas, während die amerikanischen Luftschiffe ab 1925 ausschließlich mit dem unbrennbaren Helium befüllt wurden. Seit Ende des Zweiten Weltkrieges wurden alle Luftschiffe mit Helium befüllt, das allerdings eine ca. 10 Prozent geringere Tragkraft hat. Gaszellen bestanden anfänglich aus gummierten Baumwoll- oder Seidenstoffen. Dies wurde wegen der statischen Aufladung bald gegen die sog. Goldschlägerhaut ausgetauscht. Die Goldschlägerhaut wird aus Rinderblinddärmen gewonnen. Mit der Entwicklung von synthetischen Stoffen fanden sie Eingang in die Fertigung.

Gerippe: Unter Gerippe wird das die äußere Form eines Starrluftschiffes definierende, filigrane Gerüst aus Haupt- und Hilfsringen bezeichnet, die mit Längsträgern verbunden sind. Meistens wurde als Baumaterial Aluminium, im Falle der Luftschiffe von Schütte-Lanz Sperrholz verwendet.

Kielluftschiff: Diese Bauart wird durch einen unter den Traggaszellen angebrachten Versteifungskiel bestimmt. An diesem können Gondeln und Teile des Leitwerks angebracht werden. Die Vorteile dieser Bauart liegen im geringeren Gewicht im Vergleich zum Starrluftschiff bei höherer Festigkeit gegenüber den Pralluftschiffen. Überdies können gegenüber den Pralluftschiff-Konstruktionen größere Volumina erreicht werden.

Laufgang: Innerhalb der Kielkonstruktion der Luftschiffgerippe verlief der Laufgang. Er diente als interner Verbindungsweg. Von ihm aus konnten Gaszellen kontrolliert und über Seitenabzweige die Motorgondeln erreicht werden. Der Laufgang war ca. 30 cm breit. Ab LZ 129 Hindenburg wurde auch ein axialer Laufgang in der Schiffsseele eingerichtet.

Luftschiffbau Zeppelin GmbH: Die bis heute ununterbrochen existierende Muttergesellschaft des Zeppelin-Konzerns wurde 1908 mit Mitteln aus der Echterdinger Volksspende gegründet. Als nach dem Ende des Ersten Weltkrieges zunehmend die Tochterunternehmen sich anderen Geschäftsfeldern zuwenden mußten, entwickelte sich die LZ GmbH zu einer Art Holding, eine Funktion, die sie bis heute beibehalten hat.

Luftschiffhalle: Die Luftschiffhalle diente dem Luftschiff als wetterfeste Unterkunft. Es wurde unterschieden in Fahr- und Bauhallen. Dienten letztere vorwiegend dem Bau von Luftschiffen, was auch die Nähe zu Werkstätten zeigte, so bildeten die Fahrhallen die Stützpunkte für den Reiseverkehr der Luftschiffe.

Luftschrauben: Die Luftschrauben dienen der Umsetzung der Motorkraft in Vorschub. Anfänglich wurden kleine Aluminiumpropeller verwendet; die Erkenntnis, daß große Durchmesser bei geringerer Drehzahl wirtschaftlicher sind, ließ zunächst die Propellerdurchmesser ansteigen. Später wurde dann schichtverleimtes Holz (Walnuß, Mahagoni) als Material verwendet. Erst LZ 130 erhielt wieder Aluminium-Luftschrauben.

Motorgondel: Die Motorgondel diente der Aufnahme von Motor, Getriebe und Propellerwelle mit Propeller. Sie war gleichzeitig der Arbeitsplatz des Maschinisten. Sie war über Verstrebungen mit dem Gerippe verbunden und wurde über Leitern erreicht.

Pralluftschiff: Ein Pralluftschiff wird durch den Überdruck der Traggaszellen in seiner Form definiert. Damit diese bei unterschiedlichem Luftdruck nicht zu sehr schwankt, werden die schwankenden Volumina der Traggaszellen durch sog. Ballonetts ausgeglichen. Bei modernen Luftschiffen können die Ballonetts separat gefüllt werden. Beispiele: Parseval-Luftschiffe, sog. »Blimps«

Starrluftschiff: Ein Starrluftschiff enthält innerhalb eines aus Holz oder Aluminium gefertigten Gerippes oder Schalenbaus mehrere Traggaszellen. Es erhält damit seine äußere Kontur nicht durch die Hülle des unter Überdruck stehenden Traggases und verfügt auch nicht über Ballonetts. Sein Vorteil ist die höhere Festigkeit und die exaktere Berechenbarkeit der Konstruktion. Beispiele: sämtliche Luftschiffe von Zeppelin und Schütte-Lanz; als Sonderfälle das Luftschiff von David Schwarz und das amerikanische Luftschiff ZMC 2.

Literaturhinweise

ABBOT, PATRICK: Airship. The Story of R 34 and the first east-west crossing of the Atlantic by air, New York, 1973.

BAUNACH, M.: Die Entwicklung der Luftschiffahrt, Berlin, o. J.

BEAUBOIS, HENRY: Dirigéables. Histoire illustrée des navires acriens, Lausanne, 1973.

BEIER-LINDHARDT, ERICH: Das ist Luftschiffahrt, Berlin, 1937.

BÉJEUHR, PAUL: Der Luft-Krieg. Luftkrieg/Luftschiffahrt/Flugwesen, Dachau, o. J.

BÉLAFI, MICHAEL: Graf Ferdinand von Zeppelin, (= Biographien hervorragender Naturwissenschaftler, Techniker und Mediziner, Bd. 86), Leipzig, 1987.

BOELCKE, WILLI A.: Friedrichshafens industrieller Aufstieg, in: Zs für Württembergische Landesgeschichte 47, 1988.

BROOKS, PETER W.: Historic airships, New York, 1973.

BURGER, OSWALD: Zeppelin und die Rüstungsindustrie am Bodensee, in: 1999. Zeitschrift für Sozialgeschichte des 20. und 21. Jahrhunderts 1/87, S. 6 ff.

BUTTLAR-BRANDENFELS, HORST FRHR. TREUSCH V.: Zeppeline gegen England, Leipzig, 1931.

CLAUSBERG, KARL: Zeppelin. Die Geschichte eines unwahrscheinlichen Erfolges, München,1979.

COLSMAN, ALFRED: Luftschiff voraus, Berlin, 1933.

DICK, HAROLD / ROBINSON, DOUGLAS: The Golden Age of the Great Passenger Airships Graf Zeppelin & Hindenburg, Washington / London, 1987.

DIECKERHOFF, OTTO: Deutsche Luftschiffe 1914–1918. Betrachtungen und Tabellen, o. O. u. J. [Walluf, 1973] (darin: faksimilierte Auszüge des Kriegstagebuchs von L 59).

DÜRR, LUDWIG: 25 Jahre Zeppelin-Luftschiffbau, o. O., 1924.

ECKENER, HUGO: Graf Zeppelin, Stuttgart, 1938.

GÜTSCHOW, FRED: Das Luftschiff. Geschichte – Technik – Zukunft, Stuttgart, 1985.

HIGHAM, ROBIN: The British Rigid Airship 1908–1931, London, 1961.

ITALIAANDER, ROLF: Ein Deutscher namens Eckener, Konstanz, 1981.

KLEINHEINS, PETER (Hrsg.): Die großen Zeppeline. Die Geschichte des Luftschiffbaus, Düsseldorf, 1985.

KNÄUSEL, HANS G.: LZ 1. Der erste Zeppelin – Geschichte einer Idee 1874–1908, Bonn, 1985.

MARSCHALL, KEN / ARCHBOLD, RICK: Hindenburg und die große Zeit der Zeppeline, München, 1994.

NEUMANN, GEORG PAUL: Die deutschen Luftstreitkräfte im Weltkriege, Berlin, 1920.

ROBINSON, DOUGLAS: Giants in the sky. The history of the rigid airship, London, 1973.

ROBINSON, DOUGLAS: The Zeppelin in Combat. A History of the German Naval Airship Division 1912–1918, London / Seattle, 1980.

SCHILLER, HANS VON: Marine-Luftschiffahrt, o. O., 1922 (vervielfältigtes Typoskript).

SCHILLER, HANS VON: Zeppelin. Aufbruch ins 20. Jahrhundert, Bonn, 1988.

SCHMALENBACH, PAUL: Die deutschen Marine-Luftschiffe, Herford, 1977.

ZIMA, STEFAN: Entwicklung schnellaufender Hochleistungsmotoren in Friedrichshafen, (= Technikgeschichte in Einzeldarstellungen 44), Düsseldorf, 1987.

Schriften zur Geschichte der Zeppelin-Luftschiffahrt
Herausgegeben vom Zeppelin Museum Friedrichshafen

LUTZ TITTEL (Nr. 1)
Die Fahrten des LZ 4, 1908, Friedrichshafen 1983. 80 Seiten. Vierte Auflage 1988. ISBN 3-926162-51-1.

MANFRED BAUER (Nr. 2)
Luftschiffhallen in Friedrichshafen, Friedrichshafen 1985. 80 Seiten. ISBN 3-926162-52-X.

LUTZ TITTEL (Nr. 3)
Graf Zeppelin – Leben und Werk, Friedrichshafen 1992. 4. überarbeitete Auflage. 80 Seiten. Dritte überarbeitete Auflage 1988. ISBN 3-926162-53-8.

LUTZ TITTEL (Nr. 5)
LZ 129 »Hindenburg«, Friedrichshafen 1987. 3. überarbeitete Auflage. 80 Seiten. ISBN 3-926162-55-4.

EUGEN BENTELE (Nr. 6)
Ein Zeppelin-Maschinist erzählt. Meine Fahrten 1931–1938. Mit einer Einführung von Peter Kleinheins, Friedrichshafen 1990. 80 Seiten. ISBN 3-926162-56-2.

WOLFGANG MEIGHÖRNER (Nr. 7)
»... der Welt die Wundergabe der Beherrschung des Luftmeeres schenken«. Die Geschichte des Luftschiffes LZ 2, Friedrichshafen 1991. 92 Seiten. ISBN 3-926162-57-8.

WOLFGANG MEIGHÖRNER (Nr. 8)
Wegbereiter des Weltluftverkehrs wider Willen. Die Geschichte des Luftschifftyps »w«, Friedrichshafen 1992. 156 Seiten. ISBN 3-926162-58-9.

MANFRED BAUER / JOHN DUGGAN (Nr. 11)
LZ 130 »Graf Zeppelin« und das Ende der Verkehrsluftschiffahrt, Friedrichshafen 1994. 232 Seiten. ISBN 3-926162-94-5.

PETER KLEINHEINS (Nr. 12)
LZ 120 »Bodensee« und LZ 121 »Nordstern«. Luftschiffbau im Schatten des Versailler Vertrages, Friedrichshafen 1994. 160 Seiten. ISBN 3-926162-80-5.

LUFTSCHIFF
GRAF ZEPPELIN
Nächste Fahrt 8. Dez
am Samstag, 20h
nach Südamerika
Preis Rm. 1400.–
Fahrscheine hier beim Pförtner
oder bei Hamburg Amerika Linie,
Friedrichshafen, Goldschmiedstr.

Herausgeber und Verlag danken

für die Unterstützung durch noch lebende Zeitzeugen. Ohne sie wäre manches Detail wohl endgültig der Vergessenheit anheim gefallen.

Für die aufgenommenen Reiseberichte konnten nicht immer die Rechtsnachfolger ermittelt werden; etwaige Rechtsansprüche richte man an den Verlag. Im einzelnen möchten wir festhalten:

Im Zeppelin Museum Friedrichshafen wurden wir auf einen bibliophil ausgestatteten Band von Heinrich Eduard Jacob ›Mit dem Zeppelin nach Pernambuco‹ aufmerksam gemacht. Er war in einer limitierten Auflage 1992 im Katzengraben Verlag, Berlin, erschienen, und zwar zum erstenmal.

Jacob war als Gast mitgefahren. Übrigens hat ihn die Reise zu einem Bestseller animiert: ›Sage und Siegeszug des Kaffees‹ 1934.

Für die freundliche Genehmigung, die frühen Fahrtimpressionen Hermann Hesses abdrucken zu dürfen, danken wir dem Suhrkamp Verlag, Frankfurt.

In der Zeitschrift ›Meereskunde‹ hatte Buttlar-Brandenfels seinen Bericht über einen Angriff mit seinem Luftschiff auf London veröffentlicht. Der Bericht atmet die Unmittelbarkeit (und Unbekümmertheit) eines jungen und hochdekorierten Kommandanten der Kaiserzeit.

›Das neue Universum‹, alljährlich von der heranwachsenden Jugend verschlungen, brachte im 41. Jahrgang 1920 den Beitrag von Anton Heinen, aus dem der Leser wieder etwas über Zeppeline erfuhr. Kurz danach wurde die Luftschiffahrt durch die Bestimmungen des Versailler Vertrags untersagt.

1924 machte das ›Reparationsluftschiff‹ Schlagzeilen. Die spannende Geschichte von der Überführung nach Lakehurst / USA entnahmen wir dem Band ›Die Geschichte des gesamten Luftschiffbaus‹, Wiesbaden 1925.

Nüchtern und präzise ist der folgende Beitrag über das Starrluftschiff – über einen lenkbaren Ballon, der ›leichter als Luft‹ sein muß und dessen Konstruktion genial war:

Den Bericht dazu fanden wir als unveröffentlichtes Manuskript (Autor R. v. Brockdorff) in einem Ordner des Deutschen Museums in München.

Die Tagebuchaufzeichnungen von Albert Grzesinski, der bei aller Bewunderung für das Genie des Grafen Zeppelin auch einige gefährliche Momente festhielt, als er 1928 die erste Atlantiküberquerung von LZ 127 Graf Zeppelin mitfuhr, erschien noch im selben Jahr bei Gersbach und Sohn in Berlin.

Max Geisenheyner war wie Arthur Koestler und Heinrich Eduard Jacob ein Journalist der Sonderklasse. Auch er wurde eingeladen – zur Fahrt um die Welt 1929. Er telegraphierte in kurzen Abständen an die ›Frankfurter Zeitung‹, die sie regelmäßig in großer Aufmachung herausbrachte.

Ähnlich kam der Bericht von Arthur Koestler zustande:

Der Ullstein Verlag hatte die exklusiven Rechte von der amerikanischen Hearst-Presse erworben. Koestler bekam von Ullstein den Auftrag, als einziger Journalist mitzufahren. Wir entnahmen Ausschnitte dem Band des Molden Verlages, Wien: ›Frühe Empörung‹. Seine damalige Bewunderung für den Kommunismus wurde wohl von den Ullsteinredakteuren etwas relativiert. –

Ein Original der ersten Ausfertigungen des Untersuchungsberichtes zur Katastrophe von Lakehurst liegt im Deutschen Museum in München.

Nach diesen beklemmenden Seiten findet der Leser die sachliche Schilderung von Klaus Hagenlocher, der sich nach 60 Jahren Stillstand des Zeppelinbaus im alten Stammwerk in Friedrichshafen an die Arbeit gemacht hat, einen neuen Zeppelin zu entwickeln.

Sein Bericht erscheint exklusiv.

Ebenfalls im Zeppelin Museum Friedrichshafen fanden wir ein Buch, das wir erwähnen müssen: ›Der Luftschiffbau Schütte-Lanz 1909–1925‹. Er schildert Leben und Werk eines Mannes, der ganz im Schatten des von ihm hochverehrten Grafen Zeppelin eigene Luftschiffe baute, die zeitweilig die schnellsten ihrer Zeit waren und im Detail Weiterentwicklungen enthielten, die später allgemein im Luftschiffbau angewandt wurden.